sander/thomssen
die 7 e-trends

D1872357

uwe sander/
gerhard thomssen

die 7 e-trends

wissen : managen : kaufen : zahlen :
mitreden : wählen : fit sein

Econ

Der Econ Verlag ist ein Unternehmen
der Econ Ullstein List Verlag GmbH & Co. KG, München

1. Auflage 2001

ISBN 3-430-19152-1

© 2001 by Econ Ullstein List Verlag GmbH & Co. KG, München
Alle Rechte vorbehalten. Printed in Germany
Gesetzt aus der Optima bei Franzis print & media GmbH, München
Druck und Bindearbeiten: Clausen & Bosse, Leck

Inhalt

Einleitung

Die Diskussion über Computer und neue Medien wird beherrscht von Heilsverkündern und Apokalyptikern. Beide haben etwas gemeinsam: Propheten sind gegen die Tatsachen immun.

HANS MAGNUS ENZENSBERGER

Man denke nur an die industrielle Revolution, die als Vorbild für die digitale Revolution dient ... Die Menschen klagten damals nicht, sie würden in Atomen ertrinken. Der »Atom Overload« bereitete ihnen keine Sorge.

JOHN SEELY BROWN *und* PAUL DUGUID

Technik – Wirtschaft – Gesellschaft

Vorsicht Trends! Als die Amerikaner John Naisbitt und Patricia Aburdene 1990 ihr Buch »Megatrends 2000« verfassten, widmeten sie eines von zehn Kapiteln dem »Vormarsch des marktwirtschaftlichen Sozialismus«, aber keines der digitalen Vernetzung. Ihr Landsmann Jeremy Rifkin verkündet auf dem Cover seines jüngsten Buches »Access« flott das »Verschwinden des Eigentums«, nachdem er vor vier Jahren in einem Bestseller bereits das »Ende der Arbeit« bekannt gegeben hatte. Eigentum und Arbeit wachsen derweil munter weiter. Dem deutschen Trendforscher Matthias Horx galt 1997 der »Egoismus als die einzige bleibende und dauerhafte Utopie der Menschheit«. Schon drei Jahre später entdeckte er die »Renaissance des Gemeinwohls« sowie Anzeichen dafür, »dass sich die Plateauphase der hedonistischen Individuation ihrem Ende zuneigt«.

Die Fernsehmacher konfrontieren uns im Wochenrhythmus mit neuen Trends. Mal geht der Trend zum flotten Single-Dasein, dann wieder zur trauten Zweisamkeit. Für beides lassen sich jederzeit eine Menge Indizien und auskunftsfreudige Experten finden. Die Rezeptur der Trendgurus ist kein Geheimnis: Man verabsolutiere einzelne Phänomene, bausche sie gewaltig auf, vernachlässige störende Fakten und sämtliche Gegentrends, auf dass die Story »rund« wirke.

Vorsicht Prognosen! Menschliches Wissen, behaupten manche Internetgurus, habe im Internetzeitalter nur noch eine Halbwertzeit von wenigen Jahren. Das hält sie nicht davon ab, uns im gleichen Atemzug ganze Serien knallbunter Charts zu präsentieren, die auf Punkt und Komma genau voraussagen, wie viel E-Commerce-Umsatz deutsche Maschinenbauer oder britische Lebensmittelhändler im Jahr 2010 erzielen werden. Wenn es zutrifft, dass unser Wissen heute schneller wächst als etwa in den beschaulichen 50er Jahren – und dafür spricht einiges –, dann lautet die logische Schlussfolgerung, dass Prognosen jeder Art viel schwieriger werden. Wir können heute nicht wissen, was wir morgen wissen werden. Dass die Bewegungen von Aktienkursen besonders unberechenbar sind, mussten viele Kleinanleger im letzten Jahr schmerzvoll erfahren.

Vorsicht neue Regeln! Im September 1997 hatte Kevin Kelly, der Gründer des US-Kultmagazins *Wired,* in dem Buch »NetEconomy« »Zehn radikale Strategien für die Wirtschaft der Zukunft« (so Titel der deutschen Ausgabe) veröffentlicht, die von einem vielstimmigen Chor europäischer Experten alsbald nachgesungen wurden. Kellys Regeln sind nicht falsch. Nur sind sie leider auch nicht universell richtig. Sein »Gesetz der Großzügigkeit« besagt zum Beispiel, man müsse seine Leistungen im Internet verschenken, um richtig viel Geld zu verdienen. Die Aufmerksamkeit der von Reizen überfluteten Menschen sei heutzutage das Einzige, was noch wirklich knapp sei, und die gewinne man am besten mit großzügigen Geschenken. Yahoo! war mit diesem Rezept erfolgreich, die meisten Websites sind es bis heute nicht. Selbst die ehrwürdige Encyclopaedia Britannica ist Kellys Rat gefolgt. Wie zu erwarten war, zeigt sich jedoch, dass die meisten Menschen Beiträge über erkenntnistheoretische Probleme bei Immanuel Kant nicht einmal geschenkt haben wollen. Und die Minderheit, die dafür bereitwillig zahlen würde, findet die Gratisleistung »so fabelhaft wie unheimlich« – so der Wissenschaftsjournalist Dieter E. Zimmer. Warum unheimlich? Weil zu befürchten ist, dass die Britannica nicht in gewohnter Qualität auf Dauer überleben kann, wenn sie mit den Zlatkos und Veronas dieser Welt um Aufmerksamkeit und Werbegeld buhlen muss.

Trendbeobachtungen, Prognosen und Patentrezepte werden in Umbruchzeiten problematischer, als sie ohnehin sind. In diesem Buch soll es nicht um große Visionen gehen, sondern »nur« darum, zu verstehen, wie »E-Trends« begonnen haben, unseren Alltag zu verändern: die Art, wie wir arbeiten und lernen, konsumieren und sparen, uns informieren und unterhalten. Wer diese Veränderungen und ihren Zusammenhang verstehen will, muss gleichzeitig technische, ökonomische und gesellschaftliche Faktoren ins Auge fassen.

Die Technik ändert sich rasant. Im Januar 2000 erklärte der damalige US-Präsident Bill Clinton die Nanotechnologie sowie die Verbindung von Gen- und Computertechnik feierlich zu den Schlüsseltechnologien des neuen Jahrhunderts und erhöhte die Forschungsbudgets. »Wir werden«, schwärmte er, »alle Informationen der Kongressbibliothek auf den Umfang eines Zuckerwürfels reduzieren können.« Die enorme Miniaturisierung und Verbilligung der Chips, die Entwicklung modernster Softwaretools und die Vernetzung von Wohnung und Büro verändern unseren Alltag – ob wir es wollen oder nicht.

Die Wirtschaft ändert sich rasant. Die Menschen haben eine neue Kategorie von Gütern geschaffen, von denen die nationalökonomischen Denker der letzten Jahrhunderte nicht das Geringste geahnt haben: digitale Güter. Das ehrwürdige Theoriegebäude der Volks- und Betriebswirte wird rissig, weil manche der »Gesetze«, die für physische Güter gelten, sich bei den digitalen Gütern geradewegs umzukehren scheinen.

Die Gesellschaft ändert sich rasant. Die Börse bewertete bis zum Absturz der Aktie Anfang 2001 jeden Mitarbeiter der in Jena gegründeten Softwareschmiede Intershop wie einen Popstar. Gleichzeitig erodiert das so genannte Normalarbeitsverhältnis, das bisher so etwas wie den archimedischen Punkt der bundesdeutschen Gesellschaft und ihrer Sozialsysteme darstellte. An seine Stelle, so die Arbeitsmarktforscher, treten »prekäre« Beschäftigungen. Das Nachrichtenmagazin *Spiegel* erklärt den »Kuschelkapitalismus« für beendet. Und es entbrennt der Kampf um das »geistige Eigentum« – gerade so, wie zu Beginn der industriellen Revolution um das Eigentum an materiellen Produktionsmitteln gestritten wurde.

Der Imperialismus der Chips

Silicium, das grau glänzende Gold des digitalen Zeitalters, ist ungiftig und im Überfluss vorhanden. Es ermöglicht Mikrochips für unsere Computer, Glasfasern für Telefon und Internet, bietet aber auch den Rohstoff für die Solarzellen, mit denen Sonnenlicht zu Strom gewandelt wird. Im Jahr 1943 glaubte der damalige IBM-Chef Thomas Watson, man brauche auf der ganzen Welt nur etwa fünf Computer. Heute werden Chips allgegenwärtig. Bald werden auf jeden Menschen mehrere hundert kommen.

Schon jetzt umgeben uns Rechnerzwerge überall, oft nehmen wir kaum Notiz von ihnen. Sie stecken in Uhren, Eierkochern und Taschenrechnern, in CD-Spielern, Fernsehern und Handys, in Registrierkassen, Garagentoren und in der Benzineinspritzung von Autos. Ein durchschnittlicher Pkw enthält heute mehr Elektronik als die Apollo-Rakete, die 1969 Neil Armstrong als ersten Menschen auf den Mond brachte. Unsere Kleidung vielleicht auch bald: Der Jeanshersteller Levi´s stellte im August 2000 gemeinsam mit dem Elektronikkonzern Philips in London eine Kollektion so genannter tragbarer Elektronik vor. Kleidungsstücke mit integrierten Chips sollen den Menschen nicht nur wärmen, sondern ihn zugleich auch auf dem Laufenden halten. Wer mag, kann zum Beispiel eine »Surfer«-Jacke zum Preis von 1900 Mark erstehen – mit eingebautem Mobiltelefon, Kontrollbildschirm am Arm, Mikrofon und Kopfhörer am Kragen und weiterer Elektronik in den Taschen.

Manches mag als Spielerei erscheinen, auf manchen Schnickschnack – man erinnere sich an das Desaster des Bildtelefons – wird der Verbraucher pfeifen. Mit schnellen Verrissen sollte man allerdings vorsichtig sein. Der notorische Technikskeptiker Neil Postman erzählt dazu eine Anekdote: Er hatte sich in einem Vortrag über Türklinken lustig gemacht, die per Sprachbefehl geöffnet werden können – bis ihm nach Ende der Veranstaltung eine alte Dame mit dem Hinweis beschämt habe, dass solche Türen für Behinderte sehr wohl eine erhebliche Erleichterung des Alltags bringen würden.

Die Möglichkeiten von Chips sind bei weitem noch nicht ausgeschöpft, vor allem ist der Prozess ihrer Miniaturisierung und Verbilligung noch lange nicht an sein Ende gekommen. Die Frage, wofür die Menschen Computerpower einsetzen, ist primär eine wirtschaftliche. Technisch taugen die Chips für unendlich viele Zwecke. Doch erst wenn die Preise für die winzigen Siliziumscheiben tief genug gefallen sind, übertragen wir ihnen bereitwillig ein breites Spektrum von Aufgaben.

Die Zukunft der Software

Während die Entwicklung der Hardware in den vergangenen Jahrzehnten selbst optimistische Erwartungen übertroffen hat, hinkt die Software heute mancher kühnen Vision aus früheren Jahren hinterher. Stanley Kubricks bekannter Film »2001 – Odyssee im Weltraum« baute auf einer solchen Vision auf. In dem 1968 gedrehten Opus spielt HAL die Rolle des mörderischen Computers, der menschliche Sprache versteht und sich selbst in ihr verständlich machen kann. Das war Sciencefiction, doch immerhin hatte Kubrick sich von Marvin Minsky beraten lassen, der damals zu den Forschungspionieren in Sachen Künstliche Intelligenz gehörte. Nun schreiben wir das Jahr 2001, doch einen echten HAL können uns die Forschungslabors noch immer nicht präsentieren. Dass die Informatiker in Verzug geraten sind, liegt nicht daran, dass sie vor drei Jahrzehnten das Entwicklungspotenzial des Computers überschätzt hätten – eher im Gegenteil. Sie haben allerdings, wie Dieter E. Zimmer feststellt, grob unterschätzt, welche enormen Leistungen das menschliche Gehirn beim scheinbar so anstrengungslosen Sprechen und Verstehen vollbringt.

Neben der Software für Spracherkennung sind heute »Agenten« in aller Munde. Die Assoziation mit James Bond oder den »Schlapphüten« des Bundesnachrichtendienstes führt in die Irre, weil das Wort »Agent« im Englischen eine weitere Bedeutung hat als im Deutschen. Der »Travel Agent« ist nichts weiter als der dienstbare Geist aus einem Reisebüro. Der Agenten-Begriff ist in Mode gekommen und wird im Marketing der Softwarebranche gelegentlich überstrapaziert; eine allgemein verbindliche Definition gibt es nicht. Beim IT-Berater CSC Ploenzke versteht man darunter Software, die ohne direkte Kontrolle des Benutzers arbeitet und mit ihrer Umgebung, insbesondere mit anderen Agenten, eigenständig interagieren kann. »Letztlich«, verkündet eine Studie aus den USA, »werden die Transaktionen zwischen den Softwareagenten den größten Teil der Weltwirtschaft ausmachen«. Ob wir wirklich jemals weit reichende Entscheidungskompetenzen an Computerprogramme delegieren werden, erscheint fraglich. Menschen sind nicht auf ein bestimmtes Verhalten in bestimmten Situationen »programmiert«. Urteilsvermögen und Moral sind keine Eigenschaften der Software, sie sind Resultate menschlicher Sozialisation und Erfahrung.

Der Aufbau der Netze

Die Landung auf dem Mond schlug 1969 die Menschheit in ihren Bann, hat aber unseren Alltag nicht verändert. Die digitale Vernetzung, die unser Leben umkrempelt, begann im selben Jahr – aber nicht mit Feierstunden und Blitzlichtgewittern, sondern ganz unspektakulär, von der Öffentlichkeit unbemerkt. Im Herbst 1969 wurden die 400 Kilo schweren Großrechner der University of California in Los Angeles und der Stanford University im 20 Meilen entfernten Palo Alto miteinander verbunden. Das war der erste Schritt zum Bau des Arpanet (Advanced Research Project Agency), des militärischen Vorläufers des Internets. 1971 umfasste das Arpanet erst zwei Dutzend Rechner, 1981 war die Zahl auf über 200 angewachsen. Erst nach dem Zusammenbruch der Sowjetunion und dem Ende des Kalten Krieges konnte das Netz allmählich für zivile Zwecke geöffnet werden. 1989 wurde es der amerikanischen National Science Foundation (NSF) unterstellt. Tim Berners-Lee, damals Mathematiker des Europäischen Forschungszentrums für Kernphysik (CERN) in Bern, entwickelte schließlich 1991 das World Wide Web, den multimedialen Teil des Internets.

Heute wird das Web weltweit von 200 Millionen Menschen genutzt; rund 20 Millionen davon stammen aus Deutschland. Noch sind es keine Datenautobahnen, sondern nur holperige Feldwege, die uns zur Verfügung stehen. Die Daten kriechen oft quälend langsam durch die alten Kupferkabel des Telefonnetzes, die meisten Surfer sind mit analogen Modems oder per ISDN im Netz unterwegs. Bewegte Bilder kann sich der Normalsurfer allenfalls in Scheckkartengröße ansehen, und das Herunterladen eines Songs dauert fünf bis sieben Minuten.

Langfristig werden schnelle Glasfaserkabel die alten Netze ersetzen. Glasfaser ist haardünn, wird aus Sand gemacht und kann 200 000-mal so viele Daten pro Sekunde übertragen wie Kupfer. Das gegenwärtig längste Glasfaserkabel mit dem Namenskürzel SEA-ME-WE3 (South East Asia – Middle East – Western Europe) misst 38 000 Kilometer und wurde von Spezialschiffen auf dem Meeresboden verlegt. Vom ostfriesischen Städtchen Norden aus führt es an Gibraltar vorbei nach Ägypten, geht nach kurzem Landweg weiter nach Singapur und von dort nach Japan und Australien. Fast 100 Telekommunikationsfirmen sind an dem Projekt beteiligt, zwei Milliarden Mark haben sie in die Kabelverbindung investiert.

Bis die Wohnung der meisten Privatleute mit einem Glasfaserkabelanschluss ausgestattet sind, dürften noch Jahre oder gar Jahrzehnte vergehen. Gegenwärtig wird um Zwischenlösungen gerungen. Schon in den nächsten zwei bis drei Jahren werden viele Nutzer mit einer erheblich größeren Bandbreite zu erschwinglichen Preisen rechnen können.

Verschiedene Anbieter liefern sich mit unterschiedlicher Technik einen Wettlauf um die Kundschaft. Die Deutsche Telekom forciert die ADSL-Technik (Asymmetric Digital Subscriber Line), mit deren Hilfe im herkömmlichen Telefonnetz aus doppeladrigem Kupferkabel eine große Bandbreite geschaffen werden kann. ADSL ist eine relativ kostengünstige Möglichkeit zur Erhöhung der Bandbreite: Die Kupferkabel sind längst abgeschrieben, halten aber noch zehn bis 30 Jahre, die Aufrüstung verlangt keine gigantischen Investitionen.

In Konkurrenz zu ADSL stehen die neuen Betreiber des TV-Kabelnetzes wie Callahan und Klesch – Namen, die kaum ein Verbraucher kennt. Auf Druck der Wettbewerbshüter hat die Deutsche Telekom ihnen die Mehrheit an regionalen Teilen des Fernsehkabelnetzes aus Kupferkoaxial verkauft. Ein aufgerüstetes und mit Rückkanal versehenes Kabelnetz wird zum gemeinsamen Übertragungsweg für interaktives digitales Fernsehen, für Telefon- und Internetdienste sowie für E-Commerce.

Satellitensysteme wie Astra und Eutelsat, aber auch die Energieversorger mit ihren Stromnetzen stehen als Konkurrenten der Telefongesellschaften und der Kabelnetzbetreiber bereit. Firmen wie RWE und Preussen Elektra erproben in Feldversuchen die technischen Möglichkeiten für »Powerline Communication« – so heißt die neudeutsche Vokabel für Internet aus der Steckdose. Noch sind die Protagonisten freilich uneins, ob der Datentransfer über das Stromnetz wirklich Zukunft hat.

Obendrein steht die mobile Kommunikation vor einem Entwicklungssprung – einem sehr teuren. 100 Milliarden Mark kassierte Finanzminister Hans Eichel bei der Versteigerung der UMTS-Lizenzen an sechs Mobilfunkunternehmen. In den nächsten Jahren werden die Netzbetreiber Sendestationen für UMTS zwischen Flensburg und Garching verteilen. Mit dem Kauf der Lizenzen haben sie sich verpflichtet, bis 2003 eine Netzabdeckung von mindestens 25 Prozent aufzubauen, bis 2005 soll zumindest die Hälfte der Bundesbürger in den Genuss der neuen Mobilfunktechnologie kommen können. Während die heutigen GSM-Handys eine Übertragungsbandbreite von maximal 14400 Bits pro Sekunde erreichen, werden es beim UMTS-Standard bis zu zwei Millionen sein. Wer mag, kann sich bald während eines Waldspaziergangs einen kompletten Hollywoodfilm am Display seines Handys anschauen, sich das nächstgelegene Edelrestaurant in Frankfurt zeigen lassen oder in der Abflughalle des Flughafens schnell ein paar Aktienpakete kaufen. 120 bis 160 Mark im Monat, so kalkulieren manche Unternehmen, muss ein Handybesitzer demnächst ausgeben, damit die hohen Kosten für UMTS wieder eingespielt werden können.

Wie die Telekommunikationslandschaft in drei Jahren aussieht, welchen Stellenwert ADSL, UMTS, TV-Kabel und Satellit dann haben werden, weiß heute niemand zu sagen. Die Branche sieht sich mit riesigen Investitionen konfrontiert, ohne zu wissen, welche Technik sich durchsetzen wird. Durch Fusionen und Kooperationen versuchen die Anbieter, auf möglichst vielen Feldern präsent zu sein. Die Märkte befinden sich in einem nervösen Alarmzustand, und die Börse fungiert als Thermometer, mit dem die Fieberstöße gemessen werden. Als etwa der Kurs der Mobilcom-Aktie am 24. Oktober 2000 um 25 Prozent stieg, regte das niemanden mehr sonderlich auf. Derartige Ausschläge an einem einzigen Tag wären noch vor wenigen Jahren einer Sensation gleichgekommen.

Neue Regeln für die Wirtschaft?

Alle Welt redet von der New Economy, und jeder versteht etwas anderes darunter. Gerade die fehlende Präzision hat den Erfolg des Labels erst ermöglicht. Unter Fachleuten hat New Economy nie Anerkennung gefunden. Das US-Department of Commerce zieht es zum Beispiel seit Jahren vor, von der »Digital Economy« zu sprechen. Hierzulande hat Peter Glotz im Herbst 1999 den Begriff des »digitalen Kapitalismus« ins Spiel gebracht, dem man seitdem häufiger begegnet. Glotz ist darin zuzustimmen, dass dieser Begriff besser als die ebenfalls kursierende »Informationsgesellschaft« oder die »Wissensgesellschaft« die Komplexität einer Gesellschaft zum Ausdruck bringen kann.

Wie verändert nun das Internet unsere Art zu wirtschaften? Der weltweit einheitliche Übertragungsstandard des Internets kommt einem gigantischen Kostensenkungsprogramm gleich – einem Programm, in das freilich erst kräftig investiert werden muss. Das Netz senkt die Informations- und die Transaktionskosten – Kosten, die in Form von Zeit, Mühe oder Geld bei jedem Kauf anfallen, egal ob ein Pfund Tomaten den Besitzer wechselt oder ein Kraftwerk. Seit Beginn der Industrialisierung sind die Informationskosten in die Höhe geschossen, weil mit dem Grad der Arbeitsteilung auch die Zahl der Tauschakte enorm zugenommen hat. Die Arbeitsorganisation innerhalb der Betriebe verursacht ebenfalls Informationskosten, die sich mithilfe von Intranets und E-Mail-Verteilern deutlich senken lassen. Für die USA wird geschätzt, dass im Jahr 1870 nur ein Viertel der Kosten bei einem durchschnittlichen Produkt auf Information und Transaktion entfiel. Heute beträgt der Anteil 60 Prozent. In einigen Branchen – etwa Medien, Finanzen oder Gesundheit – fallen die Informationskosten noch viel stärker ins Gewicht, genau in den Branchen also, in denen E-Trends besonders kräftig wirken.

Nicholas Negroponte bedient sich in dem flammenden Revolutionsmanifest »Total digital«, seinem Bestseller von 1995, der griffigen Unterscheidung von Gütern, die aus Bits bestehen, und solchen, die aus Atomen bestehen. Die Gewichte verschieben sich zugunsten der nichtstofflichen Welt – Entmaterialisierung heißt das Stichwort. Digitale Güter werden oft auch als »Informationsprodukte« bezeichnet. Man darf sich durch diesen Begriff nicht verwirren lassen: »Information« hat in diesem Zusammenhang keine inhaltliche, sondern nur eine formale Bedeutung. »Information« ist nach der von Claude Shannon im Jahr 1948 begründeten mathematischen Kommunikationstheorie nämlich alles, was codiert durch einen Kanal vom Sender zum Empfänger geschickt werden kann. Romane von Hera Lind, Winnetou-Filme und Moorhuhnspiele zählen in diesem Sinn zu den Informationsprodukten – genauso wie Fachzeitschriften, Lexika oder Tabellenkalkulationsprogramme. Bei solchen Beispielen handelt es sich durchweg um Endprodukte, also um Güter für den Verbraucher. Den Löwenanteil der digitalen Güter in hoch entwickelten Ländern bekommt der gemeine Internetsurfer jedoch niemals zu Gesicht: Es handelt sich um Vor- und Zwischenprodukte in den Wertschöpfungsketten der Unternehmen, um betriebsindividuelle Software etwa, um Kunden- und Adressdateien oder um geheime Konstruktionspläne für Kraftwerke, Pkw-Modelle oder Flugzeuge.

Physische Güter sind im Allgemeinen umso kostbarer, je knapper sie sind; Öl ist teurer als Wasser, obwohl man es nicht trinken kann. Bei digitalen Gütern ist es oft umgekehrt: Wertlos ist, was knapp ist. E-Mail, Telefon und Fax nützen mir nichts, solange ich der einzige Mensch bin, der über sie verfügt. Je mehr E-Mail-Accounts, Telefone und Faxgeräte es auf der Welt gibt, desto größer fällt ihr Nutzen aus. Entsprechendes gilt auch für andere Internetdienste, für das Web insgesamt und für Software. Der Wert eines Betriebssystems steigt, wenn viele Leute damit auf ihrem Computer arbeiten: Zum einen können sie dann ihre Dateien problemlos austauschen, zum anderen wird mehr Anwendungssoftware für das System entwickelt. Ökonomen sprechen von Netzwerkeffekten oder -externalitäten. Solche Effekte tendieren zur Selbstverstärkung. Sie sorgten etwa dafür, dass Bill Gates im Weltmarkt für PC-Betriebssysteme immer mächtiger wurde, nachdem er mit DOS und Windows erst einmal die kritische Masse erreicht hatte. Dank der Netzwerkeffekte wurde Windows zum Quasistandard, obwohl Apples Betriebssystem lange Zeit als technisch überlegene Lösung gelten konnte. Robert Metcalfe, der Entwickler von Ethernet, einem Standard für lokale Netzwerke, und Gründer der Firma 3Com, hat als Erster darauf hingewiesen, dass der Nutzen eines Netzwerks mit der Zahl der Teilnehmer exponentiell steigen kann.

Eine spezielle Eigenschaft digitaler Güter ist von zentraler Bedeutung: Sind sie einmal entwickelt worden, so können sie von beliebig vielen Menschen genutzt werden, ohne dass weitere Kosten entstehen. Der Entwicklungsaufwand für ein Betriebssystem oder für den Film »Titanic« ist gigantisch. Es kostet aber praktisch nichts, das Programm oder den digitalisierten Film millionenfach zu kopieren und über das Internet zu verteilen. Unter den Fachökonomen werden die Kosten eines jeden zusätzlichen Exemplars als Grenzkosten bezeichnet.

In ökonomischen Standardwerken ist nachzulesen, wie sich in Wettbewerbsmärkten die Preise bilden: Wer austauschbare Leistungen anbietet, verkauft zu Grenzkosten; in diesem Fall heißt das: zum Preis von null. Er muss seine Produkte im Internet verschenken. Die Erklärung ist einfach: Ein Preis, der über den Grenzkosten liegt, kann von den Konkurrenten leicht unterboten werden. Da sie jederzeit mehr auf den Markt bringen können, ohne dass es sie auch nur einen zusätzlichen Pfennig kostet, werden sie nicht zögern, sich einen größeren Teil vom Nachfragekuchen abzuschneiden. Der Nachfragekuchen wird im Internetjargon Traffic genannt; gemeint sind die Zugriffe der Nutzer auf eine Website. Wer viel Traffic nachweisen kann oder gar zum Marktführer in einem bestimmten Segment wird, hat die Chance, seine Entwicklungskosten über Werbeeinnahmen wieder hereinzuholen. Diese Strategie ist bei manchen Internetfirmen aufgegangen, das viel bewunderte Musterbeispiel ist Yahoo!.

Die Grenzkostenregel aus den ökonomischen Lehrbüchern gilt nur dann, wenn die Produkte vieler Konkurrenten absolut austauschbar sind – so wie beispielsweise die Agenturnachrichten, die man auf Tausenden von Websites finden kann. Doch längst nicht alle Informationsprodukte sind vollständige Substitute. Wer mit dem Betrieb einer Website nicht nur auf Werbeeinnahmen setzen will, sondern auch die Nutzer zur Kasse bitten möchte, muss digitale Güter – Software, Information oder Unterhaltung – anbieten, die ein eigenes Profil aufweisen.

Wer eine Art Monopol aufbauen kann, ist besonders gut dran. In Märkten mit wenigen Konkurrenten und erst recht in Monopolmärkten übertreffen die Preise locker die Grenzkosten. Da Bill Gates mit Windows und mit seinem Office-Paket

De-facto-Standards etablieren konnte, stellt er saftige Preise in Rechnung, obwohl auch für diese Produkte die Grenzkosten fast null betragen. Das Konkurrenzprodukt zum Office-Paket von Microsoft heißt Star Office, wurde einst in Hamburg entwickelt und wird seit rund zwei Jahren vom heutigen Eigentümer Sun Microsystems verschenkt. Dennoch konnte es bisher dem Microsoft-Produkt kaum Marktanteile abjagen. Wo es Bill Gates dagegen mit mächtigen Konkurrenten zu tun hat, gibt auch er seine Software gratis ab – so den »Explorer«, den Browser für das World Wide Web, der erst lange nach dem Erfolg des Pionierprodukts von Netscape auf den Markt kam.

Bei physischen Gütern können die Grenzkosten übrigens nie auf null sinken, kein Verbraucher sollte also die Hoffnung hegen, die Wirtschaft werde ihn im Internetzeitalter bald mit Gratismöbeln oder -autos beglücken. VW wird nie auf die Idee kommen, massenhaft Golf-Modelle zu verschenken, um Ford und Opel Marktanteile abzujagen. Zusätzliche Mengen physischer Güter können natürlich nur mit zusätzlichem Material-Input hergestellt werden – und das kostet.

Die Tatsache, dass digitale Güter zu Grenzkosten von null beliebig vermehrt werden können, kann noch aus einem anderen Blickwinkel betrachtet werden. Wenn ein Schüler sein Frühstücksbrot verschenkt, kann er es nicht mehr selbst essen. Gibt er aber digitale Musikdateien oder Softwarepakete weiter, so wird sein eigener Verbrauch nicht im Geringsten geschmälert. Es handelt sich, wie Wirtschaftswissenschaftler sagen, um einen Fall von nicht-rivalisierendem Konsum. In der realen Welt haben wir es nicht selten mit diesem Phänomen zu tun. Wenn wir bei abendlichen Spaziergängen den Schutz der Straßenlaternen genießen, beeinträchtigen wir den »Lichtkonsum« anderer Passanten in keiner Weise. Ähnlich verhält es sich bei der Landesverteidigung, bei der Luftverbesserung und bei der Benutzung von Straßen und Brücken, solange diese nicht überfüllt sind.

Das wirft ein schwieriges Problem auf: Wenn jeder partizipieren kann, will niemand für solche Güter zahlen – Trittbrettfahrermentalität macht sich breit. Wenn niemand zahlt, wird allerdings auch keiner mehr die Güter herstellen wollen, obwohl sie vielen Menschen nützlich sein könnten. Nach den Lehrbüchern der Ökonomie haben wir es beim nicht-rivalisierenden Konsum mit einem Fall von Marktversagen zu tun. Der klassische Ausweg, den man zum Beispiel bei der Landesverteidigung und der Straßenbeleuchtung einschlägt: Die Güter werden zu öffentlichen Gütern erklärt, die von den Konsumenten gemeinschaftlich finanziert werden müssen – über Abgaben, Gebühren oder Steuern.

Sollte man demnach die Musikindustrie verstaatlichen, um den ganzen Streit über Musik- und Softwarepiraten auf die vernünftigste Art zu beenden? Wohl kaum. Erstens steckt die Frage, wie viel Musik (oder Kunst, Wissen, Film, Software usw.) wir uns gemeinsam leisten wollen, ihrerseits voller Tücken; das lehren die politische Ökonomie und praktische Parlamentsarbeit gleichermaßen. Zweitens haben sich Staatsbetriebe meistens als wenig effizient erwiesen; ohne die Deregulierung der Telekommunikation wäre das Surfen im Internet bei uns heute deutlich teurer. Ein einfacher Ausweg ist nicht in Sicht.

Die Pläne des Bundesjustizministeriums, eine allgemeine Abgabe auf Computer, Modems und andere elektronische Geräte zu erheben und das Geld nach dem Vorbild der Gema an die Musikindustrie und andere Produzenten digitaler Güter zu verteilen, kommen einer allgemeinen Steuer auf IT-Produkte nahe. Das wäre keine Verstaatlichung, wohl aber eine von Staats wegen organisierte Alimentierung der Musikindustrie und anderer Inhaber von Urheberrechten. Ob es dazu kommt, ist ungewiss. Zum einen würde ein deutscher Alleingang den hiesigen Anbietern der Informationstechnik schaden und sie womöglich zur Abwanderung veranlassen. Zum anderen bräuchte man eine Bürokratie mit aufwändigen Verteilerschlüsseln, die das Geld an Urheber und Rechteinhaber ausschütten müsste. Und schließlich hätten die Urheber bei solchen Pauschallösungen keine Chance mehr, ihre Inhalte individuell und flexibel zu verwerten.

Das »Verschwinden des Eigentums«, das Jeremy Rifkin verkündet, steht nicht auf der Tagesordnung, schon deshalb nicht, weil auch die Menschen der Zukunft eher ohne Computerspiele auskommen werden als ohne Wasser und Brot. Atome bleiben für unser (Über-)Leben wichtiger als Bits. Gleichwohl spricht einiges dafür, dass der digitale Kapitalismus ein paar neue Züge entwickeln könnte.

Zum menschlichen Leben gehört seit jeher ein Handeln auf Gegenseitigkeit, bei dem kein Geld fließt; Experten nennen das vornehm »Reziprozität«. Es könnte sein, dass die digitale Vernetzung solches Handeln erleichtert. Erstens können Menschen über den ganzen Globus hinweg jetzt ganz einfach miteinander in Kontakt kommen, zweitens kann man bei digitalen Produkten mithilfe des Netzes oft schnell erkennen, ob sich die anderen an die Spielregeln des Gebens und Nehmens halten. So hat der Erfolg der so genannten »Open Source«-Bewegung viele Beobachter überrascht. Das bekannteste Beispiel für den »offenen Code« bildet das Betriebssystem Linux. Der Finne Linus Torvalds entwickelte 1992 den Kern des Systems, stellte ihn ins Netz und forderte alle Welt auf, es zu benutzen und weiterzuentwickeln. Heute mausert sich Linux zum Konkurrenten für Microsofts Betriebssystem. Inzwischen arbeiten Firmen wie IBM und Oracle mit Linux, in Deutschland setzen manche Ministerien es ein, und Steve Ballmer, der Präsident von Microsoft, gibt offen zu: »Ich bin besorgt.«

So haben wir es mit einer paradoxen Situation zu tun: Kritiker des »Turbokapitalismus« beklagen einerseits den »Imperialismus der Ökonomie«, die stärker als früher alle Lebensbereiche und menschlichen Beziehungen durchdringe. Doch auf der anderen Seite scheint der Preismechanismus – siehe Linux – auf seinem angestammten Feld an Bedeutung zu verlieren. Der Wirtschaftswissenschaftler Brad DeLong aus Berkely und der Juraprofessor Michael Froomkin aus Miami halten es für möglich, dass die »unsichtbare Hand« gut 200 Jahre nach Adam Smith ein wenig erschlaffen könnte.

Revolution oder Evolution?

John Chambers von Cisco Systems, Michael Dertouzos vom Massachusetts Institute of Technology (MIT) in Boston vergleichen, wie viele andere auch, die Internetära mit der zweiten industriellen Revolution am Ende des 19. Jahrhunderts. Nicholas Negroponte, der Digitalvisionär vom berühmten Media-Lab des MIT, meint inzwischen gar scherzhaft, die digitale Revolution sei vorbei – weil die Rebellen gewonnen hätten. Gegenmeinungen gibt es auch. Die industrielle Revolution, konstatiert der Wirtschaftsjournalist Thomas Fricke, habe der Menschheit innerhalb weniger Jahre das Telefon (1876), das elektrische Licht (1879), die Filmkamera, erste Impfstoffe (1881) und das Automobil (1885) gebracht. Im Vergleich dazu wirke der Vertrieb von Büchern und Flugtickets über das Internet ausgesprochen mickrig.

Das ist bestenfalls amüsante Polemik. Die durchgängige Senkung der Informations- und Transaktionskosten beginnt gerade erst, ihre Wirkungen zu entfalten. Ganze sechs Prozent der Weltbevölkerung nutzen derzeit das Netz, selbst in den entwickelten Ländern ist es kaum mehr als ein Drittel. Wie die industrielle Revolution die Muskelkraft des Menschen erweitert hat, so wird die digitale Vernetzung seine geistigen Kräfte und seine kommunikativen Möglichkeiten ausweiten. Das dürfte länger dauern, aber tiefer gehen, als viele glauben. Auch das Automobil hat den Alltag des Durchschnittsmenschen erst Jahrzehnte nach Carl Benz und Gottlieb Daimler geprägt. Das Internet wird vielleicht eine Generation benötigen, um seine volle Wirkung zu entfalten.

Ein weiterer Aspekt kommt hinzu: Computer und Netz ermöglichen wissenschaftliche Fortschritte, deren Konsequenzen noch gar nicht absehbar sind. Schon die überraschend schnelle Entschlüsselung des menschlichen Genoms wäre ohne den Anstieg der Rechenleistung – Stichwort Bioinformatik – undenkbar gewesen. Die Gentechnologie aber wird uns Entwicklungen bescheren, gegen die sich eines Tages die Entwicklung des Automobils recht bescheiden ausnehmen könnte.

Eine Disziplin, die im Zusammenspiel mit der Informatik neue Erkenntnisse gewinnen wird, ist neben der Gentechnik die Hirnforschung. Gerhard Roth, einer der renommiertesten deutschen Forscher, ist sich sicher: »Da kommt in den nächsten Jahren noch eine Revolution in der Gehirnforschung auf uns zu.« Dabei zählt Roth zu den Wissenschaftlern, die den Cyborg-Visionen der Amerikaner Bill Joy und Ray Kurzweil entschieden widersprechen. Neues Wissen über die Funktionsweise des Gehirns wird wiederum die Computerwissenschaften befruchten. Dass die Softwarebranche von den Gehirnforschern lernt, wäre nichts Neues – beim Experimentieren mit so genannten neuronalen Netzen hat sie es bisher schon getan.

Wer Vergleiche zwischen industrieller und digitaler Revolution heranzieht, sollte sich auch daran erinnern, dass im Zuge und im Gefolge der industriellen Revolution Blut vergossen wurde. Manche Techno-Schwärmer und nicht wenige Ökonomen sind blind für gesellschaftliche und historische Entwicklungen. In den USA haben sich führende Computerexperten wie Michael Dertouzos oder John Seely Brown von Xerox Parc bei aller Technikbegeisterung einen Sinn für soziale Realitäten bewahrt. In Deutschland scheint diese Mischung selten zu sein. Da gibt es einerseits die Heerscharen der Internet-Cheerleader mit einem »technizistisch« verkürzten Tunnelblick, manchmal mit US-Dollarzeichen in den Augen. Ihnen steht die Fraktion humanistisch Gesinnter gegenüber, die sich aus Resten des Bildungsbürgertums und der 68er rekrutiert und die verächtlich auf das »digitale Nirwana« herabblickt.

Die kommenden Jahrzehnte werden große Chancen bieten, aber auch beträchtliche Risiken bergen. Der Soziologe Nico Stehr spricht von der Zerbrechlichkeit moderner Wissensgesellschaften, der *Zeit*-Redakteur Uwe-Jean Heuser hat schon 1996 klug und differenziert beschrieben, dass die »tausend Welten«, die mit der Digitalisierung entstehen, westliche Demokratien vor Zerreißproben stellen könnten. Die aufflammende rechte Gewalt ist eine Ermahnung, den Primat der Politik ernst zu nehmen und Reformen umzusetzen, die wider besseres Wissen jahrzehntelang verschleppt worden sind. Dass etwa der Generationenvertrag wegen der demografischen Entwicklung auf Sand gebaut ist, hat Kurt Biedenkopf bereits vor zehn Jahren beschrieben. Geschehen ist nichts. Heute ist absehbar, dass das Normalarbeitsverhältnis, der archimedische Punkt der sozialen Sicherungssysteme, immer schneller zerbröseln wird.

Ein Zuviel an staatlicher Fürsorge und Lenkung wirkt erdrückend und macht die Revitalisierung der Marktkräfte notwendig. Wer jedoch das Pendel zu weit zur anderen Seite ausschlagen lässt, wird vielleicht bald die Weberaufstände des 21. Jahrhunderts erleben müssen. Ohne funktionierenden Staat kann es den Markt überhaupt nicht geben. Gerd Schulte-Hillen, Aufsichtsratsvorsitzender von Bertelsmann, steht der FDP nahe; er begrüßt nachdrücklich die Renaissance des Unternehmertums und der Aktie. Gleichwohl weiß er: »Der so schön domestizierte Kapitalismus kann, wenn man ihn verwildern lässt, seine in ihm schlummernden Raubtierinstinkte wieder entdecken.«

»Es ist eine Illusion zu glauben, man könne den Sozialstaat der Industriegesellschaft durch Reformen retten«, befindet der österreichische Sozial- und Gesundheitsökonom Christian Köck, der an den Universitäten von Witten/Herdecke und Harvard lehrt. Köck plädiert für das Grundeinkommen, eine alte Idee von André Gorz, und setzt vor allem auf radikale Schnitte an der lähmenden Sozialstaatsbürokratie. Würden etwa die 1,2 Billionen Mark an Sozialtransferleistungen, mit denen heute unter ungeheurem bürokratischen Aufwand vom Kindergeld bis zur Sozialhilfe alles staatlich verwaltet wird, in Form eines Grundeinkommens ausgeschüttet werden, stünden jedem Bundesbürger, vom Baby bis zum Greis, 1220 Mark pro Monat zur Verfügung. Das Grundeinkommen für alle hätte, so Köck, noch einen weiteren Effekt: »Die Ellbogengesellschaft würde entschärft, es käme zu einer radikalen Klimaänderung in der Gesellschaft.« Ein klar definiertes Basiseinkommen könnte, so die Hoffnung Köcks, »zumindest von der heute üblichen menschenunwürdigen Praxis des Almosenverteilens mit all seinen sozialen Konsequenzen« wegführen. »Es wäre leichter zu verstehen, dass Erwerbsarbeit nicht alles ist.«

Dass ein solcher Solidarpakt, bei dem der durch neue Technologien erwirtschaftete Reichtum anders verteilt wird, überhaupt auf so harten gesellschaftlichen Widerstand stößt, glauben die Journalisten Wolf Lotter und Matthias Spielkamp, liegt am allgegenwärtigen Dogma der Industriegesellschaft: Nur wer arbeitet, soll auch essen. Doch der Zusammenhang zwischen Leistung und Lohn, der an Frederick Taylors Fließbändern in der Industriegesellschaft eng war und einfach gemessen werden konnte, lockert sich im digitalen Kapitalismus sowieso. Im Grunde kommt es darauf an, die digitale Revolution für die Gesellschaft als Evolution zu gestalten.

Trend 1: Neuer Wettbewerb – Wissensberge und Informationslawinen

Information unterscheidet nicht zwischen Sinn und Unsinn. Sie ist kein Maß für den Wert einer Botschaft.

NORBERT BOLZ

Ein Unternehmen, das rasche Veränderungen im Umfeld dynamisch bewältigen will, darf Informationen und Wissen nicht nur effizient verarbeiten, es muss sie selbst hervorbringen.

IKUJIRO NONAKA *und* HIROTAKA TAKEUCHI

Die Verschiebung ökonomischer Wertbestimmung

»Das wesentliche Produktionsmittel ist klein, grau und wiegt etwa 1,3 Kilogramm«, schreiben die schwedischen Autoren Jonas Ridderstråle und Kjell Nordström, »es ist das menschliche Gehirn.« Die beiden international gefragten Managementgurus von der Stockholmer Business School sagen den »Krieg der Gehirne« voraus, einen gnadenlosen Kampf um Wissen, selbst um winzige Wissensvorsprünge. Das Wissen, behaupten sie, sei das Schlachtfeld der Zukunft: »In zunehmendem Maß sind wir Bedingungen ausgesetzt, die mehr Wissen von uns fordern, damit wir funktionieren und langfristig überleben können.«

Die beiden Schweden sind mit dieser Einschätzung nicht allein, auch andere Akteure unserer Gesellschaft, allen voran Publizisten, Politiker und Wissenschaftler, entdecken das Wissen als den entscheidenden Produktionsfaktor in der künftigen Wirtschaft. In kaum einem Beitrag über die Dynamik des Wandels fehlt der Hinweis, dass sich – dank der modernen Informations- und Kommunikationstechnologien – das weltweit verfügbare Wissen alle fünf Jahre verdoppelt. Bei realistischer Einschätzung des eigenen Wissensschatzes und Lernvermögens müssen solche Prognosen wohl jeden tief beeindrucken. Was macht es da schon, dass forsche Futurologen in Zeitungsredaktionen und Researchinstituten im Wetteifer um Superlative bisweilen kaum differenzieren, ob nun von Wissen, von Informationen oder von Daten die Rede ist?

Egal, Wissen ist nun mal die harte Währung der künftigen Ökonomie, schließlich zählen Begriffe wie »Wissensmanagement« und »Wissensnetzwerk« inzwischen zum Standardrepertoire auch solcher Topmanager, die bis vor kurzem noch den Einschaltknopf ihres PCs nicht kannten und den 17-Zoll-LCD-Monitor auf ihrem Schreibtisch wenn nicht als Statussymbol, so doch als schlagenden Beweis für ihre Aufgeschlossenheit gegenüber den modernen IT-Techniken betrachtet haben. Doch jetzt? Die Industriegesellschaft ist Geschichte, wir sind, wie ihre Protagonisten nicht müde werden zu betonen, längst mitten drin in einem tiefen Umbruch, den viele einen Paradigmenwechsel nennen, auf dem großen Sprung in die Wissensgesellschaft.

Doch was ist so neu an dem Wissen, dass es plötzlich der Auslöser einer »tektonischen« Verschiebung des gesamten Gefüges ökonomischer Wertbestimmung sein soll, wie der Frankfurter Wissenschaftsberater Bernhard von Mutius den gegenwärtigen Umbruch beschreibt? Ist Wissen nicht immer schon, im Grunde während der gesamten Menschheitsgeschichte, der bedeutendste Wertschöpfungsfaktor gewesen? »Für die Archäologie sind menschliche Spuren stets Spuren des Wissens«, beschreibt der Gesellschaftswissenschaftler Meinhard Miegel den Wissensdrang der Menschen, der seine höchste Priorität darin hatte, das Überleben zu sichern. So mussten unsere Ahnen zunächst lernen, Nahrung zu finden, primitive Unterkünfte zu errichten und sich gegen Raubtiere zu schützen, bevor sie sich um Wissen auf höheren Kulturstufen bemühen konnten.

Seit sich unsere Urahnen vor vermutlich mehr als 100 000 Jahren entschlossen, miteinander zu reden – also zu kommunizieren –, produzierten sie Wissen, denn erst das »symbolisch-begriffliche Lautsprachvermögen«, so Hubert Markl, Präsident der Max-Planck-Gesellschaft, »erlaubte erstmals die Kommunikation über räumlich und zeitlich und sogar physisch Abwesendes, also auch über abstrakte Vorstellungen, die damit zum geistigen Eigentum einer Sprechgemeinschaft wurde«. Irgendwann schließlich entdeckte diese Sprechgemeinschaft, dass es lohnend und auch ganz praktisch sein kann, Gedanken und Wissen zu speichern. So »speicherte« Moses die Zehn Gebote auf Steintafeln, frühe Steinzeitmenschen verewigten ihr Wissen in Höhlenmalereien, der babylonische König Hammurabi ließ sein Recht und Gesetz in Kalksandstein meißeln, und die alten Ägypter überlieferten ihre Botschaften als Hieroglyphen. In den Jahrhunderten nach Christus perfektionierten vor allem die Mönche die Schreibkunst und schufen in tage- und wochenlanger Arbeit prächtige Bücher – die Wissensspeicher des Mittelalters.

Seit jeher also streben die Menschen nach Wissen, und schon die frühen Denker versuchten den Wesensgehalt des Wissens zu ergründen. Aristoteles etwa glaubte, der Mensch strebe von Natur aus nach Wissen; Sokrates brachte seine Beziehung zum Wissen in die listige Formel »Ich weiß, dass ich nichts weiß.« Isaac Newton bezeugte seinen tiefen Respekt vor dem Wissen, als er sagte, er sei ein Zwerg, der auf den Schultern von Riesen stehe. Die kürzeste und vermutlich am häufigsten zitierte Definition für Wissen verdanken wir dem Briten Francis Bacon; der 1618 zum Lordkanzler ernannte Philosoph befand kurz und bündig: »Wissen ist Macht«. Wenngleich die populäre Formel durchaus angezweifelt werden kann, denn allzu oft haben Macht und die Mächtigen definiert, was als »Wissen« zu gelten hatte.

Der klassische Beleg dafür ist zweifellos der Fall des Galileo Galilei: Der italienische Physiker hatte erkannt, dass nicht die Erde der Mittelpunkt aller Gestirne ist – um die sich alles drehte –, sondern im Gegenteil, dass unsere Erde die Sonne umwandert und sich zudem um sich selbst dreht. Ein ketzerisches Wissen seinerzeit, das vor der drohenden Macht inquisitorischer Folter keinen Bestand hatte; Galilei widerrief. Auch das berühmte »Und sie dreht sich doch!«, das der Gelehrte auf dem Totenbett gesagt haben soll, war alles andere als eine Demonstration für die Macht des Wissens. Andererseits: Selbst eiserne Vorhänge haben die Macht des Wissens nicht auf Dauer aufhalten können; nicht zuletzt Informationen und Nachrichten, von den Medien demokratischer Gesellschaften verbreitet, haben in der jüngeren Geschichte linken wie rechten Regimen ein Ende gesetzt.

Die unterschiedliche und sich wandelnde Einschätzung von Wissen zeigt: Wissen ist subjektiv, es ist unscharf und unvollständig, und es ist, wie wir wissen, oft schlicht falsch. So »wussten« die Menschen über viele Jahrhunderte, dass die Erde eine Scheibe ist. Da niemand in der Lage war, die Erdkugel zu umrunden, hatte das falsche Bild von der Welt keine Konsequenzen. Es war stimmig und plausibel; wenn gelegentlich Schiffe verloren gingen, waren sie eben über den Rand der Erde gefallen. Mit der »Kugel Erde« haben wir übrigens bis heute so unsere Probleme, jedenfalls in der Kartografie. Es ist nun einmal unmöglich, eine Kugeloberfäche ohne Unschärfen als ebene Fläche darzustellen. Wir versuchen es dennoch, mit dem Ergebnis, dass die uns geläufigen Karten ein stark verzerrtes Bild unserer Erde präsentieren – und damit »Wissen« prägen, das schlicht falsch ist. So bestätigt ein Blick auf die Weltkarte unser gängiges Wissen, dass Skandinavien mit den Ländern Norwegen, Schweden und Finnland deutlich größer ist als der indische Subkontinent. In Wahrheit ist es jedoch genau umgekehrt, gemessen an der Fläche ist Indien etwa dreimal so groß wie Skandinavien.

Doch trotz aller Irrtümer und Unschärfen: Der Wissensdrang der Menschen hat so fantastische Ergebnisse hervorgebracht wie die antiken und die modernen Weltwunder, er schuf großartige Kulturwerke, er ließ den Menschen das Rad erfinden und ihn auf dem Mond spazieren, und er ist dabei, ihn gesünder, älter und – hoffentlich – klüger werden zu lassen.

So ist die Anhäufung von Wissen seit vielen Zehn- oder gar Hunderttausenden von Jahren prägend für den Menschen gewesen; man könne in diesem Zusammenhang »geradezu von einer anthropologischen Konstante sprechen«, bemerkt dazu

Nico Stehr, Soziologe an der University of British Columbia in Kanada. Was macht denn nun das Wissen plötzlich zu einem derart entscheidenden Faktor, dass er die hoch industriellen, die »Hightechgesellschaften« revolutioniert und uns als »Wissensgesellschaft« formiert?

Von der Gutenberg-Galaxis zu Bits und Chips: Das Wissen sucht sich seine Massen

Eine erste Erklärung für den Wandel (zumindest eine Analogie) findet sich im späten Mittelalter, zum Zeitpunkt einer revolutionären Entdeckung, die breiten Massen erstmals Wissen zugänglich machen sollte: Mitte des 15. Jahrhunderts erfand der Mainzer Johannes Gutenberg die beweglichen Lettern und schuf damit die Voraussetzung, Informationen und Mitteilungen auf Papier zu drucken und in großer (wenn zunächst auch sehr bescheidener) Auflage zu verteilen. Bis dahin hatten die Menschen, die dem Dritten Stand angehörten, – wenn überhaupt – nur äußerst selten Papier zu Gesicht bekommen, in der »Gutenberg Galaxis«, so der Titel des Buches, das der kanadische Medientheoretiker Marshall McLuhan 1962 publizierte, war Wissen also nicht länger Eliten vorbehalten, sondern gelangte nach und nach in breitere Schichten: 1605 erschien in Straßburg das erste Wochenblatt der Geschichte, 1660 in Leipzig die erste Tageszeitung im deutschen Sprachraum, in kleiner Auflage, teuer und exklusiv, Lesestoff also für eine nur langsam wachsende Minderheit. Erst im 18. und 19. Jahrhundert entwickelten sich die Zeitungen zu Massenmedien – und veränderten mit den Informationen, die sie unter das Volk brachten, die Welt. Und langsam füllten sich auch die Bibliotheken – Bücher waren nicht länger unikate Kunstwerke, sondern sie wurden Lese- , Bildungs- und Wissensstoff für die breite Masse. »Mehr als das Gold hat das Blei in der Welt verändert, und mehr als das Blei in der Flinte das im Setzkasten«, beschreibt der Aufklärer Georg Christoph Lichtenberg die revolutionäre Rolle der Buchdruckkunst.

Den nächsten riesigen Schritt in Richtung moderner Informations- und Kommunikationstechniken machte 1844 ein genialer Tüftler, als es ihm gelang, eine Nachricht binnen Sekunden über knappe 50 Meilen zu übermitteln – simple Punkte und Striche, die Samuel Morse in Baltimore in seinen elektromagnetischen Telegrafen tickte und die ein ebenso kleiner Apparat, nicht größer als ein Schuhkarton, in Washington D.C. auf einem schmalen Papierstreifen wieder sichtbar werden ließ. Eine bahnbrechende Erfindung, wie sich zeigen sollte: Nur zehn Jahre später durchzogen 23 000 Meilen Telegrafenleitungen den amerikanischen Kontinent. Bis dahin hatten sich Nachrichten und Informationen höchstens mit der Geschwindigkeit eines schnellen Reiters oder einer Postkutsche verbreiten können, mit der Telegrafie fortan in wenigen Sekunden über Tausende von Kilometern.

Kein Zweifel, der Ruhm, der modernen Kommunikationstechnik den entscheidenden Impuls gegeben zu haben, gebührt Samuel Morse und seiner elektromagnetischen Strich-Punkt-Technik. »Innerhalb weniger Jahre«, schwärmte ein Zeitgenosse des Erfinders, »hat eine neue Kommunikationstechnik Räume und Entfernungen zunichte und den Globus so klein gemacht wie nie zuvor«. Der mit der Zeit noch kleiner wurde – durch das Telefon, die Kabelverbindungen zwischen den Kontinenten, den drahtlosen Funk, den Rundfunk, den Fernschreiber, das Fernsehen, das Faxgerät. Jede neue Technologie verschaffte der Informationsverbreitung und der Kommunikation eine immer breitere Basis und zugleich eine wachsende Dynamik.

Der nächste Quantensprung in der Kommunikation wurde zweifellos durch die Erfindung des Computers ausgelöst. An »Kommunikation« mag Konrad Zuse kaum gedacht haben, als er 1941 seinen Z 3 präsentierte, den ersten funktionsfähigen programmgesteuerten Rechenautomaten der Welt. Und auch nicht die Amerikaner J. Presper Eckert und John W. Mauchly, als sie 1946 ihren ENIAC (Electronic Numerial Integrator and Automatic Calculator) bauten, den ersten vollelektronischen Rechner – ein Ungetüm mit rund 18 000 Elektronenröhren und einer Leistung, die heute jeder simple Taschenrechner locker übertrifft. »Computer der Zukunft werden nicht mehr als 1,5 Tonnen wiegen«, prophezeite 1949 das US-Wissenschaftsmagazin *Popular Mechanics* und sollte recht behalten: Die Ungetüme wurden von Generation zu Generation kleiner, sie wurden immer schneller und leistungsfähiger und verloren schließlich Anfang der 80er Jahre die Aura, ausschließlich den Rechenzentren großer Unternehmen, der Wissenschaft und vor allem staatlichen Organisationen und dem Militär vorbehalten zu sein – als Personal Computer standen sie plötzlich klein und handlich auf dem Schreibtisch ganz gewöhnlicher Menschen.

Chips und Digitalisierung – Die unendliche Beschleunigung

Vor allem ein winzig kleines Bauteil hat die stürmische Entwicklung ermöglicht: der Chip, gemeinhin als fingernagelgroß beschrieben und inzwischen in unserer Welt allgegenwärtig. Die Siliziumwinzlinge mit ihren integrierten Schaltkreisen haben den neuen Techniken einen enormen Speed verpasst und der Prozess der Miniaturisierung und der Verbilligung ist noch lange nicht an sein Ende gekommen. Gordon Moore, einer der Gründer von Intel, sagte 1980 voraus, dass sich die Rechengeschwindigkeit der Mikroprozessoren etwa alle anderthalb Jahre verdoppeln werde (oder, was auf dasselbe hinausläuft, sich in diesem Zeitraum um die Hälfte verbilligt). Seine Prognose, inzwischen Moores Gesetz genannt, hat sich mit erstaunlicher Genauigkeit erfüllt. Die 2000-Mark-Computer, mit denen die Kids heute spielen und lernen, haben die Rechenleistung professioneller Workstations, die vor fünf Jahren 30 000 Mark kosteten. Bis vor kurzem glaubte man, Moores Gesetz könne nur bis etwa zum Jahr 2010 gelten, weil dann die physikalischen Grenzen bei der Verkleinerung der Chips erreicht werden würden. In jüngster Zeit haben jedoch viele Wissenschaftler ihre Ansicht revidiert. Dank der Molekularelektronik

– einem Teilbereich der Nanotechnologie – wird Moores Gesetz möglicherweise für weitere Jahrzehnte in Kraft bleiben. So glaubt etwa Bill Joy, Entwicklungschef der Softwarefirma Sun Microsystems, Computer könnten in den nächsten 30 Jahren noch eine Million mal leistungsfähiger werden, als sie es heute sind. Technisch taugen die Chips für unendlich viele Zwecke, und ihre Verwendung in den Informations- und Kommunikationstechniken ist bei weitem noch nicht ausgeschöpft. Zumal es offensichtlich auch keine wirtschaftlichen Grenzen gibt, denn die Chips werden immer billiger. Andy Grove, Präsident des US-Halbleiterherstellers Intel, prophezeit: »In Zukunft wird Rechnerleistung praktisch umsonst und praktisch unbegrenzt sein.«

Die Digitalisierung hat inzwischen nahezu alle Lebensbereiche erfasst, sowohl am Arbeitsplatz als auch im privaten Bereich, und natürlich auch die Kommunikationstechniken. In der älteren, der analogen Technik – bei Rundfunk, Fernsehen und Telefon noch Standard –, gehen die Informationssignale stufenlos ineinander über. Die Folge: Die Übertragung von Bildern oder Tönen ist anfällig für Störungen und äußere Einflüsse, wie man leicht feststellen kann, wenn man die Klangqualität eines – analogen – Plattenspielers und eines – digitalen – CD-Players vergleicht. Bei der digitalen Technik werden die Informationssignale in zwei getrennte, strikt unterscheidbare Werte umgesetzt, sie werden als Einsen und Nullen auf die Reise geschickt – als Bits. So machen Computer Musik und schießen Kameras digitalisierte Bilder. Der Begriff »Film« wird bald irreführend sein, weil Filme dann eine Aneinanderreihung digitaler Bits sein werden.

Für die Kommunikationstechniken hat die Digitalisierung eine enorme Konsequenz: Sie beschleunigt die Übertragung von Daten, sie macht den Datentransfer sehr viel billiger, sie bietet ein Fülle von Funktionen und die Möglichkeit, verschiedene Medien zu verknüpfen. So wächst auch in der Informations- und Kommunikationstechnik zusammen, was zusammengehört. Norbert Bolz, Kommunikationstheoretiker an der Universität Essen, sieht darin ein geradezu historisches Moment: »Die Digitalisierung aller Daten hat es zum ersten Mal in der Kulturgeschichte möglich gemacht, alle Darstellungsmedien miteinander zu verknüpfen.«

Die gute alte Tageszeitung steckt zwar wie immer morgens um sieben in unserem Briefkasten, aber was drin steht, wurde mit digitaler Technik in die Redaktion übermittelt, digital bearbeitet und digital gedruckt. Die digitalen Daten wandern dann in die Onlineredaktion, wo sie für die Präsentation der Zeitung im Internet aufbereitet werden, die Nachrichten werden mit anderen elektronischen Medien, wie dem Fernsehen und dem Rundfunk, ausgetauscht, sie werden digitalisiert gespeichert und wieder abgerufen.

Die weltweite Vernetzung

Damit sind wir mittendrin in der Multimediagesellschaft. Doch es war nicht der Computer, der den gegenwärtigen rasanten Umbruch ausgelöst hat, es war auch nicht der Chip und nicht die Digitalisierung. Die eng miteinander verzahnten Techniken waren zweifellos eine entscheidende Voraussetzung dafür. Doch erst die weltweite Vernetzung hat unser Leben total umgekrempelt – das World Wide Web, das uns am Monitor unseres PCs die abgelegensten Winkel unserer Erde erschließen lässt, das uns die Möglichkeit bietet, interaktiv – und zwar in Echtzeit – zu kommunizieren, das uns die Tore zu Datenbanken, Archiven und unzähligen anderen Informationsquellen eröffnet. Es macht den Cyberspace zu einem nahezu unendlichen Marktplatz; nicht umsonst sind »chatten« und »surfen« die Synonyme für die vielfältigen Begegnungen in der virtuellen Welt. Inzwischen loggen sich weltweit mehr oder weniger regelmäßig rund 200 Millionen Teilnehmer ins Netz, User, wie man sie gewöhnlich nennt – eine sich enorm schnell vermehrende Spezies.

Die steigende Informationsflut

Mit der Globalisierung, der Digitalisierung und dem World Wide Web vollzieht sich nach der Erfindung der Buchdruckkunst gegenwärtig die zweite große Medienwende, die uns vor allem eines beschert: eine wahre Informationsflut, die Tag um Tag mit wachsender Geschwindigkeit immer neue Informationsmassen heranspült – nackte Nachrichten in den Printmedien, im Fernsehen, im Radio und im Web, News und Geschichten in bewegten und gedruckten Bildern, Geschmacklosigkeiten, Erschütterndes wie Erheiterndes, Entdeckungen der Wissenschaft, kulturelle Highlights und Entertainment auf beinahe jedem Niveau, von Beethovens Neunter bis zu Big Brother. Vielfalt und Angebot scheinen grenzenlos und – zumindest theoretisch – für die virtuelle Gemeinde an jedem Ort der Welt zugänglich, bald per Handy oder Notebook, rund um die Uhr, ob privat oder am Arbeitsplatz.

Natürlich haben sich längst Wissenschaftler darangemacht, zu ergründen, wie gigantisch die Informations- und Datenmengen sind, die um unseren Globus herumschwirren. So prophezeit beispielsweise Michael Dertouzos, der über zwei Jahrzehnte lang das Informatik-Institut am legendären MIT geleitet hat, dass in den nächsten Jahren rund eine Milliarde Computer miteinander vernetzt sein werden, von denen jeder mehrere tausend bis einige Millionen Informationen speichern und verarbeiten wird – zusammengenommen zwischen einer Billion und einer Billiarde Dateien, Programme, Notizen, Listen und anderes. Kein Wunder, wenn die Erforscher des Cyberspace dabei Superlative entdecken, die vermutlich kaum jemand nachvollziehen kann. Hal R. Varian, Leiter der School of Information Management and Systems an der University of California in Berkeley, kommt in einer Studie zu dem Ergebnis, dass weltweit pro Jahr rund 1,5 Milliarden Gigabyte Informationen in Druckerzeugnissen, in Filmen oder anderer optischer und magnetischer Form produziert und gespeichert werden – pro Kopf der Weltbevölkerung, Greise und Säuglinge eingeschlossen, 250 Megabyte. Das entspricht dem Inhalt von etwa 250 Büchern. Als Auslöser dieser Informationsflut nennt Varian die dichter werdende Vernetzung und die sinkenden Kosten für die Speicherung der Informationen, die derzeit noch bei knapp zehn US-Dollar pro Gigabyte liegen; bis 2005 erwartet der Wissenschaftler einen Preis von nur noch einem US-Dollar.

Eine einzige Wochenendausgabe der *Frankfurter Allgemeinen Zeitung*, heißt es, konfrontiere uns mit mehr Informationen, als die Menschen im 18. Jahrhundert während ihres ganzen Lebens erhielten. Ein paar Briefe von ihren Angehörigen, wenige Fotografien vielleicht, hin und wieder ein amtliches Dokument und gelegentliche öffentliche Mitteilungen, die der Ausrufer noch mündlich verkündete – sehr viel mehr an aktuellen Informationen waren breiten Schichten jener Zeit kaum zugänglich. Äußerst spärlich, werden wir aus heutiger Sicht urteilen. Andererseits fragen wir uns: Welchen Nutzen haben denn heute die Konsumenten, die Unternehmer, die Politiker, die Wissenschaftler, kurz die Akteure in unserer Gesellschaft, von der nahezu unbegrenzten Informationsfülle? Welchen Nutzen etwa hat der Landwirt, der mit Sorgen den Wetterbericht für die nächsten Tage erwartet, von der Nachricht, dass sich in einem Schwarzen Loch in der Tiefe des Weltalls, einige zigtausend Lichtjahre von seinem Acker entfernt, eine gewaltige Superexplosion ereignet hat? Oder welchen Nutzen zieht ein Kernphysiker, der sich soeben über Probleme bei der Fixierung eines Gammastrahlenpositrons beugt, aus der Nachricht, dass sich der britische Thronfolger angeblich ein Glas seiner Lieblingsmayonnaise ins Ausland hat nachfliegen lassen?

Es mag den Physiker für einen Augenblick erheitern und den Landwirt kurz darüber nachdenken lassen, dass seine Berufskollegen in dem Schwarzen Loch, wenn es denn welche gegeben haben sollte, vielleicht ganz andere Sorgen hatten als er. Und dann dürfte diese News schnell vergessen sein. Damit wird deutlich: Informationen sind flüchtig, sie sind zumeist gar nicht für uns gemacht, und Michael Dertouzos hat Recht, wenn er sagt, dass für die meisten von uns der allergrößte Teil der Milliarden von Gigabytes, die Hal R. Varian zusammengezählt hat, nichts anderes sind als »Informationsmüll ohne jeden Wert«. Aber nur der allergrößte Teil; es geht um die Werte, die mit den Informationen transportiert werden. »Alles, was wir brauchen«, schreibt Dertouzos, »sind die Juwelen, die uns helfen, wenn wir unseren Wünschen und Zielen nachgehen.« Es geht also um die Pretiosen, die offensichtlich in der anschwellenden Informationsflut verborgen sind. So sieht das auch Peter Glaser. »Die Informationsflut schwemmt eine Menge Müll und Schlamm mit sich«, formuliert es der Publizist, »aber in dem Schlamm sind Nuggets.«

Nun ist zunächst festzustellen, dass wir Menschen gar nicht fähig sind, die uns dargebotenen Informationen zu verarbeiten. 98 Prozent davon rauschen an uns vorbei, bestenfalls einen winzigen Rest nehmen wir bewusst auf. Und auch mit dem qualitativen Gehalt des Infostroms ist es nicht weit her, denn »Information unterscheidet nicht zwischen Sinn und Unsinn«, urteilt Norbert Bolz. So zeigt das Zeitalter der Massenmedien, dass die Masse der Informationen zum Problem werden kann; Begriffe wie Informationslawine oder Informationsmüll kursieren seit langem durch die kulturkritischen Feuilletons. Damit wird klar: Informationen an sich haben noch keinen Wert, sie werden uns über die Medien, zumal über die neuen Medien, angeboten und zur Verfügung gestellt – unkritisch, unsortiert, von manchen empfunden wie »Info-Bulldozer«, die alles Dagewesene niedermachen. Informationen sind also bei weitem nicht das, was für uns zu einem entscheidenden Wertschöpfungsfaktor wird. »Wissen bedeutet«, so der Medientheoretiker Florian Rötzer, »Informationen aufzunehmen und verarbeiten zu können, um bestimmte Ergebnisse zu erzielen oder Kenntnisse über die Phänomene der Welt zu erlangen.«

Von der Information zum Wissen

Die Informationen sind also ein, wie es scheint, unerschöpflicher Rohstoff, der uns das Wissen liefert – die »Nuggets« eben, die nach qualitativen Kriterien selektierten und bewerteten Informationen. Um dem Wandel von Informationen in Wissen auf die Spur zu kommen, helfen uns wieder die Wissenschaftler, die inzwischen selbstverständlich definiert haben, was die moderne Informations- und Kommunikationstechnologie rund um den Globus als »Information« mobilisieren. Die Experten schlagen vor, Informationen und Wissen in eine, wie sie sagen »selbstreferenzielle« Kette einzuordnen. Am Anfang dieser Beziehungskette stehen die Daten, die nicht anders einzustufen sind als die nüchterne Repräsentation von Sachverhalten.

Die nächste Stufe ist die Information, in dieser Definition eine bestimmte Menge Daten, die bereits, nach sachlichen Inhalten sortiert, in eine systematische Struktur gebracht wurden. In einen Wetterbericht etwa, der aus Daten wie Temperatur, Luftdruck und Windgeschwindigkeit eine Information macht, aber nichts über die Ergebnisse der Fußballbundesliga sagt, weil die als Information im Sportteil enthalten sind. Wissen schließlich ist die systematische Verknüpfung von Informationen und kann somit unsere Grundlage für ganz bestimmte Handlungsmuster und -alternativen werden.

Man stelle sich vor, eine Reise zu planen. Die Daten wären zunächst »Deutsche Bahn AG« und »Abfahrts- und Ankunftszeiten« der Züge. Eine Information wird daraus, wenn diese Daten systematisiert werden, etwa: Abfahrt Hamburg 10.55 Uhr, Ankunft Hannover 12.35 Uhr; Abfahrt Hannover 13.02 Uhr, Ankunft Bielefeld 14.35. Wissen indes wird aus diesen Informationen, wenn ich die verschiedenen Verbindungen zwischen Hamburg und Bielefeld bewerte, wenn ich beispielsweise berücksichtige, wie lange mein Zwischenaufenthalt in Hannover ist oder dass bei nur leichter Verspätung des Zuges mein verabredeter Termin nicht mehr zu halten wäre. Es ist also das Wissen, das mich am Ende entscheiden lässt: Ich nehme in Hamburg den Zug um 09.45 Uhr, ich bin um 13.20 Uhr in Bielefeld, und mein Aufenthalt in Hannover auf einem zugigen Bahnsteig dauert bei dieser Verbindung nur 20 Minuten.

Das kleine Beispiel zeigt, dass »Wissen« nicht allein in dieser Beziehungskette entsteht. Es gehört offensichtlich mehr dazu: Um Wissen zu generieren, bedarf es immer eines »Vorwissens«. Oder, wie es John Grundry, Direktor der Londoner Knowledge Ability Ltd., ausdrückt: Wissen finden wir zum einen »explizit« in Dokumenten als Daten und Fakten, aber »implizit« auch in unseren Köpfen. Zu planvoller Kreativität und zu konkreten Handlungsmustern komme es jedoch nur durch die Interaktion des expliziten und des impliziten Wissens.

Dies ist eine nur grobe Abgrenzung des Wissens, die beschreibt, dass Wissen formalisierbar, beschreibbar und zeitlich stabil sein kann, soweit es sich um explizites Wissen handelt. Ein anderer Teil des Wissens ist jedoch nur sehr schwer zu formalisieren, das implizite Wissen nämlich, das wir gelegentlich deshalb auch als »Bauchgefühl« bezeichnen. Zum expliziten Wissen gehört es beispielsweise, zu wissen, dass Wolfgang Amadeus Mozart die »Zauberflöte« komponiert hat. Implizites Wissen, so der Psychologe Dietrich Dörner, ist dagegen das Wissen, das einen Musikliebhaber befähigt zu sagen: »Das kenne ich zwar nicht, aber es ist von Mozart« – ohne genau angeben zu können, woran er den Komponisten erkennt. Unser Musikfreund kann nur mitteilen, es klinge irgendwie »mozarthaft«. Das zeigt: Implizites Wissen ist schwer kommunizierbar, die meisten Wissensträger werden kaum in der Lage sein, ihr in vielen Jahren angesammeltes intuitives Wissen ohne weiteres zu »versprachlichen«.

Manchmal helfen Metaphern, Analogien oder Modelle dabei, solches Wissen zu artikulieren. Manche Unternehmen entwickeln im Rahmen ihres Wissensmanagements regelrechte Kartografien und »Gelbe Seiten«, um das im Unternehmen vorhandene Wissen zu identifizieren und zugänglich zu machen. Diese Verfahren weisen Ähnlichkeiten mit der »Oral History« auf, einem neueren Zweig der Geschichtswissenschaft, in dem es darum geht, lebensgeschichtliche Erfahrungen von Menschen festzuhalten, die normalerweise keine Bücher schreiben.

Zum impliziten Wissen zählen die Wissenschaftler auch Kategorien eines Wissens, das von ganz bestimmten, körperlich verinnerlichten Reaktionen, aber auch von moralischen Annahmen und Werten gesteuert wird. John Grundry nennt das implizite Wissen deshalb auch das »Know-why«, das sich – mehr oder weniger bewusst – auf das »Miteinanderumgehen« der Menschen stützt, auf ethisch moralische Grundsätze und auf die sozialen und politischen Spielregeln einer Gesellschaft. Das explizite Wissen dagegen – das »Know-what« – sind die aktuellen Daten und Fakten, nüchtern beschreib- und speicherbar: Der Mount Everest ist mit seinen 8850 Metern der höchste Berg der Welt, Bill Clinton war der 42. Präsident der USA, ein Barrel Öl sind 159 Liter, reines Wasser gefriert bei null Grad Celsius – es handelt sich um Faktenwissen, um das Wissen über ganz bestimmte Eigenschaften, um technisches Fachwissen.

Wieder ist die Interaktion der beiden Wissenkomponenten gefragt, die dann das »Know-how« ergibt – also das nutzbringende Handlungsmuster, etwa zu wissen, wie man ein Auto repariert, einen alten Menschen pflegt, eine Gesetzesvorlage ins Parlament bringt oder ein Urteil spricht. Oder die Fahrt eines geübten Autofahrers. Der weiß nicht nur, welche Funktionen Lenkung, Kupplung und Schaltung haben, er beherrscht die gleichzeitige Bedienung der Instrumente noch im dichtesten Stadtverkehr so gut, dass man sich obendrein noch mit ihm unterhalten kann. Nuancen der Wahrnehmung, Feinmotorik und Erfahrung spielen dabei eine sehr wichtige Rolle.

Mit naturwissenschaftlicher Akribie lässt sich erforschen, wie wir Menschen Wissen generieren und speichern. Nach Auskunft der Gehirnphysiologen müssen wir uns das menschliche Gehirn als informationsverarbeitendes System vorstellen. Die Sinnesorgane, etwa die Schallrezeptoren im Ohr oder die Lichtrezeptoren im Auge, liefern die Informationen, die dort aufgenommen werden. Über Nervenbahnen werden die Impulse ins Gehirn geleitet, wo Milliarden von Nervenzellen unzählige Signale parallel verarbeiten können.

Die enorme Rechner- und Speicherkapazität versetzt uns in die Lage, in einem winzigen Augenblick zu erkennen, ob uns ein Fremder oder ein alter Bekannter gegenübersteht. Die Konturen des bekannten Gesichts sind als Teil unseres Wissens gespeichert, dazu auch die Eigenschaften und Einzelheiten, die diesem Gesicht zuzuordnen sind. Die Speicherung von Einzelinformationen, die sich im Lauf unseres Lebens zu Wissen verdichten, erfolgt nicht in einzelnen Zellen, sondern in neuronalen Netzen. Natürlich gehört zum Wissen auch Denken; mit dem Denken werden bei Bedarf – eben beim »Nachdenken« – gespeicherte Informationen systematisch verknüpft. So entstehen neue Wisseneinheiten. In glücklichen Momenten produziert unser Gehirn dabei einen »Geistesblitz«, zum Beispiel eine kreative Idee, die vielleicht zur Basis neuer Technologien und Produkte wird.

Doch wie hilft uns nun unser Gehirn, dieser famose Rechner und Speicher, von den gigantischen 1,5 Milliarden Gigabyte Informationen, die nach Hal R. Varian pro Jahr bewegt und gespeichert werden, nicht erdrückt zu werden? Von den Massen an Informationen – die Varian in seiner Betrachtung berücksichtigt hat –, die ohnehin nicht für uns bestimmt sind? Selbst der verbleibende Rest der Informationen ist, jedenfalls subjektiv betrachtet, zum größten Teil noch ausgemachter Müll. Es geht also darum, vereinfacht ausgedrückt, die Spreu vom Weizen zu trennen – auf die Juwelen zu stoßen. Das allerdings ist oft weit schwieriger, als es auf den ersten Blick erscheint. Wer spürt nicht den enormen Druck der ständig wachsenden Informationsmenge, der uns oft das Gefühl gibt, etwas zu verpassen oder zu übersehen? Wir heben die Zeitung auf, weil wir unbedingt noch einen (vermeintlich wichtigen) Beitrag sorgfältig lesen wollen, wir legen einen ausgeschnittenen Artikel in unserem Archiv ab (wo er ruht, bis er vergilbt), wir zeichnen Fernsehsendungen auf, wir notieren uns die Titel von Büchern, die wir noch beschaffen wollen (und die dann Monate ungelesen auf dem Nachttisch liegen) – alles in großer Sorge, dem enormen Wissenszuwachs bei unserem doch so begrenzten Wissensschatz ansonsten hilflos ausgeliefert zu sein.

Wir stecken in einem Dilemma – die Informationen prasseln förmlich auf uns nieder, und wir sind immer weniger in der

Lage zu entscheiden, welche wir davon aufnehmen und zu Wissen verdichten und verarbeiten sollten. Um auf dem Laufenden zu bleiben, müssten wir von unserem ohnehin knappen Zeitbudget immer mehr für das Sortieren und das Aufnehmen von Informationen abzweigen. Doch das scheint mehr als aussichtslos. Denn wenn es zutrifft, dass die Informationsflut immer weiter anschwillt und damit Informationen und Wissen immer komplexer werden, dann muss der Versuch, tatsächliche oder vermeintliche Lücken zu schließen, kläglich scheitern. Hoffnung, diesem Dilemma zu entkommen, geben vielleicht zwei Feststellungen von Norbert Bolz. Die erste: »Immer entscheidender wird der Mut, an einer bestimmten Stelle zu sagen: So genau will ich es gar nicht wissen.« Die zweite Feststellung: »Das wertvollste Wissen ist heute: zu wissen, was man nicht zu wissen braucht«.

Es ist schon paradox: Das Wissen wird immer komplexer, die Versuche, das »richtige« Wissen herauszufiltern, werden mithin immer aussichtsloser. Die Konsequenz: Wir werden uns zunehmend auf Spezialisten verlassen müssen, die für uns das Wissen sortieren. Arbeitsteilung, von Adam Smith 1776 als ökonomische Segnung beschrieben, bedeutet künftig also auch Wissensteilung und Spezialistentum. Denn in der neuzeitlichen Gesellschaft vollzieht sich die Wissensbildung nicht nur immer dynamischer, sondern auch differenzierter und subtiler. Glaubt man den Web-Auguren, dann werden wir es mit einer wachsenden Intelligenz zu tun bekommen, die vom multimedialen System und seinen Akteuren gewissermaßen aus sich selbst mobilisiert wird: Das World Wide Web wird in den kommenden Jahren enger und enger geknüpft werden, mit einer wachsenden Zahl von Knotenpunkten.

Nach der Erkenntnis von Robert Metcalfe, einst Forscher am Palo Alto Research Center (PARC) von Xerox, führt das immer dichter werdende Web zu einer »Intelligenzprojektion« innerhalb des Netzes und damit zu einem »kollektiven Intelligenzquotienten«, der größer ist als die Summe seiner Komponenten – der Menschen, der Rechner und anderer technischer Komponenten, die das Netz umspannt. So spricht vieles dafür, dass John Chambers Recht hat. Der Chef des kalifornischen Netzwerkspezialisten Cisco Systems meint, wir stünden vor einer Revolution, die nur mit den industriellen Revolutionen früherer Jahrhunderte vergleichbar sei. Das Moment der Beschleunigung, das Revolutionen generell kennzeichnet, trifft uns besonders stark: Das Internet setzt sich mit ungleich größerer Dynamik durch als einst die Dampfmaschine, die Eisenbahn oder der mechanische Webstuhl.

Produktionsfaktor Wissen

Also kommt es doch zu einer »tektonischen« Verschiebung unseres gesamten Wertesystems, mit dem Wissen als zentralem Wertschöpfungsfaktor? So viel steht fest: Die enorme Dynamik, die von den modernen Informations- und Kommunikationstechnologien ausgelöst wird, mobilisiert einen gewaltigen Informationsstrom, der um unseren Planeten rauscht, und mithin immenses Wissen. In der industriellen Gesellschaft konnte sich ein Unternehmen durch geniale Ideen, durch intensive Forschung und Entwicklung einen enormen Wissensschatz und damit einen Wettbewerbsvorteil erarbeiten, der über Jahre hinweg Bestand haben konnte. Clevere Unternehmen haben diesen Wissensvorteil für ihre Internationalisierung genutzt, viele große Namen und Marken haben ihren Ursprung in einem dauerhaften Wettbewerbsvorsprung.

Inzwischen ist es mit dem Wissen in den Unternehmen wie mit der Flüssigkeit in kommunizierenden Röhren: Das Niveau ist binnen kurzer Zeit überall gleich. Dies gilt insbesondere für erfolgreiche Geschäftspraktiken, für die Organisation von Produktionsprozessen (Lean Production) und für effiziente Managementpraktiken (Lean Management), für Prozesse, die sich nicht lange verbergen lassen. Für den Wissensausgleich sorgen schon die zahlreichen Business Schools und Universitäten, die im Wettbewerb und in ihrer wissenschaftlichen Selbstdarstellung für eine Angleichung des Wissensniveaus in diesem Bereich sorgen.

Vielleicht war bis vor einiger Zeit noch ein Wettbewerbsvorteil, der sich auf ein besonderes technisches Know-how gründete, länger zu halten. Doch damit ist es auch vorbei; inzwischen kennt man bei Toyota jedes Modell von BMW bis ins kleinste Detail und umgekehrt, und was die Bayern an Automobiltechnik können, ist den Japanern schon lange kein Geheimnis mehr; ein Vorsprung durch Technik, wie einst von Audi beworben, ist heute schnell verbraucht. Bevor ein angemeldetes Patent erteilt wird, ist es von der Dynamik der Entwicklung und der Märkte oft schon überholt. Wenn überhaupt, dann lassen sich Wettbewerbsvorteile nurmehr durch die Marke und das Image erzielen oder durch winzige, hart erkämpfte Wissens- und Wettbewerbsvorteile: Die Innovationszyklen werden immer kürzer, wer mit einem Produkt schneller am Markt ist, der ist – für einen kurzen Augenblick – der Sieger; die Großen fressen nicht länger die Kleinen, sondern die Schnellen die Langsamen.

Wissen rückt damit also ins Zentrum der unternehmerischen Wertschöpfung und Management bedeutet in der sich formierenden neuen Wirtschaft nichts anderes, als das erforderliche Wissen zu generieren und es »just in time« an den Knotenpunkten des Wertschöpfungsnetzes verfügbar zu machen. Nun stellt sich allerdings die Frage, ob denn Wissen überhaupt zu managen ist wie ein Wirtschaftsgut, wie andere Ressourcen also, die in die Produktion von Gütern und Dienstleistungen eingehen? Mit einem eindeutigen »Ja« kann diese Frage, wenn überhaupt, nur für einen Teil des Wissens beantwortet werden, nämlich für das explizite Wissen, für die Daten und Fakten, für technische Funktionsbeschreibungen, für Zahlen über Lagerbestände, Lieferzeiten und Produktionsabläufe. Dieses Wissen kann systematisch verwertet werden, sofern die Unternehmensführung in ihrem Wissensmanagement ein Informationsmanagement aufbaut, das Informationen beispielsweise über neue Techniken und Verfahren, über Produkte und Marken, über Konkurrenzbeziehungen, Strategien und Prognosen, über Allianzen, Rechte und Lizenzen sichtet, bewertet und speichert. Dazu bedarf es heute angesichts der Informationsmengen einer ausgeklügelten Technik. Anders ausgedrückt: Um explizites Wissen systematisch zu generieren, zu systematisieren und zu speichern und zielgenau wieder abrufbar zu machen, sind die modernen Informations- und Kommunikationstechnologien eine notwendige Voraussetzung – das Management eines Unternehmens muss in diesem Bereich des Wissensmanagements also die »E-Technology« ausbauen und optimieren.

Schnell an die Grenzen stoßen die Unternehmensführungen indes bei dem Versuch, das implizite Wissen zu managen. Der Grund liegt auf der Hand: Dieses Wissen ist sehr individuell, es ist von einem Wertesystem geprägt und lässt sich folglich nur unter »passenden« sozialen Bedingungen und Spielregeln in einem Unternehmen entfalten. Wertesysteme und soziale Muster lassen sich aber nicht so ohne weiteres »managen« wie etwa die Just-in-time-Lieferung der Einzelteile für die Produktion von Dieselmotoren. Das implizite Wissen eines Unternehmens lagert nicht in Datenbanken, sondern es befindet sich in den Köpfen der Mitarbeiter. Um dieses Wissen zu mobilisieren, muss in den Unternehmen die Kultur dafür geschaffen werden; fehlt es an dieser Kultur, dann muss Wissensmanagement – trotz bestens organisierter E-Technology und prall gefüllter »Datawarehouses« – kläglich scheitern.

Eine Voraussetzung, die notwendig ist, um Wissen in einem Unternehmen zu mobilisieren, ist die Kommunikation, die schon seit Urzeiten die Grundvoraussetzung für die Vermittlung von Wissen ist. Daraus folgt konsequenterweise, dass Management sich künftig nicht mehr auf streng hierarchische Strukturen stützen kann. Wissensmanagement baut auf Kommunikation – bei einem Topmanager sind also nicht länger Dompteursqualitäten gefragt, sondern vielmehr die Eigenschaften eines Dirigenten, Teamchefs oder Betreuers. Denn das Wissen ruht nicht mehr in Panzerschränken, es ist auch nicht mehr das Elitewissen in abgeriegelten Chefetagen, im Gegenteil, es ist quicklebendig, und zwar zwischen den Ohren der Mitarbeiter – in den rund 1,3 Kilogramm Gehirn, die Ridderstråle und Nordström als das Produktionsmittel der Zukunft ausgemacht haben. (Nicht umsonst haben sie ihrem Buch »Funky Business« den Untertitel verpasst: »Wie kluge Köpfe das Kapital zum Tanzen bringen«). Im Vergleich zu Produktionsfaktoren wie Rohstoffen, Grund und Boden, Geld und Sachkapital gewinnt also das Humankapital – konkret: das Wissen in den Köpfen qualifizierter Mitarbeiter – zunehmend an Bedeutung. Zumal Wissen im Gegensatz zu den anderen Produktionsfaktoren den unschätzbaren Vorzug hat, dass es nicht weniger wird, wenn man es intensiv nutzt oder mit anderen teilt.

Wissen teilen, Wissen preisgeben, über Wissen kommunizieren – manchem Manager, aber auch manchem Mitarbeiter mag dieser Gedanke befremdlich, vielleicht gar abstrus vorkommen. Warum sollte ein Experte sein womöglich hart erarbeitetes Wissen den Kolleginnen und Kollegen zugänglich machen? Lässt sich dieses Wissen nicht in persönlichen Erfolg umsetzen, der sich am Ende auch in Mark und Dollar auszahlt? Zweifellos ein gängiges Denkmuster, geprägt durch die ökonomischen Gesetze des Taylorismus und der Industriegesellschaft. Es ist deshalb schon eine Art kultureller Revolution in den Unternehmen erforderlich, die alle erkennen lässt, dass es Nutzen und Gewinn bringt, wenn jeder Einzelne sein Wissen zur Verfügung stellt, um es mit dem Wissen anderer, auch fremder Disziplinen und Kulturen, zu verknüpfen.

Natürlich wird jeder, der Wissen preisgibt, dafür einen Gegenwert erwarten. Deshalb muss in einer neuen Unternehmenskultur das Prinzip der Gegenseitigkeit gelten, Wissen muss anerkannt werden und es muss auch so etwas wie ein menschlicher Ausgleich damit verbunden sein. Das Ziel ist also eine kreative Wissensgemeinschaft. Die Fachleute, etwa Thomas Davenport und Laurence Prusack, sprechen von einem Wissensmarkt, der in den Unternehmen entstehen müsse, auf dem Gegenseitigkeit, Reputation und Menschlichkeit als Zahlungsmittel fungieren sollten. Das Wissen, das auf diesem Markt gehandelt wird, ist zumeist intuitives Wissen. Und wenn gilt, dass Know-how und konkrete Handlungsmuster nur durch Interaktion von intuitivem und explizitem Wissen entstehen, dann gilt es für das Wissensmanagement eines Unternehmens, auf diesem Wissensmarkt die Interaktion in Gang zu setzen und zu halten.

Zweifellos zählt zum Wissensmanagement, bei den Mitarbeitern die Bereitschaft zu fördern, neues Wissen zu akzeptieren. In vielen Unternehmen ist zu beobachten, dass Mitarbeiter – und Mitarbeitergruppen – innovative Neuerungen, die von außen an sie herangetragen werden, mit Skepsis begegnen und verwerfen, weil sie ihrer Meinung nach nicht ihrem intellektuellen Vermögen und ihrem Wissen entsprechen. Auch das zeigt die soziale Dimension des Lernens und der Wissensbildung, die in aller Regel per Weisung »von oben« kaum zu steuern ist.

Die Wirtschaftswissenschaftler Jean Lave und Etienne Wenger haben 1993 Gruppen beschrieben, die sie »Gemeinschaften von Praktikern« nennen. In gemeinsamer Arbeit entwickeln solche Gruppen im Lauf der Zeit ein Verständnis davon, was sie tun, wie sie es tun und wie sich ihr Verhältnis zu anderen Gruppen im Unternehmen und zu konkurrierenden Unternehmen definiert. So entsteht neben einem gemeinsamen Know-how auch eine gemeinsame Weltsicht. »Individuelles und kollektives Wissen verhalten sich zueinander wie die Noten der verschiedenen Musiker zur gesamten Orchesterpartitur«, sagt John Seely Brown, der Leiter des Palo Alto Research Centers. Der Versuch, so Brown, das Wissen ohne Praxis weiterzutragen, bedeute, Faktenwissen ohne Know-how zu vermitteln.

So ist denn Wissensmanagement, zusammenfassend gesagt, nichts anderes, als zunächst explizites Wissen zu generieren, es zu systematisieren und zu speichern. Der nächste – und weit schwierigere – Abschnitt besteht darin, ein Wertesystem und innere Strukturen zur Mobilisierung des impliziten Wissens zu schaffen. Schließlich ist für die Interaktion zu sorgen. Letztere ist vor allem eine Frage der menschlichen sowie der technischen Kommunikationsstränge im Unternehmen. Befindet sich das Wissensmanagement in den verschiedenen Abschnitten auf einem hohen Niveau, dann dürfte das Ergebnis, das Know-how oder die Handlungsmuster des Unternehmens, ebenfalls ein hohes Niveau erreichen.

Die Grenzen der Technik

Computer und World Wide Web eröffnen uns weltweit den Zugang zu immer neuen Wissensquellen. Dies mag den Gedanken nahe legen, es sei in erster Linie ein technisches Problem, Wissen zu generieren. Schließlich durchkämmen die mit Schlagworten gefütterten Suchmaschinen in wenigen Sekunden über das Internet weltweit Archive und Datenbanken, die Prozessoren der Rechner werden schneller und schneller, die Speicherkapazitäten wachsen, die Maschinen werden immer zugänglicher und komfortabler. Doch die Debatte um die richtigen »Tools« ist müßig. »Das Wissen ist verteilt auf viele Köpfe, es gilt, das Wissen dieser Köpfe zu vernetzen und somit individuelles Wissen gemeinsam zu nutzen«, schreibt Jürgen Schnepf vom Wissensmanagement des Kiedricher IT-Dienstleisters CSC Ploenzke. Der »Knowledge-Broker« nennt das auch »Connecting People«.

Wissensmanagement baut also nicht in erster Linie auf technische Lösungen, sondern im Mittelpunkt steht nach wie vor der Mensch. Denn die Technik leistet keine Assoziation, sie hat keine Intuition und keinen Instinkt, sie muss deshalb versagen, wenn es darum geht, Marktchancen zu erkennen und zu entscheiden, welches Wissen und welche Informationen notwendig sind, um diese Chancen zu nutzen. Auch wenn die Technik gefordert ist, die enorme Komplexität der verfügbaren Informationen zu durchdringen und dabei einen Sinnzusammenhang herzustellen, versagt sie kläglich. Für intelligente, kreative Leistungen und Weitblick sind Computer nicht zuständig, die Vision von der Technischen Intelligenz, seit den 60er Jahren von Hightech-Freaks erträumt, ist leider – oder zum Glück – nicht Realität geworden und wird es auch so schnell nicht werden.

Also bleibt es in der Wissensgesellschaft, wie es schon immer war: Wissen zu erarbeiten, es auf immer höheren Ebenen zu speichern und zu nutzen bleibt Sache der Menschen. Obwohl künftig mehr und mehr von der Technik unterstützt, bleiben die Menschen auch im Cyberspace, so Norbert Bolz, »als Relevanzfilter und Agenten der Selektion unverzichtbar«. Für den Kommunikationsforscher ist es deshalb sinnlos, die Wissensgesellschaft nach dem Schema »Mensch-Maschine-Wettbewerb« zu entwerfen. Bolz fordert stattdessen »ein mutiges Design einer ›Mensch-Maschine-Synergie‹ – eine Architektur menschlicher Netzwerke, die von der Technik gestützt werden, und nicht umgekehrt.«

Mit der digitalen Revolution rückt also wieder der Mensch in den Mittelpunkt, der Umbruch führt zur »Renaissance der Persönlichkeit«, wie es Jürgen Fuchs ausdrückt, Mitglied von CSC Ploenzke. Doch gerade darin liegt der Grund für den tief gehenden Wandel, der am Ende eine bis in den letzten Winkel unserer Erde völlig andere Gesellschaft formieren wird; der die Prämissen unseres Denkens, unserer Wertesysteme und unserer Kultur verändern wird.

Natürlich wird die Wissensgesellschaft ihre glänzenden Sieger produzieren. Auch künftig wird es noch die Beschäftigten geben, die Brötchen backen, Autos bauen und reparieren oder Lastwagen fahren, die also in erster Linie noch mit Atomen statt mit Bits hantieren. Die Elite aber werden jene sein, die sich in der New Economy zu den Symbolanalytikern zählen dürfen, wie Robert Reich die Wissensarbeiter nennt, die gewissermaßen per Mausklick die immateriellen Dinge bewegen – Ideen, Informationen, Wissen.

In jüngster Zeit wurde die Nachfrage nach Arbeitskräften im Bereich der Informations- und Kommunikationstechniken vor allem durch den Boom der Internetfirmen getragen, die nicht nur in Deutschland händeringend nach qualifizierten Leuten suchen. Inzwischen, jenseits von Hype und Hybris, hat sich die New Economy merklich abgekühlt und ist an den Börsen, wo noch 1999 ein Kursfeuerwerk nach dem anderen gezündet wurde, Ernüchterung eingekehrt.

Mittlerweile erkennen jedoch immer mehr Unternehmen der Old Economy das Potenzial des Webs, arbeiten an einem schlagkräftigen Wissensmanagement und suchen bewusst Kooperationen mit der Wissenschaft. Oder die Konzerne schaffen sich ihre »Corporate University« gleich selbst, wie der Frankfurter Technologiekonzern mg technologies ag – die ehemalige Metallgesellschaft –, der Mitarbeiter und Führungskräfte seit 1999 in der eigenen mg academy schult. »Damit wollen wir eine neue Unternehmenskultur schaffen, das heißt Veränderungen vorantreiben und unsere Führungskräfte motivieren«, gibt Vorstandsvorsitzender Kajo Neukirchen das Ziel vor, »Wissenstransfer, Kommunikation, Networking und dies alles spielt in der Corporate University eine große Rolle«.

Die industrielle, taylorisierte Arbeit, die im Verbund mit dem Kapital in den vergangenen 150 Jahren enorme Werte geschaffen hat, wird also mehr und mehr der Wissensarbeit weichen. Die betroffenen Menschen werden, so ist zu erwarten, den Wandel antizipieren, sie werden sich den neuen sozialen Veränderungen und den Bedingungen des »New Work« zunehmend anpassen – wie den Paradigmenwechseln zuvor. Folgt man Jonas Ridderstråle und Kjell A. Nordström, dann kann alles nur sehr viel besser und vor allem lustiger werden. »Die bürokratischen Dinos der Industriegesellschaft haben ihren Mitarbeitern nichts als Unsicherheit und Zukunftsangst hinterlassen«, schreiben die beiden Schweden: »Man muss den klugen Köpfen nur genügend Freiraum geben, dann wird es in unserem turbulenten globalen Dorf niemals langweilig.«

Was auf uns zukommt

Erstens: Wissen ist in der gesamten Menschheitsgeschichte der wichtigste Wertschöpfungsfaktor. Allerdings blieb es bis in das hohe Mittelalter ausschließlich Eliten vorbehalten, die zudem definierten, was als Wissen Bestand haben sollte.

Zweitens: Wissen sucht sich seine Massen – nach der Erfindung der beweglichen Lettern über gedruckte Bücher und Zeitungen, seit der Entdeckung der Telegrafie weltweit über Kabelverbindungen, über Telefon- und Funkverbindungen, über Hörfunk und Fernsehen und schließlich über die elektronischen Medien und die weltweiten Netzwerke.

Drittens: Wissen ist ein Bestandteil der enormen Informationsflut, die von den neuen elektronischen Medien ausgelöst wurde und die weiter anschwillt. Über das World Wide Web sind Informationen und damit Wissen nahezu an jedem Ort der Welt verfügbar und austauschbar; Wissensvorsprünge sind in der Beschleunigung des Wandels also nicht lange haltbar.

Viertens: Wissen bringt einem Unternehmen keinen Wettbewerbsvorsprung von Dauer mehr ein; angesichts der immer kürzer werdenden Innovationszyklen sind schon kleine Wissensvorsprünge entscheidend.

Fünftens: Wissen wird deshalb als Wertschöpfungsfaktor immer bedeutender und damit zur entscheidenden Triebkraft des gegenwärtigen Wandels, weil es in immer größerem Umfang verfügbar ist und generiert werden kann, gleichzeitig aber immer schneller überholt und als Wertschöpfungsfaktor wertlos ist.

Sechstens: Wissen steckt in den Köpfen der Menschen. Sie werden als Wissensarbeiter mit ihrem ureigenen Kapital wieder zu starken Akteuren der künftigen Wirtschaft.

Trend 2: New Work – Die Wissensarbeiter auf dem Vormarsch

Mit fortschreitender Informatisierung werden zwei Grundpfeiler der industriellen Arbeitskultur zur Disposition gestellt: die Uhr und der feste Arbeitsplatz.

ULRICH KLOTZ

Die Unternehmen müssen sich von einem Jahrmarkt der Eitelkeiten zu einem Marktplatz der Leistungen entwickeln.

JÜRGEN FUCHS

Die Arbeit von morgen – Unternehmen erfinden sich neu

Gegen eine Ablösesumme von 15 Millionen Mark wechselte 1999 der brasilianische Fußballstar Paulo Sergio vom AS Rom zu Bayern München. Summen, die für normale Arbeitnehmer unvorstellbar sind? Nicht unbedingt: Jeder Beschäftigte der Intershop Communications AG vom Pförtner bis zum Vorstandschef wurde im März 2000 am Neuen Markt der Frankfurter Wertpapierbörse mit 14,8 Millionen Mark bewertet. Da die Softwareschmiede über keine nennenswerten Immobilien- und Maschinenbestände verfügt, kann man ihren Börsenwert – im Frühjahr 2000 11,1 Milliarden Euro – auf die 750 Mitarbeiter umrechnen. Das war gigantisch, verglichen mit einem Beschäftigten des Karstadt-Quelle-Konzerns: Selbst wenn man darüber hinwegsieht, dass in dessen Börsenwert mehr Sachwerte als bei Intershop eingehen, kommt er nur auf schlappe 27 000 Mark.

Sind die Intershop-Mitarbeiter wahre Genies? Oder haben die Börsianer wieder einmal übertrieben – was der Kurseinbruch im Januar 2001 vermuten lässt? Sicher ist nur, dass Kreativität und Wissen neu bewertet werden. Wir befinden uns im Übergang von der Industriegesellschaft zu einer neuen Formation, über deren Etikett gestritten wird. Dienstleistungsorientierte Wissensgesellschaft sagen die einen, New Economy die anderen. Norbert Bolz spricht von der »Wirtschaft des Unsichtbaren«, um zu verdeutlichen, dass Materie an Bedeutung verliert. Auch wenn dabei manches verkaufsfördernd zugespitzt wird und flotte Wortprägungen gelegentlich in die Irre führen, so ist doch unbestritten: Immaterielle Vermögenswerte wie Marken und Kundenbeziehungen gewinnen ebenso an Bedeutung wie das Wissen.

Der Arbeiter, meinte Frederick Winslow Taylor, müsse von der Komplexität der Märkte und der Arbeitsprozesse nichts wissen. Der amerikanische Ingenieur und Betriebsberater schlug zu Beginn des vergangenen Jahrhunderts vor, die Arbeit in kleinste Einheiten zu zerteilen, deren Verrichtung möglichst keine oder nur äußerst geringe Denkvorgänge erfordert und die deshalb, in einfachste mechanische Abläufe gezwängt, in schneller Folge repetierbar sind. »Bisher stand die Persönlichkeit an erster Stelle, in Zukunft werden die Organisation und das System an die erste Stelle treten«, schrieb Taylor. Seiner Idee der Arbeitsteilung, sozusagen der Dressur des arbeitenden Menschen, verdanken wir das Fließband und damit so legendäre Produkte wie Henry Fords »Tin Lizzy« – das erste Automobil, das konsequent nach diesem Prinzip am Band zusammengeschraubt wurde. Wir verdanken dieser Idee auch den genialen Film »Moderne Zeiten«, in welchem Charlie Chaplin auf seine Weise die Auswüchse sinnentleerter Arbeit vorführt.

»Ich brauche zwei geschickte Hände und bekomme immer gleich einen ganzen Menschen dazu«, soll Henry Ford einmal gesagt haben. Ein Ärgernis aus der Sicht des Autokönigs, denn an den Fließbändern seiner Fabriken in Detroit waren in der Tat nur die Handgriffe von Arbeitern gefragt, die ihre Persönlichkeit, ihren Ideenreichtum und ihre Kreativität spätestens am Fabriktor abzulegen hatten. Der Taylorismus bedeutete seinerzeit zweifellos eine Revolution der Arbeitsprozesse, schließlich ließ die Arbeitsteilung am Fließband den Preis etwa einer Tin Lizzy so weit purzeln, dass sich auch breitere Schichten den Traum vom eigenen Auto erfüllen konnten. So machte der Taylorismus volkswirtschaftlich betrachtet Sinn: Er bot Beschäftigung, schaffte Einkommen und damit Nachfrage in noch vollends ungesättigten Märkten.

Und er lieferte über Jahrzehnte ein beinahe unerschöpfliches Potenzial für Rationalisierungen. Arbeitswissenschaftler und Prozessspezialisten durchstöberten mit Stoppuhren in der Hand jeden Winkel der Fabriken nach Sekundenbruchteilen, die noch eingespart werden konnten, sie machten Tempo, erfanden dabei den Akkordlohn und trieben die Arbeiter zu ungeahnten Fertigkeiten und ebensolchen Leistungen. Nebenbei entdeckten sie, dass immer mehr dieser repetierbaren Handgriffe, die ein Arbeiter in den Produktionsprozessen des Industrialismus tagein, tagaus hundert- oder gar tausendfach auszuführen hatte, weit besser von Maschinen erledigt werden konnten, schneller sogar und präziser. Das menschliche Know-how und die Fertigkeiten des Faktors Arbeit fanden sich mehr und mehr in Automaten wieder, die tatsächlich nicht mehr als die »geschickten Hände« waren, die sich Henry Ford in seinen Fabriken gewünscht hatte: bereit, rund um die Uhr zu arbeiten, selbstverständlich auch an Sonn- und Feiertagen, niemals krank, immer gleich gut drauf und nicht gewerkschaftlich organisiert.

In der Spätphase des Industrialismus wurden »menschenleere« Fabrikhallen gefeiert, in denen, nur von wenigen Spezialisten an elektronisch gesteuerten Regiepulten überwacht, rund um die Uhr produziert wurde. Die Arbeit wurde entlassen, und selbst die Zug um Zug von den Gewerkschaften durchgesetzten Arbeitszeitverkürzungen konnten den Trend nicht stoppen. Denn die Annahme der Arbeitnehmervertretungen, dass eine Volkswirtschaft über ein bestimmtes Arbeitsvolumen verfüge, das nur »gerecht« verteilt werden müsse, erwies sich als Irrglaube.

Die Volkswirtschaften, deren Unternehmen mehr und mehr den Produktionsfaktor Wissen in den Mittelpunkt ihrer Wertschöpfungsprozesse stellen, können den in diesem Sinn definierten Arbeitsbedarf noch weiter runterfahren – das Potenzial ist bei weitem noch nicht ausgeschöpft. Einst waren 80 Bauern notwendig, um 100 Menschen zu ernähren, inzwischen braucht es dazu nur noch sechs; ganz ähnlich ist es in der digitalen Wirtschaft der Zukunft: Für die typische Produktionsarbeit einer Industriegesellschaft sind immer weniger Menschen erforderlich, das »Normalarbeitsverhältnis«, bislang prägender Faktor unserer Arbeitswelt, wird mehr und mehr zur Ausnahme.

Jürgen Fuchs von CSC Ploenzke fordert, in der neuen Arbeitswelt die »vergessenen Trümpfe« zu mobilisieren. Gefordert seien jetzt »Selbst-Verantwortung, Selbst-Kontrolle, Selbst-Organisation, Selbst-Bewusstsein und Selbst-Vertrauen« – Talente und Fähigkeiten also, die die Mitarbeiter bislang allzu oft an der Stechuhr abgelegt haben. Doch die »Renaissance der Persönlichkeit« (Jürgen Fuchs) hat ihre Tücken. Sie stellt sich weder auf Anweisung »von oben« ein noch entsteht sie von selbst, gleichsam als logischer Prozess. Der Wandel zur neuen Arbeitswelt braucht neue Strukturen, von der Führung der Unternehmen bis an die Basis. Der »Rational Overchoice« – die rasante Zunahme der verfügbaren Informationen und die Fülle der Auswahlmöglichkeiten – erfordert, wie der Medienautor Stefan Kühl es ausdrückt, »Organisationshelden« – Mitarbeiter, die im Spannungsfeld tradierter Verhaltensmuster und der Vielfalt neuer Ideen selbst entscheiden müssen, was für sie und gleichermaßen für ihr Unternehmen von Bedeutung ist. Dieser Wandel verlangt nach einer neuen Kultur, vor allem nach Teamgeist und menschlichen Netzwerken.

Das Normalarbeitsverhältnis erodiert

Normalarbeitsverhältnis – das ist nach allgemeinem Verständnis die unbefristete Vollzeitbeschäftigung in einem Produktions- oder Dienstleistungsunternehmen, mit zumeist tariflich geregelter Arbeitszeit und Entlohnung und mit Sozialversicherungspflicht. Rund 20 Millionen deutsche Erwerbstätige, überwiegend Männer, arbeiten heute in diesem Sinne »normal«. Doch alle Auguren sind sich einig: Jenseits des Normalarbeitsverhältnisses entstehen neue Varianten der Arbeit, die irgendwo zwischen abhängiger Erwerbsarbeit im Arbeitnehmerstatus und selbständigem Unternehmertum liegen, zwischen Voll- und Teilzeitbeschäftigung, zwischen permanenter Anstellung und kurzfristiger, projektbezogener Zusammenarbeit, zwischen ausschließlich betrieblicher Arbeit und ebenso ausschließlicher Teleheimarbeit.

Beispiel Zeitarbeit: Übers Jahr verteilt beschäftigt Jeffrey Joerres über zwei Millionen Arbeitnehmer, mehr als DaimlerChrysler, General Electric und Ford zusammengenommen. Joerres ist Chef der Zeitarbeitsfirma Manpower mit Hauptsitz in Milwaukee im US-Bundesstaat Minnesota. In 54 Ländern vermitteln 3500 Filialen ihr riesiges Heer von Leiharbeitern an über 400 000 Firmen, die rund um den Globus verteilt sind. Die Vorteile für die Firmen liegen auf der Hand: Sie sparen Rekrutierungskosten und können ihren Personalbestand flexibel der Nachfrage am Markt anpassen.

Portfolioleben, Selbst-GmbH und Networking

Die Impulse zur »Verflüssigung« der Arbeit gehen keineswegs nur von den Unternehmensleitungen aus. Viele hoch qualifizierte Wissensarbeiter legen gar keinen Wert mehr darauf, im Angestelltenverhältnis zu arbeiten. Die hohen Sozialabgaben stimulieren besonders bei Jüngeren den Wunsch, als freier Berater, Softwareingenieur oder Multimediaexperte tätig zu sein und den aus ihrer Sicht höchst unrentablen Sicherungssystemen zu entfliehen. Zudem erscheint die dauerhafte Einbindung in starre Konzernbürokratien mit ihren Anpassungszwängen vielen wenig attraktiv. »Networking« und »Portfolioleben« heißen die neuen Schlagworte in einer Welt, in der ohnehin niemand mehr auf die lebenslange Fürsorge eines Unternehmens bauen kann.

Charles Handy hat den Begriff »Portfolioleben« geprägt. Jeder müsse bestrebt sein, ein Portfolio von Fähigkeiten zu entwickeln, das ihm angesichts unsicherer Entwicklungen am Arbeitsmarkt das Überleben in wechselnden Tätigkeiten sichert – egal ob als Selbständiger, als Angestellter, als Zeit- oder Telearbeiter. Als Unternehmer seiner selbst muss gleichsam jeder für seine Beschäftigungssicherheit und seine Arbeitsmarktfitness sorgen. »Employability« heißt das bei den Amerikanern – ein Wort, das im Deutschen bisher keine Entsprechung gefunden hat. Begriffe wie »Selbst-GmbH« oder »Lebensunternehmer« kommen der Sache noch am nächsten. Für Reinhard K. Sprenger, früher Personalmanager bei 3M, nun seit langem als Berater und Autor tätig, ist die Entwicklung, die auch mit den Individualisierungswellen der letzten Jahrzehnte zusammenhängt, unumkehrbar. »Die Selbst-GmbH ist gegründet (es muss ja nicht gleich die Ich-AG sein). Man mag es bedauern oder begrüßen: Der Mensch, noch von Kafka auf seine Aktenlage reduziert, explodiert förmlich in seinen Ansprüchen, in seinem Erlebnishunger, in seiner Selbstdynamisierung.« Ältere Langzeitarbeitslose wird Sprenger bei dieser Formulierung nicht vor Augen gehabt haben, aber auf die Jüngeren oder Hochqualifizierten trifft seine Beobachtung zu.

Das Beständige im New Work ist der Wandel

Viele fragen sich heute: Was wird denn künftig an einem Arbeitsverhältnis noch normal sein? So viel steht fest: Beruf und der Job fürs Leben werden nicht mehr die Norm sein, die Arbeitswelt wird geprägt sein von der Entstehung neuer Berufe und neuer, befristeter Arbeitsformen in Teams und Projekten, an wechselnden Standorten oder gar von zu Hause aus. Im »New Work« wird die Arbeit immer mehr zur Wissensarbeit, das Wissen wird anstelle von Boden und Kapital zur knappsten Ressource, und die Wissensarbeiter, die Eigentümer des

Humankapitals, gewinnen gegenüber dem Kapital zunehmend an Macht. Allerdings werden sie dafür sorgen müssen, dass sie ihr Kapital mehren, und das bedeutet für sie: lebenslang lernen. Denn die wachsende Informationsflut und die kurzen Innovationszyklen zwingen nicht nur die Unternehmen, sondern auch die Mitarbeiter zu ständig neuen Lernprozessen. »In eurer Karriere ist Wissen wie Milch. Das Ablaufdatum ist schon aufgedruckt«, mahnte Louis Ross, Cheftechniker bei Ford, eine Gruppe von Studenten. »Ein Technikstudium ist heute durchschnittlich drei Jahre lang haltbar. Wenn ihr innerhalb dieser Zeit nicht euer gesamtes Wissen auf den neuesten Stand gebracht habt, wird eure Karriere bald sauer.«

Mit den Möglichkeiten der Informationstechnologien tritt die Wissensvermittlung in eine neue Dimension ein, denn nur die Nutzung von Internet und virtualisierten Lernmethoden kann der Geschwindigkeit, in der sich Wissen vermehrt und gleichzeitig veraltet, Rechnung tragen. »Wer von uns hätte heute, wo das Wissen just-in-time gefordert wird, noch die Gelegenheit, in die Werksbibliothek zu gehen und etwas nachzuschlagen?«, fragt Winfried Albrink, Leiter der Technischen Aus- und Fortbildung des Chemieunternehmens Henkel. Das Düsseldorfer Unternehmen nutzt das eigene Intranet, um seinen Mitarbeitern das verfügbare Unternehmenswissen zugänglich zu machen und mittels netbasierenden Seminaren Schulungen durchzuführen. Vor allem die Benutzung neuerer Software, wie Windows, Office-Programme oder Lotus, steht auf dem Stundenplan. Die Kursprogramme bieten zudem Möglichkeiten zum Austausch von übergreifendem firmenrelevantem Wissen. Bei Lernprogrammen steht ein Eingangstest am Anfang, der die Kenntnisse des Mitarbeiters ermittelt und einen individuellen Stundenplan anbietet.

Derlei Bildungsangebote erschöpfen sich jedoch nicht nur in einer »Einwegkommunikation«: »Die heutigen Lösungen sind so ausgerichtet, dass Zuhörer aktiv in den Prozess eingreifen können«, verdeutlicht Stefan Fleck von CSC Ploenzke; »so werden Vorträge an viele Empfänger übertragen. An der Sendestelle kann ein so genanntes ›Handheben‹ eines Zuhörers empfangen werden, denn Interaktivität zwischen allen Beteiligten ist ein bedeutsamer Schritt für die Realisierung realitätsnaher ›Hörsäle‹.«

Voraussetzung für ein effektives »E-Learning« ist der sichere Umgang mit den neuen Technologien. So findet beispielsweise im Rahmen des Projekts »Web-Führerschein« der Dresdner Bank eine konzernweite Schulung statt, mit dem Ziel, alle 42 000 Mitarbeiter »web fähig« zu machen. »Es ist unser Ziel, dass alle Mitarbeiter die Vorteile des Internet für ihr Business ebenso selbstverständlich nutzen wie bereits viele unserer Kunden«, erläutert der Experte für IT-Bildung des Bankhauses, Jürgen Blohm.

Neben firmeninternen Onlineseminaren und Lernportalen gewinnen die Möglichkeiten des computergestützten Studierens an Bedeutung. Über 1400 Onlinestudienangebote ermöglichen mittlerweile das virtuelle Büffeln. Doch längst nicht alle Lehrangebote, die sich mit dem Wort »virtuell« schmücken, werden dem Anspruch vom zeit- und raumunabhängigen Studieren gerecht. Online abrufbare Literaturlisten oder Sprechzeiten von Professoren werden gelegentlich schon als virtuelles Angebot gepriesen. Der komplett elektronische Studiengang ist noch die Ausnahme. Als Trendsetter gilt dabei die Fernuniversität Hagen. Mit dem Bachelor für Elektrotechnik kann der Student von der Einschreibung über Seminare bis zu Prüfungen seinen Abschluss vom heimischen PC aus machen. Studentisches Leben in Bars und Kneipen geht im Cyberspace zwar verloren, in Chatrooms oder Videokonferenzen findet der Studierende gleichwohl Betreuungsleistungen und Kontakte.

Wissen wird in den Unternehmen zunehmend zum entscheidenden Produktionsfaktor, und es werden die Wissensarbeiter sein, die in ihren Netzwerken neue Informations- und Wissensquellen erschließen und dabei die wettbewerbsrelevanten Wissensvorsprünge mobilisieren. Kaum vorstellbar, dass sich diese Wissensarbeiter per Stechuhr und eingeschnürt von Arbeitsanweisungen und Regularien motivieren lassen. »Gute Ideen lassen sich nicht erzwingen«, gibt Werner Dostal vom Nürnberger Institut für Arbeitsmarkt- und Berufsforschung (IAB) zu bedenken. Wissensarbeit folgt keinen Maschinentakten. Selbst Frederick Taylor warnte schon 1911 davor, sein System auf »gebildete Mechaniker oder Arbeiter, die lesen und schreiben können, anzuwenden«.

Wissensarbeit gewinnt gegenüber dem Kapital

Zum digitalen Kapitalismus gehört der Prozess der Dematerialisierung, gehört die Verwandlung von Atomen zu Bits. Der jüngste Ölpreisschock lehrt uns zwar, dass mancher glühende Internetverfechter die Bedeutung der Materie unterschätzt. Dass es die Dematerialisierung als langfristigen Trend gibt, ist aber unbestreitbar. Daraus resultiert ein merkwürdiges Phänomen: Im digitalen Kapitalismus verlieren die Kapitalisten an Bedeutung. »Kapital« – das Wort steht seit Beginn der Industrialisierung für Kohlezechen, für Schwermaschinen und Stahl, für rauchende Schlote und ratternde Fließbänder. Nun aber werden rauchende Köpfe zum entscheidenden Produktionsfaktor. Die Börse hat den Wandel längst antizipiert: Sie bewertet die Softwareschmiede Microsoft mit der »Brainpower« ihrer rund 30 000 Mitarbeiter weit höher als die Giganten der Autoindustrie in Detroit, die über mehrere hunderttausend Beschäftigte und riesige Maschinenparks verfügen. Nicht nur junge Internet-Start-ups, sondern zunehmend auch die Traditionsfirmen der Old Economy leben von den Kenntnissen, von den Ideen und der Kreativität ihrer führenden Köpfe und qualifizierten Mitarbeiter – von ihrem Humankapital, wie es die Ökonomen ausdrücken.

Daraus entsteht für die Unternehmen ein kleines Problem. Fabriken, Fließbänder und Produktionsstraßen können sie jederzeit kaufen – alles ist nur eine Frage des »Kapitals«. Seit die Sklavenhaltung abgeschafft ist, kann ein Unternehmen jedoch kein Eigentum an Humankapital mehr erwerben. »Qualifizierte Angestellte«, schlussfolgert der Hamburger Trendforscher Peter Wippermann, »haben in Zukunft eine stärkere Machtposition.« Der Machtzuwachs, von dem Wippermann spricht, lässt sich schon heute beobachten. Er zeigte sich beispielsweise, als Anfang 2000 die Fusionspläne der Deutschen Bank und der Dresdner Bank scheiterten. Die zunächst vollmundig verkündeten Pläne der Vorstände für ein »europäisches Powerhouse« wurden letztlich von führenden Investmentbankern zu Fall gebracht. Die Vorstände wurden also von ihren hoch qualifizierten Angestellten zurückgepfiffen, im Fall der Dresdner Bank mussten sie anschließend ihren Hut nehmen, und das Geldinstitut war obendrein gezwungen, »Halteprämien« in Höhe von einer Milliarde Mark an abwanderungsfreudige Investmentbanker auszuschütten.

Der Managementtheoretiker Peter F. Drucker hat schon 1969 den Begriff des Wissensarbeiters geprägt und meinte damit die Beschäftigten, die relativ unabhängig von hierarchischen Ordnungen in erster Linie mit dem Kapital ihrer intellektuellen Fähigkeiten arbeiten. Drucker war seiner Zeit weit voraus, denn erst jetzt kristallisiert sich der Typus des Wissensarbeiters deutlich heraus. Er gewinnt Einfluss und genießt Aufmerksamkeit, weil er vor allem in den aufstrebenden Zukunftsbranchen anzutreffen ist. Anders als die herkömmliche Industriearbeit ist die Arbeit in den Unternehmen der Informations- und Kommunikationstechnologien in erster Linie wissensbasiert. Sie ist gekennzeichnet durch den intelligenten Umgang mit dem Rohstoff »Wissen«.

Erst jetzt redet alle Welt von der Wissensgesellschaft und vom Internet, erst jetzt entfalten die Wissensarbeiter ihre Macht. Exzellente Programmierer, Kundenberater oder Investmentbanker können ihre Arbeitsbedingungen – und manchmal sogar ihr Gehalt – weitgehend selbst bestimmen. Die Unternehmen müssen flexibel sein, wenn sie sich deren Dienste sichern möchten. Er halte den Begriff »Turbokapitalismus« für Nonsens, sagt Kurt Biedenkopf, »schon deshalb, weil Kapital gar nicht mehr die knappste Ressource ist«.

Es erweist sich als Legende, dass die Flexibilisierung der Arbeitszeiten und der Arbeitsformen einseitig von profithungrigen Unternehmen vorangetrieben wird. In den Gewerkschaften, die diese Legende lange verbreitet haben, nehmen vorausschauende Köpfe längst zur Kenntnis: Viele Wissensarbeiter legen nicht den geringsten Wert auf eine feste Anstellung, geschweige denn auf eine lebenslange Dauerbeschäftigung im so genannten Normalarbeitsverhältnis.

Der Drang in die Selbständigkeit, auch in die Scheinselbständigkeit oder die Schwarzarbeit, wird durch die jahrzehntelang verschleppten Reformen der sozialen Sicherungssysteme zusätzlich gefördert. Für Jüngere ist die Sozialversicherung, allen voran die gesetzliche Rentenversicherung, zu einem Deal mit lausig schlechter Rendite geworden. Der »flexible Mensch«, den der amerikanische Soziologe Richard Sennett mit sozialkritischem Unterton beschrieben hat, ist nicht durchweg das bedauernswerte Opfer der von Großunternehmen forcierten Globalisierung. Oft verhält es sich gerade umgekehrt: Anspruchsvolle Wissensarbeiter mit seltenen Qualifikationen setzen, leichtfüßig, behände und mobil, wie sie sind, die Unternehmen unter Zugzwang. Letztere wirken manchmal rührend komisch in ihrem »War for Talents«, dem Krieg um junge Talente. Mit einem fantasievoll gebundenen Strauß neuartiger Gratifikationen bemühen sie sich um das wertvolle Humankapital. Schicke Aufenthaltsräume mit Dart- und Kickerspielen zählen dazu, kostenlose Wäschereidienste, Swimmingpools und Fitnessclubs, Massagen für die schuftenden Bildschirmarbeiter, Heiratsvermittlungsdienste, Betriebsausflüge nach Mallorca oder Las Vegas.

Die herkömmlichen Rechenwerke der Controller und der Finanzanalysten stehen dem Neuen hilflos gegenüber. Was machte es für einen Sinn, bei einem Unternehmen wie Microsoft die Rendite auf das eingesetzte Kapital zu errechnen, wo doch die Wertschöpfung entscheidend von der Kreativität und der Motivation Tausender »Microslaves« abhängt? Bill Gates brauchte nur ein paar hundert besonders wertvoller – und damit teurer – Mitarbeiter zu entlassen, um seine Kapitalrendite zu erhöhen. Doch tatsächlich wäre das ein sicherer Weg, die Gewinne und den Wert seines Unternehmens auf Talfahrt zu bringen. »In der neuen Ökonomie«, schreibt das *manager magazin* »sind die Beschäftigten und deren Ideen der zentrale Werttreiber der Aktienkurse.«

Der verbissen geführte Streit über den Shareholder Value gleicht deshalb manchmal einer Gespensterdiskussion. Gerade in den modernsten Unternehmen kann es sich die Führung nicht leisten, allein auf den Aktienkurs und die Interessen der Aktionäre zu schielen. Die Existenzgrundlage solcher Firmen bilden findige Spezialisten, die am Arbeitsmarkt knapp sind. Um sie zu halten, macht man sie vielfach selbst zu Anteilseignern oder stattet sie mit Aktienoptionen aus. Erst wenn Mitarbeiter zu Miteigentümern geworden sind, kann die Erhöhung des Shareholder Values im Mittelpunkt stehen. Für die gesellschaftliche Stabilität wird es in den nächsten Jahrzehnten wichtig sein, dass nicht nur ein paar tausend Turnschuhunternehmer an Start-ups beteiligt sind, sondern breite Bevölkerungsschichten Anteile am Produktivkapital erwerben.

Alternde Arbeitsgesellschaft

Erfolgreiche Fußballtrainer wie Otmar Hitzfeld wissen, dass man Mannschaften nach Leistung aufstellt, nicht nach dem Lebensalter der Kicker. Deshalb spielte der 38-jährige Lothar Matthäus zusammen mit dem 18-jährigen Roque Santa-Cruz im Dress des FC Bayern München. In der Internetwirtschaft gelten keine neuen Regeln. Intershop verdankt seinen Erfolg dem heute 30-jährigen Gründer Stephan Schambach, aber auch dem 60-jährigen Aufsichtsrat Eckhard Pfeiffer, dem früheren Compaq-Chef, der die amerikanischen Hightech-Branchen wie seine Westentasche kennt. Bei Yahoo! führt der managementerfahrene 50er Tim Koogle Regie, während die jungen Gründer Jerry Yang und David Filo als Gallionsfiguren in der Öffentlichkeit auftreten.

Zu den wenigen »Megatrends«, an deren Existenz kein Zweifel besteht, gehört das Altern der Erwerbstätigen, manche sagen: deren Vergreisung. Eine historisch einzigartige demografische Revolution lässt zunächst die hoch entwickelten, reichen Gesellschaften in den kommenden Jahrzehnten zu »Ageing Societies« werden – bessere Ernährung, medizinischer Fortschritt und bessere medizinische Versorgung führen zu einer deutlich steigenden Lebenserwartung. Gleichzeitig sinken mit wachsendem Wohlstand die Geburtenraten. Die Konsequenz bei abnehmendem Erwerbspersonenpotenzial ist eindeutig: Staatshaushalte und Sozialversicherungssysteme geraten unter einen enormen Druck – eine Verlängerung der Lebensarbeitszeit wird unausweichlich. Für die Betroffenen bedeutet dies, dass sie ihre Lebensplanung den neuen Bedingungen anpassen müssen. »Die moderne Welt der Bildung«, schreibt der Berliner Bildungsforscher Paul Baltes, »ist nicht nur eine Welt des Kindes und der Jugend.« Allerdings nur, wenn sich die Bildungspolitik der Herausforderung auch stellt. »Professoren«, fordert etwa Sachsens Ministerpräsident Kurt Biedenkopf, »müssen lernen, wie man einen 40-jährigen Erstsemesterstudenten unterrichtet.«

Die in Deutschland und anderen Ländern Europas noch immer übliche Frühverrentung stiftet mehr Schaden statt Nutzen. Sie erfolgt vielfach gegen den Willen der Älteren, stellt eine unnötige finanzielle Belastung der Jüngeren dar und schürt Verteilungskonflikte zwischen den Generationen. Bildungsforscher Paul Baltus hält diese Praxis für »eine Verschwendung von Humankapital«. Die Experten sind sich darin einig, dass es bald nicht nur in den Informations- und Kommunikationstechnologien einen Mangel an qualifizierten Arbeitskräften geben wird, sondern auch in anderen Wachstumsbranchen. »In wenigen Jahren schon wird es Arbeitskräfteengpässe geben«, prognostiziert Hans-Peter Klös vom Kölner Institut der Deutschen Wirtschaft. Und: »Die Unternehmen werden sich in ihrem eigenen Interesse darum bemühen, ältere Arbeitnehmer länger zu beschäftigen.«

Für Unternehmen, die heute das Leistungsprinzip zugunsten des Jugendkults suspendieren und ihre Mitarbeiter jenseits der 40 demotivieren, könnte es dann ein böses Erwachen geben. Gerade die Informations- und Kommunikationstechnik wird, wie heute schon in den USA, bald auch bei uns vielen Menschen im fortgeschrittenen Alter neue Arbeitschancen eröffnen. »Das ist das Besondere an Computern«, zitiert *Business Week* die 62-jährige Exsekretärin und heutige Web-Masterin Sonia Brock, »denen ist es egal, wie alt du bist.« Einen weiteren Grund nennt Bildungsforscher Paul Baltes: »Ältere Erwachsene sind zwar physisch weniger stark und weniger fähig, Neues zu lernen, ältere Menschen besitzen aber oft ein Plus an Lebenserfahrung und sozialer Intelligenz.«

Mehr Markt, weniger Hierarchie

Die wenigsten Menschen kennen Ronald Coase, und würden sie ihn kennen, so hielten sie ihn wohl für einen verschrobenen Wissenschaftler, der sein Leben bizarren Theorien gewidmet hat. So beschäftigte den gebürtigen Briten in den 30er Jahren die Frage, warum es eigentlich Unternehmen gibt. Warum, so fragte Coase, kann nicht jeder selbständig arbeiten und sich, wenn er etwas produzieren will, tageweise die Arbeitsleistung anderer Selbständiger hinzukaufen – gerade so, wie er ja auch stückweise Zwischenprodukte oder tonnenweise Rohstoffe am Markt kaufen kann. Warum brauchen wir die Hierarchien der Unternehmen, wo doch eigentlich der Markt alle unsere wirtschaftlichen Aktivitäten koordinieren könnte? Ronald Coase fand eine überzeugende Antwort, für die er Jahrzehnte später, im Jahr 1991, den Nobelpreis in Empfang nehmen konnte: Unternehmen gibt es, weil es Transaktionskosten gibt. Es sei zu teuer, andauernd neue Verträge zu schließen und ihre Erfüllung zu überwachen. Deshalb gibt es Betriebe, die Arbeitsverträge standardisieren und für längere Zeit abschließen. Die Verwaltungskosten, die ein Unternehmen verursacht, sind immer noch geringer als die Transaktionskosten bei einer Koordinierung der Arbeit ausschließlich über den Markt.

Coases Gedanken über Transaktionskosten haben durch das Internet neue Aktualität gewonnen. Die digitale Vernetzung senkt die Transaktionskosten und macht die Koordinierung der Arbeit über den Markt billiger denn je zuvor. Die hierarchische Ordnung des traditionellen Unternehmens büßt dadurch einen Teil des bisherigen Vorsprungs ein. Unternehmen sterben deswegen gewiss nicht aus. Derzeit läuft sogar eine Welle von Fusionen und Übernahmen durch die Weltwirtschaft, die nicht nur alte Industrien wie die Pkw-Branche erfasst, sondern auch die New Economy. Es gibt nämlich gegenläufige Effekte: Die sinkenden Transaktionskosten begünstigen im Sinne von Ronald Coase ein »Ausfransen« großer Organisationen. Doch die Netzwerkexternalitäten stimulieren andererseits – gerade in der New Economy – den Drang nach Größe und Marktanteil, sodass es AOL beispielsweise vorteilhaft fand, Netscape zu schlucken, und sich das Internetauktionshaus QXL mit dem Konkurrenten Ricardo zusammenschloss.

Zwischen der Höhe des Marktanteils und der Größe der Kernbelegschaft gibt es aber keine feste Beziehung. Durch Outsourcing und Freelancing werden die beiden Größen immer mehr entkoppelt. Der Coase-Effekt führt trotz der grassierenden Fusionitis dazu, dass die Kernbelegschaften großer Unternehmen schrumpfen. Der Markt gewinnt Einfluss zulasten der Hierarchie, das ist – innerhalb wie außerhalb der Unternehmen – der wichtigste Langfristtrend in der Arbeitswelt. Machtstrukturen, die sich nicht zuletzt auf die Annahme stützten, Kenntnis und Wissen über Märkte und Produkte, über Kundenwünsche und effiziente Arbeitsabläufe seien ausschließlich in den Führungsetagen der Unternehmen versammelt, stürzen ein, die Konzernbürokraten gehen harten Zeiten entgegen.

Flache Hierarchien

Noch vor ein paar Jahren war alles einfach. Führungskräfte konnten mit der 3-K-Methode – Kommandieren, Kontrollieren, Korrigieren – noch leidlich über die Runden kommen. Heute führt der antiquierte Führungsstil hierarchisch strukturierter Unternehmen zu inneren und äußeren Kündigungen. Der japanische Managementberater Minoru Tominaga bringt auf Vortragsreisen die Lacher auf seine Seite, wenn er seinen Zuhörern die 10-A-Methode erläutert: Alle anfallenden Arbeiten auf andere abschieben und danach alle anscheißen, aber anständig.

Doch der vermeintlich allwissende Chef in der Kommandozentrale wird zum Auslaufmodell, zu einem Fossil des Industriezeitalters, und die so häufig bemühte Karriereleiter, die es Sprosse um Sprosse bis an die Machtspitze zu erklimmen galt, gehört in die Rumpelkammer. Gefragt, so Jürgen Fuchs, ist stattdessen die »Karriere in der Fläche« – eine Unternehmenskultur, die den Mitarbeitern als »Partner auf gleicher Augenhöhe« Freiheiten und Verantwortungen zuweist, um persönliche Kompetenzen aufbauen zu können. Im »E-Business« – längst ein stehender Begriff für die sich neu formierende Wirtschaft – können vor allem die Unternehmen der Old Economy nur bestehen, wenn sie ihre Strukturen und ihre Kultur konsequent umbauen. »Das bürokratische Unternehmen ist tot«, befinden Jonas Ridderstråle und Kjell Nordström kurz und bündig in ihrem fulminanten Buch »Funky Business«.

Die Abflachung der Hierarchien hat mehrere Gründe. Erstens werden durch den Einsatz der Informations- und Kommunikationstechnik diejenigen Hierarchieebenen überflüssig, die bisher zwischen oben und unten Anweisungen und Informationen hin- und hertrugen. Man braucht sie nicht mehr, wenn jeder im Intranet alle Daten und Fakten blitzschnell abrufen kann. Zudem lässt sich Wissensarbeit nicht nach dem taylorschen Prinzip zerteilen und repetierbar machen, denn Wissensarbeit ist ganzheitlich und baut stets auf einem bereits vorhandenen Niveau auf. Wissen erfordert Denken und folgt einem ebenso individuellen wie kulturellen Grundmuster. Es ist deshalb unmöglich, ein Problem von einem Wissensarbeiter ein bestimmtes, zuvor definiertes Stück durchdringen zu lassen, um dann an genau der Stelle einen Kollegen anzusetzen, der es zu Ende »denkt«.

Zweitens: Um Wissen zu generieren, ist Kommunikation notwendig, Wissen muss vermittelt und kommuniziert werden. Hierarchie indes ist der Todfeind von Kommunikation. In der strengsten Form der Hierarchie, dem Prinzip von Befehl und Gehorsam, wird dies besonders deutlich: Der Hauptmann, der den

Befehl »Feuer frei« erteilt, gibt nur eine ganz konkrete Handlungsanweisung, das Wissen seiner Untergebenen spielt dabei keinerlei Rolle, auch nicht, wenn die wüssten, dass der Feind längst die Stellung gewechselt hat. Die Konsequenz bedeutet für Unternehmen und Arbeitswelten, die den Produktionsfaktor Wissen nutzen wollen: Sie müssen sich kommunikationsfähig organisieren, das heißt, sie müssen die tradierten Hierarchien abbauen.

Die Tätigkeit von Wissensarbeitern zeichnet sich durch Eigenverantwortung, Selbstkontrolle und Selbstorganisation aus. Sie können nicht mithilfe von Anweisungen geführt werden. Allenfalls können Vorgesetzte über Zielvereinbarungen mit ihnen diskutieren – ansonsten müssen sie sich darauf beschränken, den Wissensarbeitern den Rücken frei zu halten und ihnen Arbeitsbedingungen zu schaffen, die Kreativität und Arbeitsfreude fördern. »Führen ist Dienstleisten«, lautet denn auch die Devise in modernen Beratungsunternehmen wie zum Beispiel CSC Ploenzke.

Drittens: Der Kunde, so predigen viele Führungskräfte ihren Mitarbeitern, sei der eigentliche Arbeitgeber – und erwarten doch, dass die Leute für sie springen, wenn sie zum Rapport rufen. Es kann aber nur einen König geben: entweder der Kunde oder der Chef. In bürokratischen Unternehmen ist zu beobachten, dass aufstrebende Führungskräfte jeden noch so wichtigen Kundentermin absagen, sobald ein Topmanager ruft. Zukünftig wird der Kunde angesichts des verschärften Wettbewerbs mehr Autorität innerhalb der Unternehmen gewinnen. Die Amtsautorität des Vorgesetzten verliert gegenüber den Marktsignalen an Bedeutung, die Grenzen zwischen Hierarchie und Markt werden auch betriebsintern neu gezogen.

Und ebenso schwinden die Grenzen zwischen den Unternehmen. Es ist schon keine Ausnahme mehr, dass harte Wettbewerber in vielen Bereichen dauerhaft oder für eine bestimmte Zeit zusammenarbeiten und dabei die Vorzüge des Netzes nutzen. So haben sich die »Big Three« des Automobilbaus – General Motors, Ford und DaimlerChrysler – auf ein gemeinsames Internetportal geeinigt, das ihnen beim Einkauf von Rohstoffen und Vorprodukten Milliarden von US-Dollar sparen hilft. Diese »Hub-Markets« haben sich inzwischen für nahezu alle Branchen etabliert.

Fragt man, wo sich diese Joint Ventures befinden – die genau genommen ja nicht mehr sind als ein Datenverbund –, dann kann die Antwort nur lauten: überall und nirgends, vermutlich irgendwo im Cyberspace. Das zeigt, dass sich Unternehmen von ihren Standorten entkoppeln, dass aus den klassischen Wertschöpfungsketten virtuelle Wertschöpfungsnetze werden. Denn die Vernetzung bietet völlig neue Kooperations- und Kombinationsmöglichkeiten. Der erste Trend: Die Unternehmen organisieren sich in kleine, weitestgehend selbstverantwortliche Einheiten, die in einem Netzwerk – vergleichbar einem Molekül – zusammengehalten werden. Der zweite Trend: Unternehmen finden sich als virtuelle Unternehmen zusammen – als Beziehungs- und Knotenpunkt beider Netzwerke –, um zumeist temporär gemeinsam ein Projekt zu bearbeiten. Die virtuellen Unternehmen haben keine Geschäftsführer oder Vorstände, sondern nur Projektverantwortliche. In der Regel lösen sich diese Joint Ventures nach Abschluss des Projekts wieder auf, um sich dann mit neuen Partnern neu zu organisieren. Erstaunlich oder auch nicht: Die virtuellen Unternehmen, die physisch gar nicht existieren – bei denen also keiner »arbeitet« –, schaffen dennoch eine Wertschöpfung.

Arbeit ist, was man tut – nicht ein Platz, wo man hingeht

Die Unternehmen verlieren also nicht nur als hierarchisch strukturierte Organisationseinheit an Bedeutung, sondern auch als »Location« – als der Ort, an dem alle Mitarbeiter zu festen Zeiten zusammentreffen. Die Arbeit wird räumlich und zeitlich dezentralisiert. Informations- und Kommunikationstechnik durchdringt die Arbeitswelt. Damit erschöpft sich die »zentralisierende Kraft der Dampfmaschine«, wie der Arbeitsmarktforscher Werner Dostal es nennt. Arbeit im Netz kann »anytime, anyplace« stattfinden. Das bedeutet aber auch: Die Grenzen zwischen Beruf und Freizeit werden fließend; durch diese Verschmelzung der privaten und der beruflichen Sphäre gewinnt die Frage nach der »Work-Life-Balance« neue Aktualität. Selbst viele, die noch zur Kernbelegschaft eines größeren Unternehmens zählen, sind am Betriebssitz seltener als früher anzutreffen.

War schon der Übergang vom Großrechner zum Personal Computer ein Element der Dezentralisierung, so macht die Vernetzung von Büros und Wohnungen nun einen Teil der Arbeit vollends unabhängig von Ort und Zeit. Die Informations- und Kommunikationstechniken machen es möglich: Die Arbeit entkoppelt sich vom Arbeitsort. »Ich gehe zur Arbeit« – die vermutlich häufigste allmorgendliche Redewendung, die eine feste Einheit von Arbeit und Arbeitsplatz unterstellt – wird künftig irreführend sein, denn im New Work wird aus ortsgebundener Anwesenheit mobile Aktivität, um ein bestimmtes Ziel zu erreichen. »Arbeit«, sagt die Organisationspsychologin Inka Rimpler, »ist, was man tut – und nicht ein Platz, wo man hingeht«.

Der wichtigste Grund für die Wissensarbeiter, das Büro aufzusuchen, ist ihr Bedarf an Kommunikation und Kooperation: »Die informelle Kommunikation Face to Face wird auch künftig ein wichtiger Bestandteil der Arbeitswelt sein«, ist sich die Psychologin sicher, »die wird sich durch technisch gestützte Kommunikation und durch zig E-Mails niemals ersetzen lassen.« Denn selbst bei wachsender Vernetzung und zunehmender Mobilität im New Work sei die Identifizierung mit dem Unternehmen ein entscheidender Erfolgsfaktor. Doch grundsätzlich gilt: Was der Wissensarbeiter für seinen Job braucht, hat er dort, wo er sich gerade aufhält: Seine Unterlagen trägt er »virtuell« bei sich, über Handy oder Notebook loggt er sich in »sein« Netzwerk ein – ob von der Côte d' Azur oder von zu Hause. »Früher«, so drückt es der Publizist Peter Glaser aus, »ging man zur Arbeit und kam fertig nach Hause, heute kommt die Arbeit nach Hause und geht fertig zurück in die Firma.«

Ein seit Jahren zitiertes Beispiel bilden die Programmierer aus dem indischen Bangalore, die für Firmen in aller Welt arbeiten – von zu Hause aus. Wo Wohnort und Arbeitsplatz zusammenrücken, kehrt ein Muster der alten Agrargesellschaft zurück, das erst durch die industrielle Revolution zerrissen worden war. Wer bis dato auf seinem Hof gelebt und gearbeitet hatte, musste damals plötzlich in entfernte Kohlezechen, Fabriken und Büros fahren. Die industrielle Fertigung wird es auch in Zukunft geben, nur werden für sie wegen der steigenden Produktivität immer weniger Arbeitskräfte benötigt. Wie die Menschen vor 120 Jahren von der Landwirtschaft in die Industrie abwanderten, so wandern sie heute von der Industrie in die »Wissensarbeit«. Dem kreativen Wissensarbeiter konnte es auch früher schon passieren, dass ein entscheidender Geistesblitz ihn nicht zwischen neun und fünf Uhr im Büro traf, sondern in der Badewanne oder beim Joggen. Ein gewisser Ken Klingenstein, der vor vielen Jahren das Netzwerkprotokoll SNMP (Simple Network Management Protocol) entwickelt hat, kam in einer Bar mit der entscheidenen Idee nieder. »Ich nahm die Serviette unter dem Drink und schrieb alle Befehle darauf. Es mussten einfach wenige sein, weil die Serviette so klein war.«

Die Telearbeit, über die schon vor Jahren viel diskutiert wurde, bekommt größere Bedeutung. Auf Websites wie Smartworker.com können Freiberufler und Teilzeitarbeiter vom Home-Office aus für einzelne Projekte bieten, die von Unternehmen ausgeschrieben werden. Zugleich dient die europaweite Site als Plattform für die Projektabwicklung, für die Bezahlung und für Beurteilungen von Auftraggebern und Experten. Auf solchen Websites ist eindrucksvoll zu besichtigen, wie die Transaktionskosten sinken, über die seinerzeit Ronald Coase nachgedacht hatte. Ein norwegischer Auftraggeber kann schnell, kostengünstig und unbürokratisch einen Londoner Dolmetscher für die Übersetzung eines Manuals vom Englischen ins Deutsche verpflichten.

Die Telearbeit ist aber auch ein Instrument für Unternehmen, die qualifizierte Kräfte halten wollen – Mütter etwa, die ganz oder teilweise zu Hause arbeiten, oder ältere Arbeitnehmer. Über das Ausmaß der heutigen und der zukünftigen Telearbeit kursieren die unterschiedlichsten Daten und Prognosen, weil oft nicht definiert wird, was genau gemeint ist. Die reine Telearbeit vom Home-Office aus ist etwas anderes als die alternierende Telearbeit, bei der man sich für zwei oder drei Tage in der Woche im Unternehmen zusammenfindet, um in persönlichen Gesprächen und Konferenzen Pläne abzustimmen und Ergebnisse auszutauschen. Denn daran lassen Fachleute und Betroffene keinen Zweifel: Die informelle Kommunikation, die sich weder über E-Mail noch Handy, sondern nur Face to Face führen lässt, muss auch im New Work ein fester Bestandteil bleiben. »Man könnte die künftigen Unternehmen mit einer Wohngemeinschaft vergleichen«, meint die Organisationspsychologin Inka Rimpler, »da ist jeder unabhängig und oft nicht zu Hause, aber es gehören alle zusammen und geredet wird auch regelmäßig miteinander.«

Work-Life-Balance

Als Robert Reich, erfolgreicher Arbeitsminister in Bill Clintons erster Regierungszeit, seinen Job aufkündigte, skizzierte er sein Dilemma so: »Ich habe den besten Job, den ich je gehabt habe, ich kann nicht genug davon bekommen. Aber ich habe gleichzeitig die beste Familie, die ich jemals haben werde.« Lange habe er versucht, mit dem Terminkalender eine Balance zu finden. Es ging nicht, denn »Teenager verlangen nach dir nicht zu einem bestimmten Zeitpunkt. Deine Frau will nicht auf Befehl intim sein, und politische Krisen kommen nicht zwischen neun und fünf. Man muss sich entscheiden.«

Das gegenwärtige gesellschaftliche Leitbild prägt ein stets strahlender Tausendsassa, der die berufliche Härte und Hektik des Internetzeitalters genauso erfolgreich meistert wie das familiäre Glück der privaten Sphäre und die Geborgenheit im Freundeskreis. Psychologen warnen zu Recht vor der Selbstüberforderung. Wer für sich die Balance sichern will, muss mit sich selbst in Einklang kommen, nicht mit den Leitbildern der Gesellschaft oder den Klischees der Werbung. Das verlangt gelegentlich, wie bei Robert Reich, die schmerzhafte Entscheidung für das eine und gegen das andere. Dennoch: Ein neues Denken in der Arbeitswelt und in den Unternehmen kann in Verbindung mit der modernen Informations- und Kommunikationstechnik den alten Konflikt entschärfen.

Aktienoptionen allein können dies nicht leisten, wie sich nach dem Ende des Börsenbooms zeigt: Allein im Oktober 2000 erklärten 129 Geschäftsführer amerikanischer Hightechfirmen ihre Kündigung. Im Vergleich zum Oktober 1999 ist dies ein Anstieg um 115 Prozent. Diese Zahlen veröffentlichte die angesehene US-Personalberatungsfirma Challenger-Gray-Christmas. Die vielen Kündigungen gelten als symptomatisch für den enormen Druck, unter dem immer mehr Firmenchefs der amerikanischen New Economy stehen. Zu den prominenten Abgängern gehören Rich McGinn, einst Chef von Lucent Technologies, John Payne von Stamps.com, Rod Schrock von Altavista, Jeffrey Arnold von WebMD, Charles Cornwall vom PC-Spielehersteller Eidos und Robert Knowling von Covad, einer der wenigen farbigen Geschäftsführer im Silicon Valley.

Viele der Firmenchefs begründen ihre Kündigung damit, dass sie schlicht ausgebrannt seien. »Ich habe diesen Job jetzt 15 Jahre lang gemacht«, sagte beispielsweise Rod Schrock, »ich finde, dass ich endlich eine Pause verdiene. Ganz im Ernst, die nächsten zwölf Monate verbringe ich mal mit meiner Familie.«

Was auf uns zukommt

Erstens: Die Arbeit wird entstandardisiert. Der Anteil der Produktionsarbeit sinkt, es steigt der Anteil der Informations- und der Dienstleistungsarbeit, die viel weniger standardisierbar ist als die Arbeit in der industriellen Massenproduktion. Das Normalarbeitsverhältnis erodiert.

Zweitens: Die Arbeit wird immer mehr zur Wissensarbeit, und Wissen wird anstelle von Boden und Kapital zur knappsten Ressource. Die Wissensarbeiter, die Eigentümer des Humankapitals, gewinnen gegenüber dem Kapital an Macht. Sie müssen allerdings auch lebenslang lernen – und sie werden in der »vergreisenden« Arbeitsgesellschaft ihre Lebensarbeitszeit verlängern.

Drittens: Die Arbeit wird marktnäher. Der Markt gewinnt gegenüber der Hierarchie. Manche Gewerkschafter und Kirchenleute sehen in der »Vermarktlichung« der Sozial- und der Arbeitsbeziehungen eine raffinierte Strategie der Kapitalseite und der neoliberalen Politiker. Tatsächlich ist es aber vor allem die Senkung der Transaktionskosten durch das Internet, die zur Stärkung des Marktes gegenüber der herkömmlichen Unternehmenshierarchie führt.

Viertens: Die Arbeit wird räumlich und zeitlich dezentralisiert. Informations- und Kommunikationstechnik durchdringen die Arbeitswelt. Damit erschöpft sich die »zentralisierende Kraft der Dampfmaschine« (Werner Dostal). Arbeit im Netz kann »anytime, anyplace« stattfinden. Durch diese Verschmelzung der privaten und der beruflichen Sphäre gewinnt die Frage nach der Work-Life-Balance neue Aktualität.

Trend 3: Virtuelle Marktplätze: Shoppingparadise im Cyberspace

Der Terror der Vergleichbarkeit erschüttert die Unternehmen.

BOLKO V. OETINGER

17 Zoll, größer muss ein Kaufhaus nicht sein.

TIM COLE

König Kunde? Konsumieren per Mausklick

Wechselplatte, Wimperntusche, Wirsing – über das Web kann man heute so gut wie alles kaufen. Auf dem weltweiten elektronischen Marktplatz wird rund um die Uhr eingekauft, versteigert, gefeilscht und getauscht. Ohne mühsame Parkplatzsuche und Gedrängel an der Kasse kann der Kunde seinen Warenkorb füllen – wahlweise in Sindelfingen, Sidney oder San Francisco. Der Informationsvorsprung der Anbieter schrumpft, weil Otto Normalverbraucher mit ein paar Mausklicks aktuelle Flugpreise prüft, Tarifrechner für Telefon und Strom aufruft oder einen Shopping-Agenten nach dem virtuellen Laden fahnden lässt, der die neue CD der Red Hot Chilly Peppers zum Tiefstpreis anbietet. Das Preissystem »verflüssigt« sich. Servicewüste Deutschland? Das war gestern. Bald steuert der Kunde sogar die Produktion, wie heute schon beim Computerbauer Dell.

So klangen in den letzten Jahren viele Lobeshymnen auf den Netzhandel. Sie waren verbunden mit allerlei Warnungen an die Adresse der abwartenden Skeptiker im stationären Handel. »In fünf Jahren«, prophezeite Intel-Chef Andy Grove, »sind alle Unternehmen Internet-Companies, oder es gibt sie nicht mehr.« »Web Att@ck« lautete der martialische Titel eines Buches, das Philip Evans und Thomas S. Wurster, zwei leitende Berater der Boston Consulting Group, veröffentlicht haben.

Märkte wie im Lehrbuch?

Ist die Aufregung berechtigt? Kommunikation und Handel über das Internet lassen die Informations- und die Transaktionskosten schrumpfen, die in Form von Zeit, Mühe oder Geld bei jedem Kauf anfallen. Zudem steigt die Zahl der Anbieter, die bei einem Kauf in Frage kommen. Der Weinhändler in Hamburg konkurriert im Internet plötzlich mit seinen Kollegen in Stuttgart und München. Um preiswerte Jeans zu kaufen, muss niemand mehr in die USA reisen, er kann seine Bestellung über ein Seekabel nach New York schicken. Kurzum, die Märkte gleichen sich ein wenig mehr dem Ideal des vollkommenen Wettbewerbs an, das die Ökonomen in ihren Lehrbüchern beschreiben: Viele Käufer treffen auf viele Verkäufer, Informationen und Transaktionen sind zum Nulltarif zu haben.

Bill Gates spricht vom »frictionless capitalism«, von reibungslos funktionierenden Märkten. Das bedroht den bisherigen Informationsvorsprung der Anbieter. Große Hersteller und Händler waren schon immer gut informiert, schließlich verfügen sie über Heerscharen von Marketingleuten, die Preise und Leistungen in den Märkten sorgsam beobachten. Der Verbraucher, so glauben manche Ökonomen, gewinne durch das Internet an Macht; die alte Metapher vom »König Kunde« fehlte daher in den letzten Jahren in keinem Beitrag über den Internethandel.

In jüngster Zeit klaffen die Meinungen allerdings weit auseinander. Auch im Internet bleibe der Kunde ungekrönt, behauptet Joachim Henkel, der sich an der Universität München mit Innovationsforschung und Technologiemanagement beschäftigt. Tim Cole und Paul Gromball vertreten dagegen sogar die Ansicht, dass demnächst »König Kunde als Despot« regieren werde. Derartig kräftige Bilder sind in der Mediengesellschaft beliebt. Dabei sollte man jedoch eines bedenken: Beiden Seiten, Kunden und Anbietern, verschafft das Datennetz neue Handlungsmöglichkeiten.

Tops und Flops im B2C-Handel

In den Jahren 1998 und 1999 waren Internetshops wie Pilze aus dem Boden geschossen. In kurzer Zeit wurde der stationäre Einzelhandel aus Stein und Mörtel mithilfe von Bits und Bytes nachgebaut – von den eleganten Einkaufsmeilen, Edelboutiquen und Kaufhäusern über die bunte Vielfalt der Millionen Fachgeschäfte bis hin zu Wühltischen und Resterampen. Suchmaschinen und »Shopbots« – intelligente Agenten, die Preise vergleichen können – wurden dem Verbraucher zur Seite gestellt, damit er sich in der virtuellen Angebotsvielfalt überhaupt zurechtfand.

Doch vielfach ging die Rechnung der Netzhändler nicht auf. Etliche der zunächst umjubelten Stars aus dem B2C-Handel (das Kürzel steht im Web-Jargon für »Business to Consumer«) mussten inzwischen die Segel streichen. Das Sterben der Dotcoms begann im Mai 2000, als es hieß: »Boo macht zu«. Mit Boo.com ging ein Onlinemodehändler Pleite, dessen vollmundige Ankündigungen in krassen Gegensatz zur Realität geraten waren. Die aufwändige Website mit virtueller Kleideranprobe, 3D-Ansichten und zahlreichen Bildern ging an den Bedürfnissen der Nutzer vorbei. Dem schwedischen Exfotomodell Kajsa Leander und ihrem Landsmann, dem früheren Literaturkritiker Ernst Malmsten, gelang es, innerhalb eines Jahres 250 Millionen Mark in den unendlichen Tiefen des Webs zu versenken. Manches davon, kolportierte die Presse, sei für »3C« draufgegangen – für Champagne, Caviar, Concorde –, das meiste aber für europaweite Werbekampagnen.

Vom Hype zur Hybris, das war die Lehre aus dem Fall Boo.com, ist es manchmal nur ein kleiner Schritt. Die Pleite des Modehändlers hatte in den Märkten ähnliche Signalwirkung wie der Ausruf des Kindes in Hans Christian Andersens Märchen von des Kaisers neuen Kleidern. Plötzlich sahen alle genauer hin. Im Juli 2000 wurde der angeschlagene US-Musikhändler CDNow von Bertelsmann übernommen, gleichzeitig geriet Amazon, der größte amerikanische B2C-Pionier einmal mehr ins Feuer der Spekulationen.

Amazon ist mit 20 Millionen Kunden weltweit das Vorzeigeunternehmen des Netzhandels. »Can Amazon make it?«, fragte das Wirtschaftsmagazin *Business Week* in einer Titelgeschichte. Gründer Jeff Bezos gilt als Daueroptimist, die Kundenbasis ist stark, doch Gewinne wollen sich gut fünf Jahre nach dem Start noch immer nicht einstellen. »Wenn Sie bei jedem Artikel zusetzen müssen, macht's auch die Menge nicht«, sagt eine alte Kaufmannsregel. Nach dem Hype, nach der Schwindel erregenden Gigantomanie mancher Prognosen, nach den wilden Zeiten von »Kohle-reinhol.com« (Ossi Urchs) lautete die Parole für viele B2C-Händler erst einmal R2R – »Return to Reality«.

Wie man es richtig anpackt, zeigt in Deutschland Michael Otto. Der Weltmarktführer des Versandhandels hat seine logistischen Startvorteile klug und konsequent genutzt und setzte im Jahr 2000 schon gut eine Milliarde Mark über das Internet um. Auch in Großbritannien liegt kein junges Start-up im Internethandel an der Spitze, sondern die Supermarktkette Tesco. Mit 750 000 registrierten Kunden setzt Tesco über das Internet in jeder Woche umgerechnet 16 Millionen Mark um und übertrifft damit sogar das vergleichbare US-Unternehmen Webvan.com. Eine Erfolgsgarantie ist die Zugehörigkeit zur Old Economy aber natürlich nicht. Mehrere Jahre lang hatte Karstadt seine Website Myworld.de immer wieder renoviert und kam doch auf keinen grünen Zweig. Seit dem Jahr 2000 wird nun unter dem bekannten Traditionsnamen verkauft – Karstadt.de soll den Durchbruch schaffen.

Digitale Güter wie Software, Musik und bald sogar Videos können über das Netz nicht nur bestellt, sondern auch ausgeliefert werden. Die meisten Güter werden aber auch in Zukunft nicht aus Bits, sondern aus Atomen bestehen. Otto in Deutschland und Tesco auf den Britischen Inseln belegen, dass im Internet nur Erfolg haben kann, wer die Website nicht als Selbstzweck (oder als Vehikel für den Börsengang) sieht, sondern als Instrument für die Verbesserung von Kundenbeziehungen. Internet-Know-how lässt sich nur in dauerhaften Erfolg ummünzen, wenn es verknüpft wird mit der Kenntnis über Märkte und Kunden, mit Lagerhaltung, »Fulfillment« und Logistik.

Lebensmittel, Bekleidung und Hardware müssen von Kurieren, Speditionen oder Paketdiensten an die Haustür gebracht werden. Das freut die Transportbranche. »Sie machen Klick, wir machen den Rest«, lautet der Werbeslogan, den die Kreativen der Deutschen Bundespost sich ausgedacht haben, um den gelben Riesen als global agierenden Logistikdienstleister der digitalen Wirtschaft zu profilieren. Die Versandkosten wird langfristig der Käufer tragen müssen, egal ob sie individuell berechnet oder pauschal den Preisen aufgeschlagen werden. Bei den Buchversendern hat sich der portofreie Versand nur deshalb eingebürgert, weil sie wegen der Buchpreisbindung zunächst keine anderen Möglichkeiten für Preiszugeständnisse hatten. Die Transportkosten bei schweren und sperrigen physischen Gütern setzen dem Internethandel mit Verbrauchern Grenzen, denn der Transport zu regionalen Verteilzentren des Großhandels dürfte auch in Zukunft oft kostengünstiger sein als eine Vielzahl von Einzelsendungen.

König Kunde am Bildschirm: Facts & Figures

Schon wird die Zustellung der übers Web georderten Waren zum Flaschenhals im Internethandel. Dabei nimmt sich sein Anteil am gesamten Einzelhandel selbst in den USA noch recht bescheiden aus. Dort ist niemand mehr auf dubiose Schätzungen angewiesen, weil das Handelsministerium seit dem vierten Quartal 1999 zuverlässige amtliche Zahlen über den elektronischen Einzelhandel veröffentlicht. Im zweiten Quartal 2000 wurden 5,5 Milliarden US-Dollar online umgesetzt, das entsprach knapp 0,7 Prozent aller Umsätze. Einige im Internet wichtige Dienstleistungen (Aktienhandel, Reisebuchungen, Ticketkäufe) sind dabei allerdings nicht berücksichtigt. In Deutschland wurden nach Berechnungen der baden-württembergischen Akademie für Technikfolgenabschätzung im Jahr 1999 3,8 Milliarden Mark über das Netz umgesetzt – das entsprach 0,3 Prozent der Umsätze.

Laut Allensbach verfügten im ersten Halbjahr 2000 rund 15 Millionen Bundesbürger zwischen 14 und 64 Jahren über einen Internetzugang, doch nur ein Drittel von ihnen hatte schon einmal etwas übers Web gekauft. Gefragt nach den Hemmschwellen beim Onlinekauf klagen 60 Prozent, man könne »die Sachen nicht ausprobieren«. Besonders gepriesen wird neben der großen Auswahl (56 Prozent) die Tatsache, dass man rund um die Uhr bestellen kann (55 Prozent). Der Bezahlvorgang galt lange als wichtigstes Hemmnis an der virtuellen Ladenschwelle. »Das Bezahlen ist manchmal kompliziert«, meint jedoch heute nur noch knapp ein Drittel. Optimistisch stimmt ebenfalls, dass von den Onlineshoppern nur jeder Hundertste den Allensbacher Interviewern zu Protokoll gab, er sei enttäuscht worden.

Jeder dritte Surfer informiert sich im Netz über das Angebot und verblüfft anschließend den Einzelhändler oder das Reisebüro um die Ecke mit seinem Know-how. Der Kunde kann auch an Macht gewinnen und die Internetshops schätzen lernen, wenn er – noch – nicht per Mausklick ordert.

Die Perspektiven des elektronischen Handels mit dem Verbraucher sind längst nicht so schlecht, wie die Stimmung bei vielen Dotcoms. Die Zielgruppen werden sich erheblich verbreitern, sobald der Mausklick zum Druck auf die Fernbedienung mutiert – wenn also das interaktive Fernsehen die PC-resistenten Zielgruppen ins virtuelle Shoppingparadies lockt. Ebenso dürften die neuen Handys nach dem UMTS-Standard in zwei bis drei Jahren neue Zielgruppen an das Internet heranführen.

Verbraucherkartelle im Cyberspace

Dass man die reale Einkaufswelt im Internet nachbauen konnte, war schon faszinierend genug. Im Web sind aber auch ganz neue Einkaufsformen entstanden. Möglich wurde das, weil Menschen über das Netz »virtuell« zusammenkommen, die sich im wirklichen Leben niemals treffen. »Power to the People«, die alte Hippieparole feierte fröhliche Urständ, als im September 1999 hierzulande das »Powershopping« bei Primus-Online begann, einer Tochter des Metro-Konzerns. Die Verbraucher können gemeinschaftlich die höchste Stufe einer vorgegebenen Rabattstaffel für eine neuwertige Waschmaschine, ein Fahrrad oder eine digitale Kamera erklimmen. Dafür steht ihnen ein bestimmter Zeitraum zur Verfügung, meistens sind es ein paar Wochen. Wie viel Zeit bis zum Ende der Aktion noch bleibt, wie viele Käufer schon bestellt haben und wie viele bis zur nächsten Rabattstufe noch fehlen – das alles ist auf der Website ersichtlich.

Kurz nach Primus starteten LetsBuyIt.com und weitere Anbieter wie Mobshop, Yeebab, Kontorhouse und CoShopper. Dass der Gruppenkauf, auch Community Shopping oder Co-Shopping genannt, sich auf Dauer durchsetzen kann, wird von manchen Fachleuten bezweifelt. »Wo ist der Unterschied zu einem Versand- oder Kaufhaus?«, fragt der New Yorker Wirtschaftswissenschaftler Yannis Bakos. Letztere prognostizieren vorab, wie groß die potenzielle Käufergruppe für einen Artikel ist und erhalten entsprechende Mengenrabatte, die sie teilweise an ihre Kunden weitergeben. Co-Shopping-Veranstalter müssen zwar meistens keine Lagerkosten tragen, weil Hersteller oder Großhändler die Ware direkt versenden. Dafür fallen aber hohe Marketingkosten an – das Modell funktioniert nur bei stetig hohem Aktivitätsniveau der Schnäppchenjäger. »Solange diese Onlinedienste nicht sehr groß werden«, vermutet Bakos, »ist es unwahrscheinlich, dass sie günstigere Preise bieten können als herkömmliche Discounter.« Tatsächlich sollte der Verbraucher stets genau hinsehen: LetsBuyIt und Co. setzen die erzielbaren Rabatte gern ins Verhältnis zu den unverbindlichen Preisempfehlungen der Hersteller, die aber auch im stationären Handel oft weit unterschritten werden.

An weit reichenden Visionen mangelt es den Unternehmen nicht. Man wolle »die größte Einkaufsmacht der Welt schaffen«, heißt es auf der Website von LetsBuyIt. Ende Juli 2000 versuchten in 14 europäischen Ländern 785 000 registrierte Co-Shopper die Preise purzeln zu lassen und dafür zu sorgen, dass »Zwischenhändler aus der Wertschöpfungskette weitgehend ausgeschlossen« werden. Das interaktive Fernsehen könnte in einigen Jahren das Potenzial für Co-Shopping enorm erhöhen. Der Fernsehsender Pro Sieben hat sich denn auch schon mal mit rund einem Viertel an LetsBuyIt beteiligt, RTL hält eine Minderheitsbeteiligung an Primus´ Powershopping.

Gegenwärtig haben die Cyber-Einkaufsgenossenschaften noch mit allerlei juristischen Fußangeln zu kämpfen. Doch das betagte deutsche Rabattgesetz von 1933 – einmalig in Europa, es gestattet nur einen Preisnachlass von drei Prozent und diente schon wiederholt als Grundlage für richterliche Verfügungen gegen Primus-Online und LetsBuyIt – wird bald auf dem Müllhaufen der Wirtschaftsgeschichte landen. Geradezu skurril wirkt ein Urteil des Kölner Landgerichts vom Oktober 2000 gegen Primus-Online: Die Frankfurter Zentrale zur Bekämpfung unlauteren Wettbewerbs sah im Co-Shopping-Modell eine Ausnutzung der »Spielleidenschaft« von Kunden und kam damit in erster Instanz durch. Pattie Maes, die belgische Professorin, die am MIT die Forschung über Software-Agenten und Künstliche Intelligenz leitet, wird darüber herzhaft lachen. Denn sie ist überzeugt, die »Spielleidenschaft« bald automatisieren zu können: »Die Kooperation mehrerer Software-Agenten verschiedener Kunden ist aus Software-Sicht ein triviales Problem.«

Auktionen für jedermann

Wie das Community Shopping, so ist auch die Teilnahme an weltweiten Auktionen erst durch das Internet für den Durchschnittsverbraucher ermöglicht worden. Anders als beim Co-Shopping wird aber bei Auktionen überwiegend nicht B2C gehandelt, sondern C2C – »Consumer to Consumer«. Provisionen bilden neben Werbeeinnahmen eine wichtige Erlösquelle für die Betreiber der Auktionsplattformen. Der Legende nach wurde die Internetauktion erfunden, weil die Ehefrau von eBay-Gründer Pierre Omidyar alte Pez-Brausespender sammelte. Heute ist eBay mit über acht Millionen registrierten Teilnehmern das größte Internetauktionshaus der Welt.

Die Auktion ist eine altbekannte Form der Preisbildung. Unikate, Liebhaberstücke und Sammelobjekte werden seit eh und je auf Auktionen gehandelt, so zum Beispiel auch beim Offlinetraditionalisten Sotheby´s. Es gibt für solche Stücke keine Marktpreise. Erst in der Versteigerung wird die Zahlungsbereitschaft der Zielgruppe ermittelt. Dem Schlachtermeister um die Ecke würde es dagegen wenig bringen, tagtäglich Vorderschinken oder Blutwürste zu versteigern – er hätte viel Aufwand, doch kein Mensch käme auf die Idee, mehr zu bieten als den ortsüblichen Marktpreis. Als Unikate kann man auch viele gebrauchte Güter betrachten – alte Uhren, antiquarische Bücher oder tiefer gelegte Autos. Internetauktionen sind also eine Konkurrenz für stationäre Secondhandläden, lokale Flohmärkte und die Kleinanzeigen in Zeitungen. Besonders die Vorteile gegenüber einer Kleinanzeige liegen auf der Hand: bessere Suchmöglichkeiten, umfangreichere Produktinfos mit Bildern, weniger Ärger mit den Interessenten, die das ganze Wochenende Sturm klingeln. Bereits 1999 habe der elektronische Handel zwischen Verbrauchern in den USA ein Volumen von drei Milliarden US-Dollar erreicht, schätzt Jupiter Communications. In vier Jahren, so die Analysten, werden es bereits 15 Milliarden US-Dollar sein.

Anders als auf einem Flohmarkt oder marokkanischen Basar steht man seinem Kontrahenten bei einer Internetauktion nicht

Auge in Auge gegenüber. Man kann schlecht einschätzen, ob er den Vertrag erfüllen wird oder ein Gauner ist. Die Netzauktionäre haben das Problem mithilfe der Interaktivität mediengerecht gelöst: Fast alle nutzen Feedbacksysteme, die Käufer und Verkäufer dazu ermutigen, einander öffentlich zu bewerten.

Ökonomen vertreten die Ansicht, der vermeintlich glückliche Gewinner zahle bei Auktionen oft einen zu hohen Preis. Zum »Fluch des Gewinners« komme es, wenn sich nachträglich herausstelle, dass er der Einzige war, der den Wert des Gutes zu optimistisch eingeschätzt hatte. Um ihren Studenten die Gefahr praxisnah zu demonstrieren, füllen Wirtschaftsprofessoren gern Münzen in Einmachgläser und lassen sie in ihren Vorlesungen versteigern. Dabei zeigt sich meistens, dass die ersten Gebote zu niedrig liegen, doch wenn am Ende der Hammer gefallen ist, zahlt der Sieger mehr, als das Glas enthält. Hohe Ungewissheit prägt auch die bisher größte Versteigerungsaktion der deutschen Wirtschaftsgeschichte: Niemand vermag zu sagen, welchen Wert die UMTS-Lizenzen tatsächlich eines Tages haben werden, für die sechs Gewinner zusammen 100 Milliarden Mark hinblättern müssen.

Vor allem in den USA haben so genannte umgekehrte Auktionen für Furore gesorgt. Dabei handelt es sich nicht um virtuelle Flohmärkte, sondern um eine spezielle Form des Handels zwischen Konsumenten und Unternehmen. Pionier dieser Auktionsform ist das an der Nasdaq notierte Unternehmen Priceline.com. Bei Priceline nennt der Verbraucher den Preis, den er bereit ist, für einen Flug von New York nach London, ein Hotelzimmer in Chicago, einen Neuwagen oder auch einen Hypothekenkredit zu zahlen. Die Anbieter entscheiden dann, ob sie zum fraglichen Preis einsteigen. Für die Unternehmen bilden die umgekehrten Auktionen ein Instrument, die preissensiblen Kunden zu identifizieren. Diese Auktionsform gleicht damit den Coupons, die ein Kunde aus der Zeitung ausschneidet, um darauf im Laden einen Rabatt zu erhalten. Auch sie stellen aus der Sicht des Verkäufers ein Instrument dar, das die preissensiblen Kunden identifiziert und Preisdifferenzierung ermöglicht. Am Ende gewinnen beide, Käufer und Verkäufer, denn es kommt ein Handel zustande, der beiden Seiten nutzt – und den es ohne Instrumente wie Coupons oder umgekehrte Auktionen nicht gegeben hätte. Wie viele andere Dotcoms geriet Priceline im Jahr 2000 allerdings in schweres Wetter – fast 200 Mitarbeiter musste das Unternehmen im Herbst entlassen.

Shopbots als intelligente Einkaufshelfer

Früher war alles einfach: Das Telefon kam von der Post und der Strom von den Stadtwerken. Heute soll der Verbraucher Dutzende von Telefon- und Stromtarifen prüfen, die sich obendrein ständig ändern. Auch auf anderen Konsumfeldern wächst die Zahl der Optionen für den Verbraucher, ganz zu schweigen von den Möglichkeiten, seine Ersparnisse anzulegen. Der Zwang, ständig Angebote und Preise vergleichen zu müssen, überfordere uns schon heute, glauben manche Kritiker des digitalen Kapitalismus. Abhilfe stellen die Softwareingenieure in Aussicht. Damit wir der Komplexität der digitalen Wirtschaft gerecht werden können, wollen sie uns künstliche Marktteilnehmer zur Seite stellen. Ben Goertzel und John Pritchard, zwei amerikanische Wissenschaftler, glauben, dass man mit neuronalen Netzen und genetischen Algorithmen eines Tages zu intelligenten Agenten gelangen wird, die dem Menschen die Mühsal der Schnäppchenjagd auf chaotischen Märkten abnehmen werden. Die heutigen Shopbots sind im Grunde nur spezialisierte Suchmaschinen, die für den Verbraucher den Datenwust rund um die Uhr durchkämmen.

Im Internethandel dominiert jedoch – bisher jedenfalls – nicht der reine Preiswettbewerb. Mehr als 50 Prozent der Kunden von Internetshops legen beim Onlinekauf mehr Wert auf den Markennamen des Händlers als auf günstige Preise. Zu diesem Ergebnis kam im Herbst 2000 eine Studie des MIT, die in Zusammenarbeit mit Dealtime erstellt wurde, der US-Website für Preisvergleiche, die seit Herbst 2000 auch auf dem deutschen

Markt vertreten ist. Im Rahmen der Studie wurde anhand von 40 000 Suchanfragen das Kaufverhalten der Benutzer von Preisvergleichsdiensten analysiert. Dabei stellte sich heraus, dass die Websites bekannter Händler im Vergleich zu denen von unbekannten Billiganbietern überproportional gut besucht werden. Viele Kunden, so zeigte sich, legen mehr Wert auf Serviceleistungen wie Rückgaberecht und auf eine leichte Bedienbarkeit der Site als auf einen Preisvorteil. So kann etwa der Onlinebuchladen Amazon aufgrund seines Markennamens einen um durchschnittlich fünf Prozent höheren Preis für vergleichbare Produkte verlangen als seine weniger bekannten Konkurrenten.

Der virtuelle Markt der Meinungen

»Daedalos« studiert Jura in Würzburg und bessert sein Bafög auf, indem er als Verbraucher seine Meinung sagt. Mit seinem Beitrag über den HP Laserjet 1100 (»Passt dank seiner kompakten Bauweise auf jeden Schreibtisch«) auf der Website von Ciao.com hat er zwischen Mitte August und Mitte Oktober 2000 genau 1,70 Mark verdient. 17 andere Ciao-Mitglieder haben nämlich seinen Beitrag gelesen, und für jeden Leser zahlt ihm Ciao.com zehn Pfennige. Gut, dass »Daedalos« noch 218 andere Meinungsbeiträge im Rennen hat – so mag sich zum Ende des Semesters doch noch der Gegenwert eines Wochenendtrips zusammenläppern. Oft werden seine Beiträge von einem gewissen »Ikarus« gelesen und gelobt – ein Schelm, der Böses dabei denkt.

Die Mund-zu-Mund-Propaganda unter den Kunden ist bei Händlern und Herstellern seit ewigen Zeiten beliebt oder gefürchtet – je nach Tendenz. Durch das Internet kann sie automatisiert und enorm beschleunigt werden. Nach dem Vorbild der amerikanischen Meckerecke Epinions.com sind Ende 1999 Websites wie Ciao, Doyoo und Vocatus in Deutschland gestartet. Sie kranken noch ein wenig daran, dass es in der Regel nicht Otto Normalverbraucher ist, der seine Meinung über

Drucker-, TV- oder Staubsaugermodelle im Web zum Besten gibt. Stattdessen schreiben viele Schüler und Studenten über Computerspiele und Filme, über Harry Potter und Perry Rhodan. Das könnte sich mit der Zeit ändern. Vermutlich wird König Kunde sich vor dem Kauf eines Druckers zwar nicht Hunderte subjektiver Meinungen durchlesen wollen, aber als Ergänzung zu den Ergebnissen der Stiftung Warentest und den Tipps der Verbraucherverbände könnten sich elektronische Meinungsbörsen etablieren.

Der Kunde ist wieder wer

Nach den Schlankheitskuren, die viele Unternehmen in den 80ern und frühen 90ern unter der Parole »Lean Management« absolviert hatten, begann Ende der 90er Jahre die Rückbesinnung auf den Kunden. Missverständnisse sind dabei bis heute an der Tagesordnung. Erstens: Verspricht ein Unternehmen »maximale«, »unbedingte« oder »totale« Kundenorientierung, so handelt es sich entweder um eine Werbegirlande oder um eine suizidgefährdete Firma. Kundenorientierung kann gar nicht »unbedingt« sein, sie muss unter der Nebenbedingung angestrebt werden, dass das Unternehmen nachhaltig seine Kosten deckt und das eingesetzte Kapital verzinst. Ein Reiseveranstalter, der jedem nörgelnden Pauschaltouristen im Streben nach maximaler Kundenzufriedenheit großzügig Geld erstattet, hat bald gar keine Kunden mehr, dafür aber den Konkursverwalter im Haus. Kundenorientierung muss sich dauerhaft rechnen, sie entspringt nicht reiner Nächstenliebe. Das ist seit 1776 bekannt. Damals erläuterte Adam Smith in »Wohlstand der Nationen«, dass Bäcker, Schlachter und Schuster uns nicht aus Nächstenliebe behilflich sind, sondern primär aus Eigennutz. Gerade darin sahen die frühen Denker der bürgerlichen Ordnung einen entscheidenden Fortschritt. In der arbeitsteiligen Marktökonomie war der Mensch nicht mehr von der launischen Wohltätigkeit feudaler Herren abhängig, sondern konnte mit neuem Selbstbewusstsein die Produkte seiner Arbeit am Markt tauschen. Klaus Backhaus, BWL-Professor an der Uni Münster, verspottet zu Recht jene Manager, die ihrer Belegschaft die totale Kundenorientierung predigen. Durch derart unbedachte Appelle, so Backhaus, verwirre man seine Mitarbeiter nach dem Motto: »Wenn wir schon kein operationales Ziel vor Augen haben, so haben wir doch wenigstens unsere Anstrengungen verdoppelt.«

Zweitens: Zur Kundenorientierung gehört das Recht des Anbieters, sich diejenigen Kunden auszuwählen, mit denen er glaubt, langfristig ein erfolgreiches Geschäft betreiben zu können. Als die Deutsche Bank und die Dresdner Bank anlässlich ihrer Fusionsgespräche im Frühjahr 2000 laut darüber nachdachten, nur noch vermögende Privatkunden zu betreuen, war das nicht klug, die Geldhäuser hätten erst gackern sollen, wenn denn das Ei gelegt gewesen wäre. Illegitim oder unmoralisch waren solche Überlegungen jedoch keineswegs – Vertragsfreiheit ist keine Einbahnstraße. Die Aufregung in der Boulevardpresse war insofern völlig unangebracht.

Drittens: Prinzipiell will jeder Kunde in jeder Branche und in jedem Markt eigentlich immer nur das eine: ein Produkt zugleich billiger und besser und zwar möglichst schon gestern. Dabei denkt der Kunde in den alten Bahnen und entwickelt kaum Fantasie über neue Produkte. Deshalb, so betonen Jonas Ridderstråle und Kjell Nordström, müssten innovative Unternehmen lernen, den Kunden gelegentlich auch einmal zu ignorieren. »Es waren nicht die Galeriebesucher, die Picasso zum Kubismus inspiriert haben.«

Viertens: König Kunde, so fürchtet mancher, könnte letztlich gar zum autoritären Despoten werden. Diese Sorge scheint reichlich übertrieben. Denn die Schnelligkeit und die Interaktivität des Netzes gibt nicht nur den Kunden neue Tools in die Hand, sondern auch den Anbietern. Sie können mithilfe des Internets neuartigen Service bieten und gewinnen neue Möglichkeiten der Marktsegmentierung und Preisdifferenzierung. Sie können, um ein ganz einfaches Beispiel zu nennen, viel schneller als in der Kaufhauswelt von gestern die Preisschilder auswechseln. Der Tarifdschungel bei Telekommunikations-

und Energieunternehmen lässt ahnen, dass der Fantasie keine Grenzen gesetzt sind.

Elektronische »Beziehungspflege« der Unternehmen

Der Katalog neuer Schlagwörter und Rezepte für die Unternehmensführung ist in jüngster Zeit gewaltig angeschwollen. Neben der guten alten Kundenorientierung wird insbesondere das neudeutsche Customer Relationship Management (CRM) propagiert. Klaus Wilde, Professor an der Katholischen Universität Eichstätt, versteht darunter »Aufbau und Pflege langfristig profitabler Kundenbeziehungen durch ganzheitliche und individuelle Marketing-, Vertriebs- und Servicekonzepte mit modernen Informationstechnologien«. Es gehe darum, die Kundenbeziehung nicht nach der Unterschrift auf dem Kaufvertrag zu den Akten zu legen, sondern den Kunden über den ganzen Kaufzyklus hinweg zu betreuen – von der ersten Produktinformation über den Kaufentscheid, die Produktnutzung bis hin zum Folgekauf. Ist ein Kunde für das Unternehmen von Wert, so möchte man ihn über den ganzen Lebenszyklus halten, am liebsten vom Jugend- bis zum Seniorenalter.

Unglaubwürdig machen sich heute oft Firmen, die den Kunden aufgrund zersplitterter Zuständigkeiten und Informationen mal als lästigen Reklamationskunden behandeln, mal als treuen Stammkunden ansprechen und mal als begehrten Neukunden umwerben. CRM soll damit Schluss machen. Ziel sei es, sagt Klaus Wilde, den Kunden so persönlich und umfassend zu betreuen, wie es vor 50 Jahren im Tante-Emma-Laden möglich gewesen sei. »In modernen Massenmärkten mit Millionen von Kunden und Unternehmen, mit Hunderttausenden von Mitarbeitern erfordert das allerdings Informationstechnologie vom Feinsten und vor allem eine grundsätzliche Umorientierung der Geschäftsprozesse auf den Kunden hin: Nur mit Informationstechnologie ist es nicht getan.«

Jeremy Rifkin, der amerikanische Bestsellerautor, dem die Rolle der Kassandra in Fleisch und Blut übergegangen zu sein scheint, geißelt in seinem jüngsten Buch die elektronisch gestützte Beziehungspflege mit starken Worten. Marketingexperten, kritisiert er, operierten mit dem »Lifetime Value« – sie versuchten die Kaufkraft eines Kunden für die Dauer seines ganzen Lebens zu taxieren. Autoverkäufer schätzten so beispielsweise, dass jeder neue Kunde, der zum Cadillac-Händler komme, einen Lebenszeitwert von rund 320 000 US-Dollar habe. Der Betrag setze sich zusammen aus der geschätzten Zahl der Autos, die er im Lauf seines Lebens kaufe, zuzüglich der Services und Reparaturen. Der Kunde solle gleichsam »lebenslänglich« bekommen. »Wir sind Teil eines Experiments«, unkt Rifkin, »in dem menschliches Leben zum ultimativen kommerziellen Produkt wird.« Dieses Pathos ist allerdings nur schwer nachvollziehbar: Der Cadillac-Händler mag den Kunden noch so sehr taxieren und umgarnen, er mag die cleverste CRM-Software der Welt installieren – der Kunde wird nach wie vor jederzeit zu Ford oder Chrysler wechseln, wenn es ihm Spaß macht. Sicher, es ist manchmal lästig, umworben zu werden. Werbebriefe, die den Briefkasten verstopfen, haben schon in der Vor-Internetzeit manchen Kunden verärgert. Nur ist bisher niemand auf die Idee verfallen, in den Postwurfsendungen ein gefährliches Experiment mit der menschlichen Gattung zu sehen. Und im Übrigen soll CRM ja gerade helfen, die ungezielte Werbung zu reduzieren.

Softwaretools dafür werden nicht nur von großen Unternehmen wie SAP entwickelt, sondern vielfach von Firmen angeboten, deren Namen kaum jemand kennt. Sie heißen Broadvision, Vignette, Autonomy, Net Perceptions, Firefly, Microstrategy oder Epiphany. Die Marktforscher der International Data Corporation (IDC) schätzten den Markt für CRM-Lösungen in Westeuropa im Jahr 2000 auf ein Volumen von mehr als einer Milliarde US-Dollar. Für 2004 erwarten die Auguren CRM-Umsätze von 3,3 Milliarden US-Dollar. Als treibende Faktoren für das Wachstum führt IDC Internet- und Mobilfunktechnik, Globalisierung, Deregulierung und Privatisierung sowie die stärkere Konzentration der Anbieter auf sofort einsatzfertige Lösungen an, so genannte »Prepackaged Solutions«.

Kundeninformationen sammeln: Registrierung und Cookies

Doch wie kommen die Unternehmen an die Daten ihrer Kunden? Wer im Internet surft, hinterlässt Spuren. Internetadresse, Datum, Uhrzeit des Besuchs sowie der Typ des verwendeten Browsers lassen sich in den »Logfiles« ablesen, den Protokolldateien der Webserver. Eine Möglichkeit, mehr über die Besucher zu erfahren, bieten Cookies. Diese »Kekse« sind kleine Textdateien, mit deren Hilfe der Onlinehändler auf der Festplatte jedes Besuchers eine Art Identifikationsnummer hinterlässt, wodurch dieser (genauer: dessen Computer/Browser) bei späteren Besuchen wieder erkannt wird.

Der Anbieter kann sich also eine elektronische Akte anlegen, indem er Angaben über die abgerufenen Seiten speichert. Durch dieses so genannte Tracking, das Spurenlesen, entsteht im Lauf der Zeit ein Interessen- oder Persönlichkeitsprofil des Besuchers, die Marketingleute sprechen von einem »Profiling«. Natürlich kann jeder Website-Betreiber nur diejenigen Spuren verfolgen, die der Nutzer auf seiner eigenen Site hinterlässt. Außerdem bleibt das Profil zunächst anonym. Bestellt der Nutzer nun allerdings etwas auf der Website, muss er Namen, Adresse und eventuell seine Kreditkartennummer oder Bankverbindung angeben. Auch wer nicht einkauft, sondern nur einen Newsletter abonniert oder an einem Gewinnspiel teilnimmt, muss bestimmte Angaben machen, zumindest muss er seine E-Mail-Adresse preisgeben. Dann besteht die Möglichkeit, dass der Betreiber der Website die zunächst anonymen Profile mit den persönlichen Daten zusammenführt und zu Marketingzwecken verkauft. Nach dem deutschen Teledienstedatenschutzgesetz ist ihm dies allerdings strikt verboten, sofern der Betroffene sich nicht ausdrücklich damit einverstanden erklärt hat.

Wie viele Cookies er auf der Festplatte hat und von wem sie stammen, kann jeder Nutzer leicht feststellen, wenn er den Dateiordner c:/windows/cookies öffnet. Wer will, kann die ganze Krümelei in den Papierkorb werfen und löschen. Er kann sogar seinen Browser von vornherein so einstellen, dass Cookies gar nicht erst akzeptiert werden. Manche Annehmlichkeiten beim Onlineeinkauf kann er dann allerdings nicht mehr wahrnehmen, beispielsweise das »One-Click-Shopping« bei Amazon. Cookies haben einen Doppelcharakter, sie können einerseits von Böswilligen missbraucht werden, andererseits nützen sie dem Verbraucher, indem sie die Funktionalität einer Website verbessern. Im wirklichen Leben ist es ähnlich: Tante Emma kann mir in ihrem Laden nur dann einen guten Tropfen zurücklegen, wenn ich ihr zuvor meine Vorliebe für französischen Cognac anvertraut habe – im Wissen um das Risiko, dass sie mich bei den Nachbarn als haltlosen Trinker denunzieren könnte.

Vertrauen spielt online wie offline eine entscheidende Rolle, nur lässt Tante Emma sich leichter einschätzen als eine unbekannte Website. Marken und Namen, die dem Kunden aus der wirklichen Welt schon bekannt sind, können das Vertrauen stärken. Verständlich also, dass der Karstadt-Konzern den Fehler korrigiert hat, zunächst unter dem neuen, unbekannten Namen »Myworld« im Netz aufzutreten.

Datenschutz und Privatsphäre

Es ist schon merkwürdig. Da bewerben sich einerseits 60 000 Menschen bei der Containershow »Big Brother«, um sich rund um die Uhr vor der Kamera einem Millionenpublikum zu präsentieren. Da installieren die Leute Web-Kameras in ihrer Wohnung, um die Netzgemeinde an ihrer Intimsphäre teilhaben zu lassen oder drängen in die exhibitionistischen Nachmittags-Talkshows des Fernsehens. Andererseits herrscht eine panische Furcht vor der »Datenschnüffelei« kommerzieller Unternehmen. Doch wie merkwürdig und widersprüchlich auch immer: Die Unternehmen haben die Wünsche des Einzelnen und die Gesetze zu respektieren. Manche Menschen drängt es eben, zumindest für 15 Minuten ein Star zu sein, wie einst von Andy Warhol propagiert wurde. Andere sind überempfindlich, wenn es um den Datenschutz geht. Das Wort vom »gläsernen Kunden« jagt vielen Menschen Angst ein. Selbst dem Staat, der ja für seine Rahmenplanung auf verlässliche Daten angewiesen ist, wird massives Misstrauen entgegengebracht, wie die Boykottaufrufe gegen die Volkszählung von 1987 gezeigt haben. In einem Urteil von 1983 hat das Bundesverfassungsgericht das Recht auf »informationelle Selbstbestimmung« festgeschrieben – ein grauenhaftes Wortmonster für einen vernünftigen Gedanken. Zu diesem Recht gehört auch, dass jeder grundsätzlich selbst über die Preisgabe und Verwendung seiner persönlichen Daten bestimmen kann.

Obwohl die Vereinigten Staaten als Vorreiter des Web-Handels und als Vertreter eines ökonomisch libertären Optimismus gelten, wird die Debatte über »Privacy« dort durchaus erbittert geführt. Simon Garfinkle, ein Programmierer und Absolvent des berühmten MIT, fand kürzlich große Resonanz mit seinem Buch über das »Ende der Privatsphäre im 21. Jahrhundert«. Im Januar 2000 hatte die New Yorker Firma DoubleClick, eine weltweit operierende Agentur für Werbung im Internet, für Aufregung gesorgt. DoubleClick wollte eine Direktmarketingfirma namens Abacus Direct aufkaufen, die aus der Offlinewelt über personenbezogene Kundendaten verfügte. Geplant war, die aus Cookies gewonnenen Profile mit personenbezogenen Daten zu verknüpfen. Eine Protestwelle der amerikanischen Verbraucher- und Datenschützer veranlasste DoubleClick zum raschen Rückzug. Die deutsche Niederlassung der Agentur wäre von dem geplanten amerikanischen Datendeal gar nicht betroffen gewesen. In einer Pressemeldung beeilte sie sich gleichwohl zu versichern, dass persönliche Daten nur dann genutzt würden, wenn der User dem nicht widerspreche. Besonders sensible Daten »über die persönliche finanzielle Situation, den Gesundheitszustand, sexuelle Vorlieben oder die Daten von Minderjährigen werden nicht erhoben, nicht gespeichert und nicht verwertet«.

Cash gegen Cookies – wenn Kunden ihre persönlichen Daten verkaufen

Wenn die persönlichen Daten des Kunden für die Unternehmen so wertvoll sind, liegt die Frage nahe: Warum soll der Kunde seine Daten eigentlich gratis abgeben? Er könnte sie auch verkaufen, könnte seine Klicks vergolden. Auf dieser Idee basieren Geschäftskonzepte von Websites wie AllAdvantage, Cashsurfers, mValue, FairAd und AdOne. In manchen Fällen bekommt der Surfer Bargeld, in anderen wird er dadurch entlohnt, dass er gratis surfen kann. Ob derartige Konzepte aufgehen, kann bezweifelt werden.

Es gebe viele dumme Businesspläne für das Internet, urteilte das US-Wochenmagazin *The Industry Standard*, aber AllAdvantage sei schwer zu toppen. Nach Angaben des Blattes hatte AllAdvantage Mitte Juni 2000 bereits 40 Millionen US-Dollar an die Surfer ausgeschüttet, aber nur zehn Millionen US-Dollar an Werbeeinnahmen erzielt. Noch sei das Unternehmen gut bei Kasse, da es insgesamt 135 Millionen US-Dollar Risikokapital eingesammelt habe, doch die Perpektive sei düster. Eine feine Ironie sei es, freute sich der *Standard*, dass vermutlich der gemeine Surfer zum Nutznießer werde, weil sich die schlauen Wagnisfinanziers aus dem Silicon Valley einmal selbst überlistet hätten. Auch die Berater der Boston Consulting Group geben Geschäftsmodellen wenig Chancen, die darauf beruhen, dass Konsumenten ihre Informationen verkaufen. »Das ist ein Rezept für ein (auch dauerhaft) unprofitables Geschäft.«

Im Allgemeinen nutzen sich Information und Wissen nicht ab, wenn sie weitergegeben werden. Bei personenbezogenen Daten im E-Commerce ist das anders. Bei ihnen hängt alles davon ab, ob sie dem richtigen Geschäftspartner zur richtigen Zeit zum richtigen Einsatzzweck zur Verfügung stehen. Werden sie hundertfach kopiert, verbreitet und massenhaft für »Spam« aller Art genutzt, so sinkt ihr Wert rapide. Zu entscheiden, wer für ihn der »richtige« Geschäftspartner ist, obliegt allein dem einzelnen Kunden. Der Handel mit Verbraucherdaten konterkariert geradezu die Grundidee und den

Begriff des »One-to-One-Marketing«; schwunghafter Adresshandel steht im Widerspruch zu dem vertrauensvollen Dialog zwischen zwei Partnern, den das Web ermöglicht.

Die Sorgen der Internetshops

Die Anonymität des virtuellen Raumes ist nicht nur für Käufer gewöhnungsbedürftig, sondern auch für Anbieter. Zahlungsausfälle weit über denen des stationären Handels gehören zu den Hauptproblemen vieler Internetshops. Manche Händler prüfen deshalb die Kreditwürdigkeit von Kunden nach einem Punkteverfahren, im Fachjargon »Scoring« genannt. Pluspunkte gibt es für hohe Zahlungsmoral in der Vergangenheit, aber zum Beispiel auch für die Wohngegend. Wer eine feine Adresse angibt, kann punkten, während die Bewohner einer heruntergekommenen Kiezgegend niedriger eingestuft werden. Die Wohngegend, berichtet die Zeitschrift *Online Today*, könne der Shopbetreiber bewerten, weil Deutschlands führender Adresshändler, die Firma Schober-Direktmarketing, praktisch das ganze Land kartografiert habe – jede Straße und nahezu jeden Wohnblock. Die Verknüpfung seiner Daten mit spezieller Scoring-Software erlaubt den Anbietern eine relativ zuverlässige Bonitätsprüfung. Kunden mit hoher Punktzahl können auf Rechnung bestellen, die anderen müssen zunächst per Nachnahme oder Kreditkarte zahlen.

Thomas Schulte-Huermann, Geschäftsführer von Primus-Online, wendet Scoring an. »Unsere Zahlungsausfälle im Versandhandel«, erläutert er, »liegen bei unter einem Prozent der Umsätze. Von Wettbewerbern, die Scoring nicht anwenden, weiß ich, dass die Ausfälle bei zehn Prozent und mehr liegen.« Die Kosten hoher Zahlungsausfälle pflegt jedes Unternehmen auf die Preise umzulegen, sodass die Vorsicht, die Schulte-Huermann walten lässt, letzten Endes den ehrlichen Kunden zugute kommt. Informationen über säumige Zahler oder Betrüger standen auch bisher schon den Unternehmen zur Verfügung. Wer

Ratenkredite aufnehmen möchte, muss seit eh und je die so genannte Schufa-Klausel unterschreiben. Dem Schutz der Allgemeinheit vor Gaunern und Zechprellern steht aus gutem Grund der Datenschutz nicht im Weg – das gilt online wie offline.

Kundenbindung mit Rabattmarken

Zwar ist im Internet ein Wechsel des Geschäftspartners manchmal mit Kosten verbunden. Solche Wechselkosten fallen meistens nicht in Geldform an, sondern in Form von allerlei Unbequemlichkeiten und letztlich in Form von Zeitverlusten. Läuft beispielsweise ein User von AOL zu T-Online über, so entstehen ihm relativ hohe Wechselkosten: Er kann nicht mehr die vertrauten Chatrooms von AOL betreten, muss allen Bekannten die neue E-Mail-Adresse mitteilen und ein Programm für das so genannte Instant Messaging installieren, das es erlaubt, eine Art Telegramm an einen Bekannten zu senden, der gerade online ist.

Beim Onlineshopping fallen nennenswerte Wechselkosten jedoch nicht an, und die Preistransparenz verleitet die Käufer zu jener Flatterhaftigkeit, die dem Kaufmann ein Gräuel ist. Es ist eine schweißtreibende Angelegenheit, auf der Düsseldorfer »Kö« oder der Hamburger Mönckebergstraße den Laden zu finden, der eine bestimmte CD oder einen Scanner zum günstigsten Preis anbietet. Im Netz ist dagegen der nächste Shop nur einen Mausklick entfernt, und ein hilfsbereiter Shopbot sucht schnell den günstigsten Anbieter heraus. »Der Terror der Vergleichbarkeit erschüttert die Unternehmen«, konstatiert der Unternehmensberater Bolko v. Oetinger.

Zu den wirkungsvollsten Antiterrormaßnahmen zählt seit jeher die Rabattmarke. Der Lebensmittelhändler gab in den 50er Jahren knapp briefmarkengroße, gummierte Marken aus. Die Hausfrau klebte sie in kleine Heftchen ein und löste sie gegen einen Geldbetrag ein, wenn das Heft voll war. Der Rabatt veranlasste die Hausfrau, die Dosenmilch auch dann in ihrem Stammgeschäft zu kaufen, wenn sie woanders gerade ein paar Pfennige billiger war. In den Meilenprogrammen der Fluggesellschaften hat das Prinzip schon seit Jahren eine Renaissance erlebt.

Auf das Internet reagieren Hersteller und Händler nun mit einer wahren Flut neuer Rabattmarken. Sie tragen zeitgemäße Namen wie Loyality Program oder Webmiles. So arbeitet zum Beispiel der Onlinebuchhändler Booxtra als einer von über 20 Partnern der Firma Loyalty Partners mit der Payback Card. Auf dieser Karte sammelt der Kunde Punkte, und für jeweils 100 Punkte wird ihm ein Euro zurückerstattet. Wer den neuen Roman von Harry Potter (Ladenpreis 44 Mark) bei Booxtra ordert, kann sich 44 Punkte gutschreiben lassen und im Web verfolgen, wie sein Punktekonto anwächst. Neben Booxtra sind bei Payback unter anderem AOL, Consors und das Auktionshaus QXL mit von der Partie. Payback, ein Joint Venture von Lufthansa und Metro, funktioniert auch offline, an den DEA-Tankstellen zum Beispiel und in der Galeria Kaufhof. Das Unternehmen war im März 2000 gestartet und erwartet bald sechs Millionen Teilnehmer. Payback setzt sich damit vor die früher gestarteten Konkurrenten Webmiles.de und Bonus.de, die sich zunächst nach dem amerikanischen Vorbild MyPoints.com allein auf Rabatte im Netzhandel kapriziert hatten.

Durch Rabattmarken werden dem Kunden synthetische Wechselkosten auferlegt. »Reibungen«, die der digitale Kapitalismus schleift, werden künstlich wiederhergestellt. Der Kunde steht bei jedem Onlineeinkauf vor der Frage, ob er »Meilen« oder Punkte sammeln oder lieber das preisgünstigste Angebot wählen soll, das ihm ein Preisvergleichsdienst heraussucht. Beides zugleich geht nicht, er muss sich entscheiden – und vielleicht einen Taschenrechner zu Rate ziehen. Doch egal, wie seine Entscheidung ausfällt: Das Resultat ist in beiden Fällen besser als ohne das Internet, das die neue Rabattmarkenwelle ausgelöst hat.

Damit Bonusprogramme den Kunden wirklich binden, dürfen sie nicht zu simpel gestrickt sein. Würden etwa Aral und DEA dieselbe Zahl von Bonuspunkten für eine Tankfüllung vergeben, so würden sich die Bonusprogramme gegenseitig neutralisieren. Der Autofahrer würde bei beiden dankend die Rabatte sammeln und jeweils dort tanken, wo der Sprit gerade ein paar Pfennige billiger ist. Um das zu verhindern, können die Anbieter Progressionseffekte in ihre Rabattstaffeln einbauen. Man kann sich leicht vorstellen, wie ein dichtes Geflecht komplizierter Rabattmarkensysteme die Preistransparenz wieder reduziert, die das Internet dem Kunden gerade erst beschert hat. Wenn sich Rabattmarken, Bonusprogramme, Kumulationsstaffeln, Doppel- und Dreifachmeilen epidemisch verbreiten, werden manche Verbraucher abwinken. Sie werden lieber höhere Preise zahlen – und gelegentlich Shopbots einsetzen, um preisgünstige Angebote zu finden. Notorische Schnäppchenjäger und Rabattfüchse allerdings, denen es nichts ausmacht, die Verwaltung ihrer Rabattbilanzen zum zeitraubenden Hobby werden zu lassen, werden die Vorteile nutzen, die ihnen Kundenbindungsprogramme bieten.

Auch bei den Bonusprogrammen geht es den Unternehmen nicht zuletzt um das »Data Mining«, das Schürfen im Berg der Kundendaten. Das eigentlich Wertvolle an Payback sei nach den Worten von Vorstandschef Alexander Rittweger das Sammeln von Kundendaten, berichtet die *Financial Times Deutschland*. Jeder Einkauf mit der Payback-Karte werde registriert; mit den Erkenntnissen könnten zum Beispiel gezielt Produktinformationen an Kunden bestimmter Regionen und Alters- oder Einkommensschichten geschickt werden. Außerdem liefere die Karte Aufschluss über Konsumgewohnheiten. Kauften zum Beispiel Singles immer Nudeln und nie Soße, liege das möglicherweise daran, dass die Soßenpackungen zu groß seien, erläutert Rittweger: »Kundeninformationen in der Vielfalt, Tiefe und Menge kann in Europa kein anderer liefern.«

Wie der Kunde die Produktion steuert: Individuelle Massenfertigung

»Individuelle Massenfertigung« ist ein Oxymoron, ein Begriff, der Widersprüchliches verbindet. Das Datennetz bringt scheinbar Unvereinbares zusammen – gerade darin zeigt sich sein revolutionäres Potenzial. Im Industriezeitalter gab es Maßanzüge für wenige gut Betuchte und Anzüge von der Stange für die breite Masse. In der Internetökonomie wird es bald Maßanzüge für alle geben – zum Preis der Stangenware. Was für Anzüge gilt, soll auch für Autos und Möbel, Duftstoffe und Zeitungen gelten, im Prinzip für alle Waren und Dienstleistungen. Möglich wird das durch die Verbindung aus moderner Produktionstechnik und E-Commerce. Über das Internet lassen sich die individuellen Kundenwünsche leicht einholen, doch entscheidend sind dann Produktion und Logistik.

Die Kosten der Vielfalt, erläutert Ulrich Klotz vom Vorstand der IG Metall, tendieren überall dort gegen null, wo die Produktion weitgehend von Software gesteuert wird. »In der Ära der Mechanisierung führten steigende Seriengrößen zu sinkenden Stückkosten. Bei informatisierter Produktion hingegen kostet ein maßgefertigtes Unikat kaum mehr als das massenhaft hergestellte Pendant.« Vorteil für Anbieter: Zusammen mit ihrem marketingtechnischen Gegenstück, dem One-to-One-Marketing, bietet die individuelle Massenfertigung Chancen auf entscheidende Wettbewerbsvorteile.

Das hat kein anderer so eindrucksvoll gezeigt wie der Amerikaner Michael Dell. Der Selfmade-Unternehmer, der eigentlich Mediziner werden wollte, setzt täglich über das Internet 50 Millionen US-Dollar um und steuert mithilfe des Datennetzes den Komponentennachschub im Zweistundentakt. Dell ist mit seinem Unternehmen zum weltweit bewunderten Pionier der individuellen Massenfertigung geworden. Seine Rechner werden erst dann zusammengebaut, wenn der Kunde die gewünschte Konfiguration bestellt hat. Der Kunde steuert also die Produktion. Er wird zum »Prosumer«, zu einem Hybriden aus »Producer« und »Consumer«. Mit seinem Konzept konnte Dell die gleichermaßen riskante wie teure Lagerhaltung weitgehend abschaffen und rückte hinter Compaq zum zweitgrößten Computerbauer der Welt auf.

Nun ist die Modularisierung bei Computern vergleichsweise einfach. Sie bestehen aus einem Dutzend Bauelemente, die standardisiert sind und selbst von technisch versierten Schülern zusammengesetzt werden können. Noch einfacher lässt sich das Prinzip bei Büchern realisieren. »Books on Demand« hat der deutsche Buchgrossist Libri schon 1998 propagiert: Manuskripte werden elektronisch gespeichert, das Buch wird erst produziert, wenn eine Bestellung eingeht. Inzwischen haben selbst große internationale Verlage wie Random House die Idee aufgegriffen.

»Zwei Menschen sind niemals ganz gleich. Warum also sollten sie dieselben Kosmetikprodukte verwenden?«, fragt rhetorisch die Website Reflect.com von Procter & Gamble. Die Kundin kann sich ihr Parfum, ihre Haut- und Haarpflegeprodukte individuell mixen. Danach läuft sie nie wieder Gefahr, dieselbe Duftnote wie die beste Freundin zu verbreiten. Mit einer gigantischen Variationsbreite sorgte im Sommer 2000 Customatix.com, ein junges US-Start-up, für Aufsehen. Das von ehemaligen Adidas-Managern gegründete Unternehmen will mit seinem Angebot eine junge Zielgruppe Skating-, Lauf- und Wanderschuhe ganz nach Belieben selbst designen lassen: Modell, Material, Farbe und Logo bestimmt jeder Kunde selbst. Nach den Berechnungen des Anbieters sind dabei über 3 420 833 472 000 000 300 000 verschiedene Kombinationen pro Schuhtyp möglich. Frank Piller von der Technischen Universität München bezweifelt, dass derartige Exzesse der Kombinatorik den Kunden beeindrucken werden. Man müsse sich bei der individuellen Massenproduktion stets fragen, was das wichtigste Individualisierungsmotiv sei, wie es mit der »Vorbildung« der Kunden bei der Konfiguration von Produkten bestellt sei, wie die Visualisierungsmöglichkeiten des »Konfigurators« im Internet aussähen. Manchmal sei weniger mehr – das gelte auch in diesem Fall.

»Märkte sind Gespräche«

Das Marketing-Kauderwelsch, egal ob online oder offline, klingt für Durchschnittsmenschen dubios. »Selbstladende Güter« hat British Railways früher seine Fahrgäste im internen

Sprachgebrauch genannt. Und wer hierzulande sein graues Einheitstelefon orderte, galt bei der Post als Antragsteller, nicht als Kunde. Das war vor der Privatisierung, heute sind solche bürokratischen Exzesse seltener geworden. Dafür werden Kunden jetzt zu »Targets« – und denken womöglich ans Scheibenschießen, wenn sie davon hören. Wenn vom »Profiling« die Rede ist, mag der Fernsehzuschauer an amerikanische Krimis erinnert werden, in denen das FBI »Profiler« ausbildet, psychologisch geschulte Polizisten, die aus den Tatumständen das Profil des Serienkillers bestimmen.

Das Unbehagen an kalt wirkender Marketingtechnokratie wurde in den USA im Frühjahr 1999 durch das Cluetrain-Manifest zum Ausdruck gebracht. Die vier Verfasser schlugen 95 Thesen an die virtuelle Kirchenmauer, so viele, wie Martin Luther vor rund 500 Jahren zu Wittenberg benötigt hatte. »Märkte sind Gespräche«, lautet die erste These. David Weinberger, einer der Verfasser, erklärt genauer, was gemeint ist. »Gespräche finden unter Gleichen statt, sie erfordern, dass man nicht nur redet, sondern auch zuhört, sie sind kreativ, sie finden open end statt.« Stattdessen, so Weinberger, bombardierten viele Unternehmer die Kundschaft nur mit Werbejingles.

Wie schmal der Grat ist, auf dem sich Marketingleute nach seiner Ansicht bewegen, erläutert Weinbergers Co-Autor Christopher Locke am Beispiel des Collaborative Filtering. Locke, Jahrgang 1947, war früher Manager in der Internetabteilung von IBM und gibt heute Onlinemagazine heraus. »Hier gibt's was zu gewinnen, tragen Sie sich mega-sofort ein«, könne ein Buchshop den Käufer eines bestimmtes Werkes auffordern. Damit sei die Sache verhunzt. Stattdessen solle man den Leser fragen: »Möchtest du mit den anderen Käufern ins Gespräch kommen? Ihr seid 10 000 Leser, wir bieten euch ein Forum, wo ihr euch verständigen könnt, über das Buch, über angrenzende Fragen und so weiter.« Dann, so Locke, könne eine Gemeinschaft entstehen, die sich ihrer selbst vorher nicht bewusst gewesen sei. Lockes parodistische Website Rageboy.com trägt das Motto »All noise – all the time«, seine Sympathie gilt antizentralistischen Bewegungen. Die Site und das Cluetrain-Manifest sind mal geistreich, mal schrill, albern und geschwätzig.

Das heißt, sie sind wie das Internet selbst – und gerade deshalb vielleicht eine lohnende Lektüre für manchen Marketingstrategen.

Was auf uns zukommt

Erstens: Bis Mitte 1998 wurden die Chancen des elektronischen Handels in Deutschland kaum wahrgenommen. Dann folgte eine Phase des euphorischen Taumels, seit dem Frühjahr 2000 kommen klassische Kaufmannstugenden und elementare Rechenregeln in der Wirtschaft wieder zu Ehren. Das Datennetz bietet weit mehr Möglichkeiten als ein Versandhandelskatalog, und deshalb wird der elektronische Handel längerfristig jene fünf Prozent Marktanteil deutlich überschreiten, die herkömmlicher Versandhandel hierzulande am Einzelhandel in der Vergangenheit hatte. Zehn bis 15 Prozent sind dem elektronischen B2C-Handel zuzutrauen, wenn er erst einmal auf der lokalen und der regionalen Ebene stärker Fuß gefasst hat.

Zweitens: Der Kunde wird mithilfe des Internets nicht zum absolutistisch regierenden Monarchen werden, der den Herstellern und Händlern die Preise diktieren kann. Ebenso wenig wird er zum »gläsernen Verbraucher«, dessen Dossier die Marketingstrategen auf Knopfdruck verfügbar machen können. Unendlich viele Terrabytes an Kundendaten werden kursieren, doch in der mobilen, beschleunigten Gesellschaft werden ihre Halbwertzeiten dahinschmelzen wie der Schnee in der Märzsonne. Letzten Endes entscheidet auch in Zukunft der Einzelne, wem er seine aktuellen Präferenzen offenbart, und nicht die Software.

Trend 4: Finanzmärkte – Digitalisierung und Globalisierung

Wir wissen von Millionären, die in Garagen angefangen haben, und die Finanzmärkte sehen deshalb aus jeder Garage einen potenziellen Millionär kommen.

PAUL KRUGMAN

Ebenso wie die Geistlichen nach Gutenberg ihren Einfluss verloren, untergräbt die Revolution der Informationsverarbeitung und -übermittlung die Macht etablierter Finanzinstitute.

PATRICK YOUNG *und* THOMAS THEYS

Renommierte Geldhäuser unter Druck

»Die Phönizier haben das Geld erfunden. Aber warum so wenig?«, klagte einst verschmitzt der Wiener Poet Johann Nestroy. Die zeitgenössischen Kritiker der Globalisierung sorgen sich, ganz im Gegenteil, über die enorme Wucht der Kapitalströme, die um den Globus rasen. An einem durchschnittlichen Handelstag wechseln Devisen und Wertpapiere im Wert von 1,5 Billionen Dollar den Besitzer – das entspricht ungefähr dem deutschen Sozialprodukt eines ganzen Jahres. Die Welt dürfe nicht zum Spielkasino anonymer Spekulanten werden, warnen die Kritiker, und sehen den Menschen als hilflosen Zauberlehrling, der sein Schicksal den computerisierten Finanzströmen überantwortet hat. Der bislang schwerste monetäre Schock traf die Weltwirtschaft allerdings in ihrer analogen Phase. Erst sieben Jahre nach dem Schwarzen Freitag von 1929 präsentierte Konrad Zuse seinen legendären Z1-Rechner.

Unbestritten ist, dass sich die Finanzmärkte längst von den Gütermärkten emanzipiert haben. Nur noch ein Bruchteil der

Kapitalströme hat etwas mit dem Warenumschlag zu tun. Ursprünglich verdankte aber das Geld seine Entstehung dem Handel mit realen Gütern wie Saatgut oder Seide. Weil der Naturaltausch Ware gegen Ware kompliziert wurde und das Wachstum bremste, ersannen die Menschen allgemeine Tausch- und Wertaufbewahrungsmittel. Sie zahlten mit Muscheln und Perlen, Nutztieren und Goldklumpen. Heute besteht jedoch nur noch ein Bruchteil des Geldes aus Atomen. Die Münzen und Banknoten in unseren Brieftaschen machen gerade mal ein Zehntel der umlaufenden Geldmenge aus. Der große Rest kursiert in Form von Bits und Bytes zwischen den Computern der Banken und Börsen.

Der rasante Fortschritt der digitalen Vernetzung macht die globalen Geld- und Kapitalströme um ein Vielfaches schneller, ebenso wie die Informationsströme, auf die private und institutionelle Anleger in aller Welt sensibel reagieren. Zugleich amerikanisieren sich die deutschen Finanzmärkte rascher, als Branchenexperten es noch vor kurzem für möglich gehalten hätten: Statt über Bankenkredite werden Unternehmensinvestitionen hierzulande zunehmend über Anleihen und Aktienemissionen direkt am internationalen Kapitalmarkt finanziert. Was das bedeutet, liegt auf der Hand: Statt der ortsansässigen Hausbank sprechen immer öfter die Fondsmanager in Frankfurt oder London, New York oder Hongkong ein Wörtchen mit, wenn es um das Wohl und Wehe eines Betriebs geht. Am Düsseldorfer Rheinufer, wo einst Mannesmann residierte, weiß man ein Lied davon zu singen: Die mächtigen Trends im monetären Bereich der Wirtschaft betreffen keineswegs nur Beschäftigte der Banken und Versicherungen. Sie wirken zurück auf die reale Wirtschaft, auf das einzelne Unternehmen und den einzelnen Arbeitsplatz.

Wer nach einer Symbolfigur für die digitale Revolution an den deutschen Finanzmärkten Ausschau hält, stößt schnell auf Karl Matthäus Schmidt. Am 13. Juni 1994 gründete der damals 25-jährige Spross einer fränkischen Bankiersfamilie in der beschaulichen Nürnberger Altstadt mit ein paar Studienfreunden eine Bank namens Consors Discount Broker. Das war die Geburtsstunde des Onlineaktienhandels in Deutschland. Der

Turnschuhbanker, wie die Wirtschaftspresse ihn gern nennt, hat das einträgliche Geschäft der herkömmlichen Filialbanken mithilfe des Webs clever »dekonstruiert«. Er installierte ein Onlinesystem für den Kauf und Verkauf von Wertpapieren, verzichtete auf Anlageberatung und bot Privatleuten den schnellen Wertpapierhandel per Mausklick an – zu Gebühren rund halb so hoch wie bei klassischen Filialbanken. Obendrein ermöglichte Consors als erste Direktbank hierzulande den Onlinehandel mit US-Aktien. Karl Matthäus Schmidt symbolisiert also die drei mächtigen Trends, die sich überlagern und gegenseitig verstärken und das Land stärker verändern, als es ein Regierungswechsel je könnte: den Siegeszug des Internets, den Aufschwung der Aktie und die Globalisierung.

Trotz seines kometenhaften Aufstiegs weist Karl Matthäus Schmidt nicht die geringste Ähnlichkeit mit Sherman McCoy auf, dem großspurigen »Master of the Universe« aus Tom Wolfes Roman »Fegefeuer der Eitelkeiten«. Der »adrette Revolutionär aus der Provinz«, weiß die *Financial Times Deutschland,* teilt sich ein zehn Quadratmeter großes Büro mit seiner Sekretärin, weil so »die Kommunikation viel schneller geht«, und fährt statt eines teuren Sportwagens einen bescheidenen Audi Kombi. Im Unterschied zum EM.TV-Chef Thomas Haffa ist er der Zeitschrift *Bunte* bisher nicht als braun gebrannter Partylöwe aufgefallen – der Finanzpresse aber auch nicht durch peinliche Fehler in der Bilanz. Stattdessen gelingt es ihm, ausgewiesene Finanzprofis um sich zu scharen, allen voran Reto Francioni, den früheren stellvertretenden Vorstandschef der Deutschen Börse.

Der Rausch der Börsenhausse

Neben der Münchener Direkt Anlage Bank und der Quickborner comdirect zählt Consors heute zu den europäischen Marktführern im Online-Brokerage. Gewiss, ohne das mehrjährige Kursfeuerwerk an den Aktienbörsen wäre der Erfolg der

Online-Broker weniger eindrucksvoll ausgefallen. Diese Kursexplosionen hatten wiederum entscheidend mit der Faszination des Internets zu tun. Der Deutsche Aktienindex (Dax), der die 30 wichtigsten Standardwerte enthält, kletterte zwischen Ende 1995 und Ende 1999 um über 200 Prozent – und vor allem Technologiewerte wie die T-Aktie, Siemens und Epcos waren es, die den Index in die Höhe zogen. Schon mit einem Korb von Standardaktien konnte der Anleger also binnen weniger Jahre sein Vermögen verdreifachen. Am Neuen Markt wurden noch ganz andere Zuwachsraten notiert. EM.TV brachte es in der Spitze auf einen Kursanstieg von unglaublichen 30 000 Prozent, bevor das Papier kläglich einbrach und die Firma schließlich gar Besuch von der Staatsanwaltschaft bekam. Waren von 1990 bis 1995 ganze 99 deutsche Unternehmen an die Börse gegangen, so zählt die Statistik 168 Unternehmen allein im Jahr 1999. Im Crashjahr 2000 ging die Zahl der Neuemissionen zwar leicht auf 153 zurück, das Emissionsvolumen verdoppelte sich aber auf rund 26 Milliarden Euro, nicht zuletzt dank des Börsengangs der Deutschen Post.

Die Zeitspanne zwischen Anfang 1998 und März 2000 zählte zu den seltenen historischen Sekunden der Wirtschaftsgeschichte, in denen viele Leute mit einem Schlag reich werden konnten. Milliardensummen vagabundierenden Wagniskapitals trafen auf ein Bündel neuer oder abgekupferter Ideen zur kommerziellen Nutzung des Internets. Studentische Boygroups, die über Nacht notdürftig einen Businessplan zusammenstoppelten und ein wenig Internetvokabular herunterrappeln konnten, wurden mit Wagniskapital förmlich »zugeschissen«, wie Peter Glotz es drastisch, aber kaum übertrieben formuliert hat. Ob der Businessplan eine Idee für ein längerfristig tragfähiges Geschäft enthielt, war unerheblich. Wer eine Website für den Handel mit Keksen bastelte, wurde an der Börse tausendmal so hoch bewertet wie eine Keksfabrik. Banken, Anwälte und Wagniskapitalgeber assistierten und verdienten kräftig mit; manche Medien schürten die Hausse mit reißerischen Berichten wie ein Blasebalg das Feuer.

Otto Normalanleger, gepackt von einer Mischung aus Faszination und Gier, spielte bereitwillig mit. War die Börse jahrzehntelang ein Minderheitenthema gewesen, so eroberte sie nun Stammtische, Kantinengespräche und Titelseiten der Boulevardpresse im Sturm. Im Jahr 1999, so schätzt die Bundesbank, haben Privathaushalte 86 Milliarden Mark in Aktien und Aktienfonds investiert – fast jede dritte Mark, die sie in jenem Jahr auf die hohe Kante legten. Binnen zweier Jahre, von 1997 bis 1999, erhöhte sich die Zahl der privaten Aktien- und Fondsbesitzer nach Angaben des Deutschen Aktieninstituts von 6,2 Millionen auf 9,7 Millionen. Eine im Herbst 2000 veröffentlichte repräsentative Umfrage im Auftrag des Bundesverbands deutscher Banken kommt sogar schon auf 13 Millionen. Erstmals in der Nachkriegsgeschichte gab es damit in Deutschland weit mehr Aktionäre als Gewerkschafter. Im Deutschen Gewerkschaftsbund sind nur noch rund acht Millionen Menschen organisiert.

Anfang 2000 hielten private Haushalte hierzulande 635 Milliarden Mark in Dividendenwerten und weitere 760 Milliarden Mark in Fondsanteilen. Vom Vermögen der Publikumsfonds – das sind Fonds, die jedermann offen stehen – entfällt mittlerweile der Löwenanteil auf Aktienfonds. »Wir waten jeden Morgen knietief durch Antragsformulare«, seufzte im September 2000 der Mitarbeiter einer führenden deutschen Fondsgesellschaft, obwohl sich das Börsenklima zu diesem Zeitpunkt bereits merklich abgekühlt hatte. Der Trend zur Fondsanlage beschränkt sich nicht auf Deutschland. Im Jahr 2000 verwalteten die europäischen Fondsmanager ein Vermögen von vier Billionen Euro, ihre US-amerikanischen Kollegen brachten es sogar auf 7,5 Billionen Euro.

Der Glaube, es könne mit dem Feuerwerk an der Börse ewig so weitergehen, wurde von vielen Analysten, Fondsmanagern und Finanzjournalisten genährt. Als im April 2000 die Kurse zu bröckeln begannen, fabulierten sie von der bevorstehenden »Sommerrallye«; als die ausblieb, setzte man auf die »Herbstrallye«. Als sich schließlich das Laub bunt färbte und die Kernschmelze bei den Cyberaktien kein Ende nahm, wurde das Publikum auf die »Jahresendrallye« vertröstet.

Dagegen hatte das Fachmagazin *Die Bank* schon im Mai 2000 unter dem Titel »Der Schatten des Jahres 1929« eine Analyse zweier Fondsmanager veröffentlicht, die etwas anderes erwarten ließ. Markus Stahl und Markus Mezger von der Baden-Württembergischen Bank rechneten penibel vor, dass die Gewinne amerikanischer Aktiengesellschaften fünf Jahre lang um fast 14 Prozent pro Jahr klettern müssten, um die bereits erreichte Börsenbewertung zu rechtfertigen. Selbst in den vergangenen fünf Boomjahren habe jedoch das Gewinnwachstum nur bei knapp elf Prozent gelegen, und im langfristigen Durchschnitt seit Anfang der 70er Jahre habe es nicht einmal neun Prozent betragen. Schon bei einem Rückgang des Gewinnwachstums auf den langjährigen Durchschnittswert »müsste der amerikanische Aktienmarkt in den nächsten fünf Jahren um insgesamt 20,5 Prozent bzw. 4,5 Prozent pro Jahr fallen, um die Schere zwischen fundamentalen Größen und Aktienkursentwicklung zu schließen«.

Herdentrieb und Finanzinformationen

Wie konnte es zu den Übertreibungen an den Börsen kommen? Ein Aktienboom ist ein sich selbst verstärkender Prozess: Die steigenden Kurse locken weitere Investoren an, dadurch steigen die Kurse noch mehr, weitere Anleger gehen in den Markt und so fort. Wer dem Trend folgte, gehörte bis zum März 2000 zu den Gewinnern. Die Börsenprofis – das Fernsehen interviewt sie aus dramaturgischen Gründen stets auf dem »Parkett«, obwohl die meisten Börsenumsätze inzwischen über das elektronische Handelssystem XETRA laufen – raunten geheimnisvoll von einem »Momentum«. Passanten erklärten auf der Straße gut gelaunt, sie hätten Infineon gezeichnet, konnten aber nicht einmal den Namen des Unternehmens buchstabieren.

Das Gros der Finanzprofis folgt ohnehin gern der Herde, weil das vergleichsweise risikolos ist. Wenn die Herde in den Abgrund rennt, macht niemand dem Fondsmanager ernsthafte Vorwürfe, er konnte es halt auch nicht besser wissen als alle anderen. Stellt er sich aber dem Trend entgegen und erzielt damit eine unterdurchschnittliche »Performance«, so gerät sein Stuhl ins Wackeln. Das Vertrackte ist, dass absurde Kurse manchmal eine lange Lebensdauer haben; erst an den Wendepunkten werden diejenigen zu Gewinnern, die sich den zweifelhaften Trends entgegengestemmt haben. Bis zur Trendwende zählt individuelles Know-how wenig – »Augen zu und durch« heißt die Devise.

Die Leithammel, die vorzugsweise die Kurse der besonders marktengen Aktien hochjubeln, werden zu Gefangenen im eigenen Haus. Wie etwa Henry Blodget, führender Internetguru an der Wall Street und Staranalyst bei Merrill Lynch. Nach dem Crash der Cyberaktien gestand der 34-Jährige der *Wirtschaftswoche*: »Klar wünsche ich jetzt, ich hätte jeden Morgen meine Meinung laut herausgebrüllt.« Doch seine wirkliche Meinung über die Blasen an der Börse hatte er lange Zeit zurückgehalten. »Selbstverständlich«, sagt Blodget, »gibt es gewisse Konflikte, wenn wir ein Unternehmen an die Börse bringen und die Aktie empfehlen.« André Kostolany, der 1999 verstorbene Börsen-Altmeister, hätte das Kursmassaker bei den Internetwerten und die Blamage der Gurus listig schmunzelnd verfolgt, wenn er beides noch erlebt hätte. Er finde seine Informationen überall, hat er vor Jahren bekannt, selbst bei Taschendieben und Callgirls, nur niemals bei Brokern oder Analysten. »Letztere sehen nicht über ihre Nasenspitze hinaus, sie sehen den Wald vor lauter Bäumen nicht.«

Dank des Herdentriebs konnten Trends zu Megatrends werden und die Kurse von Börsenstars wie EM.TV oder Intershop zeitweise märchenhafte Höhen erklimmen. Zu denen, die frühzeitig vor der Spekulationsblase gewarnt hatten, gehört Robert J. Shiller, Professor an der New Yorker Yale University. Sein Buch »Irrationaler Überschwang« erschien im Frühjahr 2000 in den USA, die deutsche Übersetzung im Herbst desselben Jahres dürfte für manchen einheimischen Aktionär zu spät gekommen sein. Das Internet, glaubt Shiller, trägt dazu bei, dass die Ausschläge an den Börsen größer werden. Durch das World Wide Web verbreiteten sich Gerüchte, Nachrichten und Storys immer schneller. Man könne das mit einer Epidemie vergleichen. Die Epidemiologen beschreiben mit mathematischen Modellen die Ausbreitung von Krankheiten. Derartige Seuchenmodelle sind, wie Shiller darlegt, prinzipiell auch geeignet, die Ausbreitung neuer Ideen und gut erzählter Geschichten zu erklären. Die Forward-Option bei E-Mails und die effiziente Nutzung von Links im Web erlaubten eine schnelle und exakte Kommunikation. Bei der mündlichen Weitergabe von Gedanken, zum Beispiel über das Telefon, sei dagegen die Mutationsrate viel zu groß, also die Rate der Übertragungsfehler – gerade so wie im bekannten Spiel von der »Stillen Post«.

Dumm nur, wenn gut erzählte und mit epidemischer Kraft verbreitete Geschichten sich am Ende als traurige Mythen entpuppen, wie etwa die Behauptung, traditionelle Bewertungsmaßstäbe und konjunkturelle Zyklen hätten in der New Economy ein für allemal ausgedient. Fazit also: Ob schnelle Kommunikations- und Transaktionsmedien Fluch oder Segen bringen, hängt nicht zuletzt davon ab, ob Wissen und Urteilsvermögen der Investoren mit den rasanten technischen Umbrüchen und mit der Globalisierung der Finanzmärkte Schritt halten können. Zweifel sind angebracht, selbst bei manchen Finanzprofis. Nach der mexikanischen Schuldenkrise Mitte der 90er Jahre gab ein amerikanischer Hedge-Fonds-Manager mit entwaffnender Offenheit zu Protokoll: »Wir haben dort investiert, ohne auch nur das Geringste darüber zu wissen. Heute ziehen wir wieder ab und wissen immer noch nicht das Geringste über das Land.«

Robert Shiller gehört zu einer Minderheit von Fachökonomen, die nicht so recht glauben mag, dass die Finanzmärkte stets effizient arbeiten. Milden Spott schüttet er über seine Kollegen aus, »die den Markt als hübschen und leistungsstarken Prozessor von Finanzinformationen beschreiben« und allenfalls am Biertisch kritische Äußerungen über die Bewertungen der Aktienbörsen wagen. Zu denen, die das theoretisch elegante Modell des effizienten Marktes mit großem Erfolg propagiert haben, gehört Alfred Rappaport, der inzwischen pensionierte Erfinder des »Shareholder Value«. Er hatte sich im Februar 1999 im *Wall Street Journal* noch einmal zu Wort gemeldet und unverändert optimistisch gegeben. Die starken Schwankungen an der Börse seien nicht besorgniserregend. Sie seien, ganz im Gegenteil, ein erfreulicher Beleg dafür, dass Nachrichten dank Globalisierung und Informationstechnik immer schneller in die Kurse »eingespeist« werden würden.

Fest steht allerdings, dass auf den Wogen der steigenden Informationsflut auch gezielte Desinformationen angespült werden. Findige Bilanztrickser und windige Luftschloss-Architekten hatten in den letzten Jahren oft leichtes Spiel. Selbst zweifelsfrei kriminellen Betrügern ist es des Öfteren gelungen, aus dem Wettlauf um schnelle Information Kapital zu schlagen. So verhaftete die Polizei im kalifornischen El Segundo Mitte 2000 den 23-jährigen Collegestudenten Mark Jacob, der innerhalb weniger Minuten eine Viertelmillion Dollar »verdient« hatte. Er hatte einem Internetnachrichtendienst eine gefälschte Pressemeldung der börsennotierten Emulex Corp. untergejubelt, in der von Gefahren für die Geschäfte des Unternehmens die Rede war. Nachdem Bloomberg, Dow Jones und der Sender CNBC die Fälschung weiterverbreitet hatten, brach der Kurs der Aktie, die der Betrüger zuvor »leerverkauft« hatte, in kürzester Zeit um glatt 60 Prozent ein.

Neuer Markt: Willkommen in der Realität

Der im März 1997 gestartete Neue Markt wurde zunächst von manchen Kommentatoren übermäßig gefeiert; später, als die Kurse purzelten, lief mancher Jubler eilig in das Lager der Kassandras über. Der Salami-Crash begann im März 2000 und setzte sich scheibchenweise fort. Nun wurde vielen klar, dass Goldgräberzeiten oft von blindwütigen Exzessen und allerlei Gaunereien mitgeprägt werden. Fantasievoll gestaltete Bilanzen, schöngefärbte Prognosen und lärmende Ad-hoc-Meldungen standen plötzlich im Zentrum der Kritik. Finanzgurus berechneten »Cash Burn Rates« und setzten zahlreiche Unternehmen auf ihre »Todeslisten«.

Die Gigabell AG, ein Internetprovider, den der ehemalige Schlagersänger Daniel Davids gegründet hatte, war im Herbst 2000 das erste Unternehmen des Neuen Marktes, das in Konkurs ging. Für 38 Euro waren Anfang August 1999 die Aktien des Unternehmens ausgegeben worden, der erste Kurs hatte am 11. August 42 Euro betragen. Anfang März 2000, auf dem Höhepunkt der Hausse, war der Kurs auf 120 Euro hochgeschnellt. Wer am ersten Handelstag im August gekauft und am 7. oder 8. März verkauft hatte, hatte eine Rendite von 215 Prozent erzielt. Bald zeigte sich aber, dass Gigabell das Geld aus dem Börsengang ziemlich ziellos verballert hatte. Nach dem Frühjahr ging es steil bergab, und im September wurde das Insolvenzverfahren eröffnet. Weder die Börsenzeitschriften noch die betreuenden Banken haben sich beim Aufstieg und beim Fall der Gigabell AG mit Ruhm bekleckert. Kleinanleger, die auf den Gigabell-Papieren sitzen geblieben sind, können kaum auf das Mitgefühl des Konkursverwalters hoffen – schließlich sind sie keine Gläubiger, sondern Eigenkapitalgeber und somit Mit-Pleitiers.

Richtige Räuberpistolen ließen nicht lange auf sich warten. Manche Gründer gerieten in Verdacht, die Grenze zum Betrug überschritten zu haben. Im November 2000 ließ die Staatsanwaltschaft Gerhard Harlos, den Vorstandsvorsitzenden der Augsburger Infomatec, nebst seinem Stellvertreter Alexander Häfele in Untersuchungshaft nehmen. Beide seien des Insiderhandels und des zweifachen Kursbetrugs dringend verdächtig. Zudem werde ihnen vorgeworfen, die Aktionäre auf einer Hauptversammlung im Juni 1999 getäuscht zu haben. Surfstationen anderer Hersteller sollen mit dem Firmenlogo von Infomatec beklebt worden sein, um sie als eigene Geräte präsentieren zu können.

Weitere Pleiten werden folgen, das Ende der Malaise am Neuen Markt ist mit dem Ablauf des Jahres 2000 noch nicht erreicht. Fachleute glauben, dass die Kleinanleger nur durch schmerzhafte Erfahrung klug werden und den unseriösen Börsengurus nicht mehr auf den Leim gehen. »Erst wenn der Markt richtig in die Grütze geht«, glaubt der Sparkassen-Experte Gerhard Schleif, »bekommen wir eine Aktienkultur.«

Fehlschläge werden zwangsläufig auch in Zukunft zum Programm einer Wachstumsbörse gehören, an der die Chancen und die Risiken höher als bei Standardwerten sind. Grenzenlos naive Anleger, die die Korrelation von Risiko und Rendite nicht durchschauen, haben dort ebenso wenig zu suchen wie Vorstände mit Abzocker- statt mit Unternehmermentalität. Notwendig ist eine Verschärfung der Regeln, sind harte Sanktionen gegen diejenigen, die Spielregeln fahrlässig oder vorsätzlich verletzen. Die Deutsche Börse hat erste Schritte eingeleitet. Vorstand, Aufsichtsrat und Unternehmen müssen am Neuen Markt zukünftig jeden Kauf und Verkauf von Aktien der eigenen Firma öffentlich machen. Zudem wird den Unternehmen ein erweiterter und standardisierter Quartalsbericht abverlangt. Verstöße gegen das Regelwerk sollen in Zukunft veröffentlicht werden, damit die Anleger schwarze Schafe besser erkennen können.

Jenseits der Skandale bleibt es ein Verdienst des Neuen Marktes, den Gründergeist freigelegt zu haben, der in Deutschland lange Zeit verschüttet war. Das Wachstumssegment der Frankfurter Wertpapierbörse bereitet den Boden für vorbörsliches Wagniskapital, das Beteiligungsgesellschaften und Business Angels jungen Hightech- und Biotech-Unternehmen zur Verfügung stellen, bevor diese für das »Going Public« reif sind. Der Börsengang bildet die Ausstiegsmöglichkeit für derartiges Wagniskapital, im Börsenjargon »Exit« genannt. Bis Ende 2000 hatten die mittlerweile 337 Unternehmen des Neuen Marktes immerhin rund 160 000 subventionsfreie Arbeitsplätze geschaffen. Der Neue Markt, die wichtigste Wachstumsbörse Europas, wird sich erholen. Allerdings: Die Stunde der Märchenerzähler à la EM.TV-Chef Haffa ist vorbei, ist sich der Fondsmanager Gottfried Heller sicher, langjähriger Freund und Partner André Kostolanys. Technologiewerten mit einem tragfähigen Geschäftsmodell gibt der erfahrene Börsianer gute Kurschancen – sie seien vom Abwärtsstrudel mitgerissen worden, hätten nun aber ein entsprechendes Erholungspotenzial.

Der langfristige Aufschwung der Aktie

Grandiose Kursexplosionen bildeten in der zweiten Hälfte der 90er Jahre das Lockmittel, mit dem die Börse sich neue Anlegerschichten erschließen konnte. Solche Explosionen sind in nächster Zeit nicht mehr zu erwarten. Weitere Faktoren kamen jedoch hinzu, und sie bleiben – unabhängig vom Auf und Ab der Kurse – in der längerfristigen Zukunft wirksam.

Erstens gewinnen immaterielle Vermögenswerte wie Humankapital, Markenwerte, Patente und Lizenzen in den entwickelten Volkswirtschaften an Bedeutung, besonders in Zukunftsbranchen wie Internet oder Bio- und Nanotechnologie. Solche immateriellen Vermögenswerte können Kreditgebern weniger Sicherheit bieten als Immobilien und Maschinenparks. Wer neue Ideen umsetzen will, ist also auf Risikokapital angewiesen. Der Trend zur Aktiengesellschaft hängt insofern mit dem Trend zur Wissensgesellschaft eng zusammen.

Da trifft es sich zweitens gut, dass die Bürger heute mehr als früher imstande sind, bei der Geldanlage etwas zu riskieren. Vor 30 Jahren war das Geldvermögen der Deutschen so hoch wie ihr jährliches Einkommen – beide Größen beliefen sich auf rund 500 Milliarden Mark. Der statistische Durchschnittsbürger (den es freilich wegen der ungleichen Verteilung nie gegeben hat) hätte damals also ein Jahr lang von seinen Notgroschen leben können. Heute erreicht das Finanzpolster des deutschen Gesamtsparers stolze sieben Billionen Mark. Es ist gut dreimal so hoch wie das Einkommen, reicht also theoretisch für drei Sabbatjahre aus. Angesichts solcher Reserven kann schon mal ein bisschen riskanter disponiert werden: Mit zunehmendem Reichtum werden die Anleger renditebewusster. Noch 1992 hatten die Privathaushalte 43 Prozent ihres Geldvermögens bei Banken angelegt, 1999 war es nur noch gut ein Drittel. Umgekehrt hat sich der Anteil der Wertpapiere im gleichen Zeitraum von knapp 27 auf 35 Prozent erhöht. Dieser Umschichtungstrend wird sich in den kommenden Jahren fortsetzen.

Drittens kommt nämlich hinzu, dass jedes Jahr viele Milliarden Mark an Geldvermögen von der Kriegsgeneration mit eher konservativer Anlegermentalität an die inzwischen selbst arrivierten Kinder der Wohlstandsgesellschaft vererbt werden. Knapp vier Billionen Mark werden bis zum Jahr 2010 auf diese Weise in neue Hände übergehen. Während die Erblasser oft Spareinlagen oder Bundesschatzbriefe bevorzugten, lassen die Erben das Geld rasch in Aktien, Fonds oder spekulative Derivate fließen. Es gibt noch einiges umzuschichten: Allein die niedrig verzinsten Spareinlagen bei den Banken machen gegenwärtig gut eine Billion Mark aus.

Viertens soll Anfang 2002 die Altersvorsorge nach dem Kapitaldeckungsverfahren neben die gesetzliche Rentenversicherung treten, die nach dem Umlageverfahren funktioniert. Der Nettozufluss für die Kapitalmärkte darf zwar nicht überschätzt werden – viele Leute werden einfach einen Teil ihrer bisherigen Ersparnisse entsprechend den neuen gesetzlichen Regelungen umwidmen. Aber es ist gut denkbar, dass Lebensversicherungen zukünftig stärker auf Aktien setzen und Aktienfonds einen wachsenden Teil des Kuchens an sich ziehen werden.

Fünftens schließlich der direkte Einfluss des Internets: Die Kreditbeziehungen zwischen Banken und Unternehmen lockern sich, die Investitionen werden immer öfter direkt über den Kapitalmarkt finanziert. Die Emission von Aktien und Anleihen der Unternehmen über virtuelle Marktplätze im World Wide Web ist keine Utopie mehr. Der private Anleger verfügt heute über Echtzeitkurse, er kann wie ein Börsenprofi Informationen sammeln und seine Orders zu geringen Kosten in Sekundenschnelle abschicken. Das Internet wird auch der Aktionärsdemokratie zugute kommen. Mitte November 2000 verabschiedete der Bundestag das »Gesetz zur Namensaktie und zur Erleichterung der Stimmrechtsausübung«, um das deutsche Aktienrecht fit für das Netz zu machen. Mit dem Wechsel von der bisher dominierenden Inhaberaktie zur Namensaktie wird der direkte elektronische Kontakt zwischen der Aktiengesellschaft und ihren Aktionären ermöglicht. Auch die virtuelle Hauptversammlung im Internet dürfte Wirklichkeit werden, wenn erst die Übertragungsgeschwindigkeit des Netzes ausreicht.

Mag sein, dass die Aktienmärkte einige Zeit brauchen werden, um sich von dem Crash auf Raten zu erholen, der im März 2000 eingesetzt hat. Zeitweise werden die Anleger vielleicht stärker auf Anleihen setzen. Doch auf jeden Fall wird sich der Trend zur so genannten Disintermediation fortsetzen – die Geldhäuser verlieren zumindest teilweise ihre traditionelle Mittlerfunktion zwischen Sparern und Kreditnehmern. Für die Banken und Versicherungen – aber beileibe nicht nur für sie – hat eine neue Ära begonnen.

Das Ende des Kuschelkapitalismus

Bis Mitte der 90er Jahre schienen die Strukturen in der deutschen Wirtschaft und an den Finanzmärkten wie festgemauert. Jahr um Jahr trug der Bundesbürger brav den Löwenanteil seiner Ersparnisse zu Banken, Sparkassen und Versicherungen. Die leiteten die Gelder in Form von Investitionskrediten an die Unternehmen weiter und erfreuten sich ansehnlicher Zinsüberschüsse. Den Großunternehmen waren die Banker zugleich durch ein enges Geflecht von Beteiligungen und Aufsichtsratsmandaten verbunden. Man kannte sich, man schätzte sich, Kontrolle gab es oft nur auf dem Papier. Die anonymen Kontrollmechanismen der Börse mussten sich mit einer kleinen Nebenrolle begnügen, ganz anders als in den angelsächsischen Ländern. Der Kurszettel umfasste nur ein paar hundert deutsche Unternehmen, ganze fünf Prozent der Privathaushalte besaßen Aktien.

Nun haben die versteinerten Verhältnisse zu tanzen begonnen. Die wochenlange Übernahmeschlacht um Mannesmann hat das zu Beginn des neuen Millenniums klargemacht. Ein deutsches Traditionsunternehmen, das sich bravourös vom einstigen Röhrenkonzern zum führenden europäischen Telekommunikationsanbieter gemausert hatte, wurde für 389 Milliarden Mark von Vodafone übernommen und nach allen Regeln der Kunst filetiert. Das Beispiel zeigt: Wer schnell und global agieren will, wer andere übernehmen will, statt selbst übernommen zu werden, der muss heutzutage Eigenkapitalgeber gewinnen, institutionelle und private.

Deutschland bewege sich »in Richtung effizienter Kapitalmarktstrukturen«, stellt die Research-Abteilung der Deutschen Bank in einer Analyse befriedigt fest. Freilich müsse das Land noch »einen langen Weg zurücklegen, bis es ähnlich effiziente Strukturen wie die USA aufweisen« könne. Während in den USA rund 80 Prozent der Unternehmensfinanzierungen direkt über den Kapitalmarkt abgewickelt würden, seien es hier weniger als 40 Prozent. Doch nicht jeder mag den angelsächsischen Aktionärskapitalismus geradewegs und uneingeschränkt zur »Benchmark« für Deutschland oder Europa erklären. Rolf E. Breuer, Vorstandschef der Deutschen Bank, lehnt die Eins-zu-Eins-Übernahme des US-Modells mit einer diplomatisch-feinsinnigen Formulierung ab: »Wir verstehen unter Shareholder Value etwas anderes, als es den Amerikanern nachgesagt wird.«

Doch solche Rhetorik wird den Wandel kaum stoppen können: Der so genannte rheinische Kapitalismus, vom *Spiegel* salopp Kuschelkapitalismus genannt, wird durch die Globalisierung und die Digitalisierung der Finanzmärkte zur Disposition gestellt. Der Wirtschaftsjournalist Roland Tichy hat ein einprägsames Bild dafür gefunden: Das Modell »Villa Hügel« sei am Ende, schreibt er in seinem Buch »Ab in die Neue Mitte«. »Die Zeiten sind vorbei, in denen die Krupps oben in der Villa auf dem Hügel thronten und unten die Fabriken standen. Die Dreieinigkeit von Eigentümer, Management und dort Ansässigen ist zerbrochen.« Wenn heute eine in Singapur residierende Holding sich für die Erträge eines niedersächsischen Werkes gegenüber einem US-Pensionsfonds rechtfertigen müsse, dann sei das eben etwas ganz anderes als das frühere Verhältnis zwischen den Krupps oben und den Krauses unten.

Die Krupps hatten seit der industriellen Revolution das Sagen, die Krauses wussten aber, wem sie aufs Dach steigen mussten, wenn die Verhältnisse zu bunt wurden. Nun werden die Verhältnisse immer anonymer und globaler, meistens rechenhafter und manchmal brutaler – in gewisser Weise aber auch demokratischer, und mancher meint sogar: sozialistischer. Die Krauses kaufen mit ihrem Ersparten wachsende Anteile des Produktivvermögens auf. Sie machen es zunehmend wie die Amerikaner, von denen bald jeder zweite Aktien oder Fondsanteile besitzt. Wenn Sozialismus das Eigentum von Produktionsmitteln in den Händen der Beschäftigten meine, hat Peter F. Drucker festgestellt, dann seien die USA heute das sozialistischste Land der Welt. Als Synonym für »Sozialismus« gewinnt das Wort »Volkskapitalismus« an Beliebtheit. Die Schweiz »ist schon ein Volkskapitalismus«, weiß die *Frankfurter Allgemeine Zeitung* zu berichten. Nach jüngsten Erhebungen sei dort jeder dritte Erwachsene direkt oder indirekt über Aktienfonds an Unternehmen beteiligt.

Die gemütliche Ineffizienz volkseigener Betriebe ist diesem Volkskapitalismus freilich ganz fremd. Den börsennotierten Unternehmen wird von den Kapitalmärkten eine steigende Taktzahl vorgegeben. Fondsmanager und Analysten drücken aufs Tempo, sie treiben die Firmenvorstände an, sich auf Kerngeschäfte zu konzentrieren, ihre Belegschaften zu verschlanken oder auch durch Zukäufe und Übernahmen rasant zu wachsen. Die Fondsverwalter stehen ihrerseits unter Erfolgsdruck. Nicht zuletzt die privaten Anleger pochen auf ansehnliche Renditen. So schließt sich der Kreis: Die Krauses leisten in ihrer Eigenschaft als Shareholder Beihilfe zur Wegrationalisierung der eigenen Arbeitsplätze. Sie sind Jäger und Gejagte zugleich. Das ist im Einzelfall bitter, geht aber aus gesamtwirtschaftlicher Sicht in Ordnung. Jedenfalls im Prinzip: Die Börse funktioniert im Idealfall wie eine riesige Suchmaschine für neue Ideen. Alte Ideen, alte Branchen, alte Arbeitsplätze müssen im Strukturwandel dem Neuen weichen, was am Ende – im Idealfall – den Krauses wiederum zugute kommt.

Abweichungen vom Ideal sind möglich. Wenn Analysten und Fondsmanager ausschließlich in Quartalen denken und die Vorstände in inquisitorischen Verhören »grillen«, wie es im Branchenjargon so schön heißt, dann können Alfred Rappaports Ideen vom Shareholder Value ad absurdum geführt werden. Sein Mitte der 80er Jahre entwickeltes Konzept beruht auf der Idee, dass die Kursentwicklung an der Börse mehr aussagt als Gewinne oder Wachstumsraten des Unternehmens. Deshalb solle der Vorstand einer Aktiengesellschaft den Wert des Unternehmens maximieren, der an der Aktienbörse ermittelt wird – eben den Shareholder Value. Er entspricht theoretisch den abgezinsten zukünftigen Überschüssen der Einnahmen über die Ausgaben, den die Anleger von einem Unternehmen erwarten. Es handelt sich um ein Konzept für längere Zeiträume: Große Investitionen oder Umstrukturierungen brauchen meistens Jahre, um ihre Wirkung zu entfalten. Was erfahrene Praktiker wissen, ist aber nicht jedem Junganalytiker klar, wenn er frisch von der Uni kommt. »Landauf, landab«, moniert Jürgen Dunsch in der *Frankfurter Allgemeinen Zeitung,* »machen sich Vorstände von den Empfehlungen der Analysten abhängig, statt offensiv ein langfristiges Unternehmenskonzept zu vertreten.«

Auch Wolfgang Kaden, Chefredakteur des *manager magazins,* schimpft: »Es kann nicht richtig sein, dass 30-Jährige, bar jeder Führungserfahrung, indirekt über das Schicksal von Großunternehmen mit Hunderttausenden von Mitarbeitern befinden; dass Topmanager zu den Exekutoren von Analystenanforderungen degradiert werden.«

Die einseitige Fixierung auf kurze Fristen kann tatsächlich zur Pervertierung des Shareholder-Value-Gedankens führen. Um das zu verstehen, braucht man sich nur klarzumachen, dass Unternehmen kurzfristig die Gewinne und die Börsenkurse hochpeitschen können, indem sie ihre Investitionstätigkeit einstellen. Britische Eisenbahngesellschaften, kommentiert die *Financial Times Deutschland,* hätten die Wartung ihrer Züge und Gleissysteme aufgegeben, um Kosten zu sparen. US-Energiefirmen hätten auf Erhaltungsinvestitionen und den Ausbau der Stromnetze verzichtet. »Und die Börse belohnte das auch noch mit kräftigen Kursgewinnen bei den jeweiligen Aktien. Dass sich Zugunglücke häuften und es zu immer mehr Stromausfällen kam, war lediglich eine unangenehme Begleiterscheinung ohne Einfluss auf die Kurse.«

Norbert Walter, Chef-Volkswirt der Deutschen Bank, der von Teilen des rot-grünen Milieus zu Unrecht als neoliberaler Gottseibeiuns gefürchtet wird, glaubt zwar an den wohl verstandenen Shareholder-Value-Gedanken, verwendet den Begriff aber mit Vorsicht. Manche Manager klagt er, verstünden darunter eher »Sharehopper Value«. Auch in den Vereinigten Staaten regt sich Kritik am allgegenwärtigen »Flip and Flee« – raff und renn. Der Unternehmensberater Jim Collins, der mit seinem 1994 erschienenen Buch »Built to Last« fünf Jahre lang auf der Bestsellerliste stand, wetterte schon im März 2000 im Kultmagazin *Fast Company* gegen den »Built to Flip«-Virus. Sei flippig, heiße die Devise, »geh rein, geh raus, und laufe zur nächsten Idee über, bevor die Blase platzt«.

Banken im Umbau

Den großen Frankfurter Geldhäusern sitzen die Shareholder ebenfalls im Nacken. »Für international tätige, börsennotierte Banken ist die klassische Universalbank deutscher Prägung kein Modell für die Zukunft«, befindet kühl Andreas R. Dombret, Mitglied der deutschen Geschäftsführung des amerikanischen Investmenthauses J. P. Morgan. Die ursprünglich als Vorteil angesehene Risikostreuung mithilfe eines breiten Produktspektrums habe sich inzwischen in einen Nachteil entwickelt. Der Kapitalmarkt strafe Universalbanken, die versuchen in allen Geschäftsfeldern gleichzeitig aufzutreten, gnadenlos ab. Börsennotierte Banken stünden unter dem Druck ihrer Investoren, die Kernkompetenzen klar zu formulieren.

Zeitweise waren Nervosität und Hektik in den Bankentürmen öffentlich spürbar geworden – unvergessen die gescheiterten Fusionsgespräche der Frankfurter Großbanken, bei denen fast jede mit jeder einmal beinahe zusammengekommen wäre. Die großen Geldhäuser haben längst begonnen, sich verstärkt dem Investmentbanking zuzuwenden, den Aktienemissionen, dem Wertpapierhandel und dem Geschäft mit Fusionen und Beteiligungen. Charakteristisch für diesen Trend war Mitte 2000 der Einzug zweier amerikanischer Investmentbanker in den Vorstand der Deutschen Bank. Über die Hälfte ihres operativen Gewinns erzielten die Frankfurter im ersten Halbjahr 2000 mit dem Investmentbanking.

Deutschland nimmt mit seiner historisch gewachsenen Bankenlandschaft und dem starken öffentlichen Bankensektor eine Sonderstellung unter den großen westlichen Ländern ein. Das herkömmliche Universalbankensystem basiert auf drei Säulen: An die 300 private Banken vereinigen rund 36 Prozent der Bilanzsumme auf sich. Allein 20 Prozent entfallen auf die vier Großbanken, also auf Deutsche Bank, HypoVereinsbank, Dresdner Bank und Commerzbank. Der öffentlich-rechtliche Sektor, bestehend aus 578 Sparkassen und 13 Landesbanken kommt insgesamt auf 47 Prozent der Bilanzsumme. Die dritte Säule bildet der genossenschaftliche Sektor, der von rund 14 Millionen Miteigentümern getragen wird. Er besteht aus fast 2000 Geldinstituten, vornehmlich Volks- und Raiffeisenbanken und vier zentralen Instituten. Sein Marktanteil beträgt 17 Prozent, gemessen an der Bilanzsumme. Im Spannungsfeld der Megatrends Globalisierung und Digitalisierung stehen alle drei Gruppen vor gewaltigen Herausforderungen.

1. Die Demokratisierung der Finanzinformationen

Ökonomisch vorgebildete Anleger, die das Netz für die Informationssuche nutzen, machen sich heutzutage lustig über »Schalterbeamte« in der Filiale, die den Kunden im »Beratungsgespräch« Fondsprodukte des eigenen Hauses andrehen wollen. Das Web hat die einst geheimnisumwitterten Bank- und Börsengeschäfte entmystifiziert. »Das Geld«, bemerkt der Journalist Mark Siemons, »wird zu etwas potenziell Demokratischem, Egalitärem, Antiautoritärem. Der Hauch von Abenteuer, den es für Spielernaturen immer schon hatte, tritt gegenüber der Atmosphäre von Sicherheit in den Hintergrund, die die hergebrachte Bankenkultur ausstrahlte.« Nüchterner formuliert es die Deutsche Bundesbank: Das Internet beende »die bisher bestehende asymmetrische Verteilung von Informationen zwischen Bank und Kunden. Durch das Internet verschiebt sich daher die Marktmacht tendenziell zu Gunsten der Kunden«.

Durch die Diskussionsforen und die Chatrooms der Zocker

weht ein neuer Geist, mal naiv-aufsässig, mal kühl-professionell. »Der forige Anstieg war noch keine Trendwende«, konstatiert Ende Oktober 2000 ein gewisser »Riebesehl« im Forum des Finanzportals wallstreet:online – womit belegt wäre, dass ein gutes Gespür für die Börse durchaus mit mangelhaften Rechtschreibkenntnissen korrespondieren kann. Rund 14 Millionen Besuche verzeichnete wallstreet:online in jenem Monat. Die von dem Mittzwanziger André Kolbinger ins Leben gerufene Website soll zur Transaktionsplattform ausgebaut und an die Börse gebracht werden. Auch Consors hat, wie viele andere Konkurrenten, frühzeitig Chatrooms für Zocker etabliert, »Brokerboard« genannt. »Natürlich wird da viel Unsinn kolportiert«, weiß Karl Matthäus Schmidt, »aber das ist in den Handelsräumen der Banken nicht anders.«

2. Der verschärfte Wettbewerb zwischen Finanzdienstleistern
Räumliche und zeitliche Grenzen des Wettbewerbs werden durch das Netz beseitigt, und die Einführung des Euro wirkt als zusätzlicher Katalysator für Veränderungen. Die deutschen Großbanken stehen unter dem Druck, sich als europäische oder gar globale Player positionieren zu müssen, um im lukrativen Investmentbanking und im Geschäft mit vermögenden Privatkunden mitmischen zu können. Im Inland können sie durch Zukäufe kaum wachsen, weil der starke öffentlich-rechtliche Bankensektor ein massives Hindernis bildet. Die privaten Banken schlagen denn auch in letzter Zeit einen harten Ton gegen Landesbanken und Sparkassen an, deren Privilegien der Brüsseler EU-Kommission ein Dorn im Auge sind. Deutschland weise einen so hohen Staatsanteil im Kreditgewerbe auf wie sonst nur noch Nordkorea und Kuba, empört sich Frank Heintzeler, der Präsident des Bundesverbands deutscher Banken. Die öffentlich-rechtlichen Institute verweisen dagegen auf ihre hohe Bedeutung für den unternehmerischen Mittelstand in der Region – ein Geschäft, aus dem sich in der Tat manche Großbank tendenziell zurückzieht.

Der verschärfte Wettbewerb wird im Bereich der netzfähigen Standardleistungen über die Kostenführerschaft ausgetragen; Effizienz und Kostendegression spielen dabei die entscheidende Rolle. Die Tatsache, dass jede der Großbanken im Privatkundengeschäft nur bescheidene Marktanteile erreicht, war ein wichtiges Motiv bei den gescheiterten Fusionsplänen. Auch die Direktbanken wie Consors, comdirect und Direkt Anlage Bank streben nach europäischer Expansion, um die hohen Systemkosten auf eine wachsende Kundenzahl umlegen zu können. Im Bereich der Spezialdienstleistungen geht es den Geldinstituten vor allem um die Qualitätsführerschaft – Kompetenz, Beratungsqualität und eine ganzheitliche Kundenbetreuung erhalten oberste Priorität. So erklärt es sich, dass führende Investmentbanker oder Vermögensberater ihre Gehälter manchmal fast nach eigenem Gusto festlegen können.

Wer als »normaler« Bankangestellter der Fusionsgespräche und Beteiligungsdiskussionen schon jetzt überdrüssig ist, dem stehen harte Zeiten bevor. Bernd Fahrholz, der Chef der Dresdner Bank, hält es für »wahrscheinlich, dass es unter den Privatbanken in Europa – angetrieben durch die Integration in der Eurozone – in den kommenden Jahren zu einer Konsolidierung kommt«. Zu allem Überfluss drängen auch große Versicherungskonzerne, allen voran die Allianz, in das klassische Bankgeschäft der Vermögensberatung und -verwaltung. Das ist nur konsequent, weil sich die Finanzprodukte von Banken und Versicherungen schon in den letzten Jahren immer stärker angeglichen haben.

3. Die Technisierung der Finanzdienste

Jürgen Krumnow, früher im Vorstand der Deutschen Bank, heute als Berater tätig, sieht dramatische Veränderungen auf die Banken zukommen. Bei einer Befragung von Jugendlichen habe sich gezeigt, dass 77 Prozent das Internet als ihren bevorzugten Zugangsweg zur Bank sehen und nur fünf Prozent die klassische Bankfiliale. Bei Accenture (früher Andersen Consulting) nimmt man an, dass mittelfristig 35 bis 45 Prozent des Mengengeschäfts (Überweisungen, Lastschriften) und bis zu 80 Prozent des Wertpapierhandels über das Internet abgewickelt werden.

Bis es so weit ist, werden noch einige Jahre ins Land gehen. Dabei hat das Onlinebanking in Deutschland schon sein 20-

jähriges Jubiläum hinter sich. Am 12. November 1980 schuf die Deutsche Bundespost die Möglichkeit, mithilfe von Bildschirmtext (BTX) Bankgeschäfte von zu Hause aus zu tätigen, damals über ein spezielles Terminal oder über das Fernsehgerät. Ab 1983 boten die meisten Geldinstitute ihren Kunden diesen Service an. Die Resonanz blieb lange Zeit dürftig. Ganze 28 000 Konten wurden im Jahr 1985 über BTX geführt. Erst mit der größeren Verbreitung des PCs stiegen die Nutzerzahlen an; Mitte der 90er Jahre wurde die Millionengrenze überschritten. Als das Internet begann, den proprietären Onlinediensten den Rang abzulaufen, war die Homebanking-Fähigkeit von T-Online ein entscheidendes Verkaufsargument für den BTX-Nachfolger.

Ende 1999 gab es in Deutschland zehn Millionen private Online- beziehungsweise Internetkonten, noch immer waren die bei T-Online geführten in der Überzahl. Der Übergang vom Onlinebanking in geschlossenen Netzen zum Internetbanking im offenen Netz wird sich jedoch in den nächsten Jahren beschleunigen. Bisher gestaltet sich Internetbanking nicht wirklich komfortabel – fast 80 Prozent nutzen noch das umständliche PIN/TAN-Verfahren. Mit der PIN (Persönliche Identifikationsnummer) verschafft sich der Nutzer Zugang zu seinem Konto. Jede Transaktion, beispielsweise eine Überweisung, muss mit einer weiteren Geheimzahl bestätigt werden. Diese TAN (Transaktionsnummer) gilt jeweils nur ein einziges Mal. Für die nächste Überweisung verwendet der Nutzer die nächste Geheimzahl aus einer Liste von TANs, die er von seiner Bank erhalten hat. Sind die Geheimzahlen »verbraucht«, so muss sich der Kunde eine neue Liste bei seiner Bank abholen oder per Einschreiben zustellen lassen.

Komfortabler ist für den Nutzer das HBCI-Verfahren. Das Kürzel steht für »Homebanking Computer Interface« und bezeichnet einen Standard, auf den sich die Verbände der Kreditwirtschaft schon vor Jahr und Tag geeinigt haben. Der Nutzer identifiziert sich dabei mit einer Chipkarte und einem Kennwort. Die auf der Chipkarte gespeicherten Informationen erzeugen eine digitale Signatur, mit der jede Transaktion bestätigt wird. Zudem werden die Transaktionsdaten codiert. Selbst wenn ein Hacker einen Überweisungsauftrag auf seinem Weg durch das Netz abfängt, kann er ihn nicht entziffern, weil ihm der Schlüssel fehlt. Weiterer Vorteil: HBCI ist »multibankenfähig«, das heißt, damit können Konten bei verschiedenen Banken aufgerufen werden. Der Nachteil: Der Kunde muss an seinen Computer ein spezielles Lesegerät für die Chipkarte anschließen. Manche Banken stellen den Kartenleser zusammen mit der Chipkarte und der HBCI-Software kostenlos zur Verfügung, andere berechnen Gebühren zwischen 30 und 50 Mark. Für den Anschluss des Kartenlesers wird eine freie serielle Schnittstelle am Computer benötigt, die jedoch nicht überall zur Verfügung steht.

Viele Bankkunden betreiben aus Furcht vor Hackern kein Onlinebanking, wie eine Umfrage der Forschungsgruppe Wahlen im Auftrag des Bundesverbands deutscher Banken herausfand. Fast ein Drittel der Befragten gab an, aus Angst vor Datenmissbrauch auf Computer-Banking zu verzichten. Das diffuse Gefühl, Bankgeschäfte seien nur bei gezogenem Netzstecker sicher, ist jedoch ein Trugschluss, wie das Fachmagazin *Internet World* zu bedenken gibt. Ihr Redakteur Dominik Grollmann machte die Probe aufs Exempel. Er unterzeichnete – schwungvoll, aber durchaus noch leserlich – eine Überweisung über 500 Mark mit dem Wort »Test« statt mit seinem Namen. Der Auftrag, in dem als Zahlungszweck »Wiedersehen macht Freude« angeführt war, wurde von der Bank anstandslos ausgeführt.

Derzeit tätigen rund elf Prozent der Bundesbürger im Alter über 18 Jahre ihre Finanzgeschäfte zumindest teilweise über das Internet. Den Prognosen der Banken zufolge dürfte die 20-Millionen-Schwelle in wenigen Jahren überschritten sein. Zukünftig wird auch das »Mobile Banking« mithilfe neuer Handy-Generationen eine Rolle spielen – wie groß seine Bedeutung in drei oder fünf Jahren sein wird, weiß aber heute kein Mensch vorauszusagen. Für zeitkritische Bank- und Börsengeschäfte während einer Geschäftsreise wird sich der Gebrauch des Handys allemal anbieten. Ob aber der Durchschnittskunde seinen Dauerauftrag über seinen Mobilfunkanbieter ändern möchte, wird maßgeblich vom Komfort und vor allem von der Gebührenhöhe abhängen. Die großen Banken und Sparkassen setzen auf »Clicks and Bricks«, auf die Allianz von Internet und Filiale, wobei freilich das Filialnetz – in Deutschland ist es mit rund 45 000 Bankstellen besonders engmaschig geknüpft – Schritt um Schritt ausgedünnt wird.

Der sichere und effiziente Einsatz moderner Informations- und Kommunikationstechnologie, so viel steht fest, wird zu einem strategischen Erfolgsfaktor für die Finanzdienstleister. In den Bilanzzahlen schlägt sich der Trend zur Technisierung bereits nieder. Vom gesamten Verwaltungsaufwand der Banken in Höhe von gut 137 Milliarden Mark entfielen im Jahr 1999 rund 75 Milliarden oder 55 Prozent auf die Personalkosten. 1991 hatte deren Anteil noch 62 Prozent betragen. Langfristig werden Digitalisierung und Automatisierung im Geldgewerbe enorme Produktivitätsgewinne bringen. Zehntausende der heutigen Jobs am Bankschalter werden verschwinden. Die Crux aus Sicht der Banken liegt darin, dass technisierte Bankgeschäfte eine Tendenz zur Uniformität aufweisen. Viele Bankleistungen, vermutet Beat Schmid von der Universität St. Gallen, »werden als Billigprodukte und Commodities im Internet für jedermann auf Knopfdruck abrufbar«. Mit personalisierten Internetseiten und Fortschritten beim One-to-One-Banking versuchen die Geldinstitute solchen Gefahren entgegenzuwirken. Netzkunden weisen gleichwohl, wie verschiedene Untersuchungen zeigen, eine vergleichsweise geringe Loyalität gegenüber den Finanzdienstleistern auf.

Auch Karl Matthäus Schmidt, der einst die Bankenszene aufmischte, bekommt das zu spüren und steht mit Consors inzwischen selbst unter Druck. Für reine Online-Broker wird die Luft dünner, weil große Geldhäuser und Auslandsbanken gleichgezogen haben und weil die Zahl der Transaktionen nach dem Ende der Hausse am Neuen Markt zurückgeht. Zudem wird die Gewinnung neuer Kunden teurer, weil die »Trader«, die häufig ihre Depots umschichten und keine Beratung benötigen, inzwischen versorgt sind. Wer neu ins Netz geht, ist oft vermögender als die alte Consors-Klientel und verlangt Beratung. Auch Consors schließt inzwischen nicht mehr aus, Beratungsleistungen anzubieten. Um den Druck auf die Margen im Wertpapierhandel auszugleichen, baut Karl Matthäus Schmidt mit seinen Mitstreitern ein eigenes Investmentbanking auf und plant die Schaffung einer Privatanleger-Börse.

Innerhalb eines Jahres hat sich die Zahl der Onlineinvestoren in Deutschland verdoppelt. Waren es im Herbst 1999 noch 800 000, so wickelten ein Jahr später schon 1,6 Millionen Deutsche ihre Wertpapiergeschäfte online ab. Ein Ende dieses Wachstums ist nicht absehbar. Mehr als drei Millionen nutzen das Internet regelmäßig als Informationsquelle, investieren aber noch »offline«. Viele von ihnen werden das neue Medium früher oder später auch für den Kauf und den Verkauf ihrer Wertpapiere entdecken. Fast jeder Fünfte ist sich sicher, innerhalb des nächsten Jahres online zu handeln. Das zeigt der »Online Brokerage-Monitor 2000« von Infratest Burke. Doch mit dem Boom des Marktes, dem Aufkommen neuer Wettbewerber und zunehmender Erfahrung der Online-Brokerage-Nutzer wachsen die Ansprüche: Laut Infratest Burke mussten die Anbieter von Online-Brokerage 1999 lediglich bei jedem neunten Kunden starke Zweifel an dessen Bindungsbereitschaft haben, im Herbst 2000 waren diese Zweifel bei jedem sechsten Kunden berechtigt.

Die Technisierung der Finanzbranche senkt schließlich auch die Markteintrittsbarrieren für Non-Banks. »Banking is essential, banks are not«, lautet die Kampfansage, die Bill Gates den Geldinstituten so lakonisch wie aggressiv entgegenhält. Versandhäuser, Automobilkonzerne, Softwareschmieden und Telekommunikationsfirmen könnten zunehmend die Abwicklung standardisierter Finanzdienste übernehmen. Solche Ideen werden in Deutschland zum Beispiel von dem hemdsärmligen Mobilcom-Gründer Gerhard Schmid gern aufgegriffen, der sich mit der mächtigen France Télécom verbündet hat. Der frühere Eishockeyspieler denkt laut und öffentlich immer wieder darüber nach, eine Bank zu gründen.

4. Qualifizierte Beratung wird zum kostenpflichtigen Service

Information ist infolge der digitalen Vernetzung auf Knopfdruck abrufbar. Wissen und Urteilsvermögen sind es nicht. Das Know-how der hoch qualifizierten Berater in den Banken wird daher wachsende Bedeutung gewinnen, nicht nur im Investmentbanking, sondern auch im so genannten Private Banking, dem Geschäft mit vermögenden Privatkunden. Individuelle Beratung lässt sich durch Technik und Software nur bedingt ersetzen; deshalb darf man sich die Bank der Zukunft nicht als Anwendungsprogramm im Internet vorstellen. In der Vergangenheit boten die Banken viele Beratungsleistungen als scheinbar kostenlose Dreingabe an, zum Beispiel die Anlageberatung. Tatsächlich versteckten sie die Kosten in den Provisionen, die Anleger für die Abwicklung von Wertpapiergeschäften zahlen mussten. Wer sich vor dem Kauf von Wertpapieren nicht beraten ließ, zahlte trotzdem – für eine Leistung, die er weder bestellt noch in Anspruch genommen hatte.

Dieses Modell haben die Direktbanken wie Consors oder comdirect mithilfe des Webs gesprengt: Kunden, die keine Beratung in Anspruch nehmen wollen, fordern entsprechend günstige Transaktionsgebühren. In Zukunft wird die Beratungsleistung qualifizierter werden und ihren eigenen Preis erhalten. Der Erfolg der Direktbanken zwingt bereits die Filialbanken zur Reform ihrer Gebührenpolitik. Die meisten Geldinstitute haben fertige Konzepte in den Schubladen liegen, wie sie die Transaktionskosten für Wertpapiergeschäfte auf das Niveau von Direktbanken senken und gleichzeitig Beratungsleistungen berechnen können. Vermutlich werden auch die Versicherungen eines Tages ihren Kunden die qualifizierte Beratung separat in Rechnung stellen.

Warten auf das Cybermoney

»Geld regiert die Welt«, weiß der Volksmund. Folglich müsste man meinen, im Internetzeitalter habe das Cybergeld, also echtes digitales Geld, seinen Aufstieg längst begonnen. Davon kann jedoch keine Rede sein. Beim Internetshopping wird fast ausschließlich mit dem Geld der Old Economy gezahlt, mit Bargeld oder mit Buchgeld – das paradoxerweise immer noch so heißt, obwohl es inzwischen in den Computern der Banken zirkuliert. Wer bei Amazon ein Buch ordert oder bei eBay ein Fahrrad ersteigert, drückt dem Postboten Bargeld in die Hand, falls er Versand per Nachnahme gewählt hat. Bevorzugt er die Zahlung per Kreditkarte, Überweisung oder Lastschrift, so greift er auf das Buch- oder Giralgeld zurück. Bei der Überweisung kann der Kunde ein papierenes Formular mit der gelben Post abschicken oder ein elektronisches per Mausklick durch den Cyberspace jagen. Für die Funktionsweise des guten alten Buchgelds macht das keinen Unterschied – Onlinebanking erleichtert und beschleunigt bloß den Zugriff darauf. Das ist beruhigend für Alan Greenspan, den Chef der amerikanischen Federal Reserve Bank und seinen Kollegen Wim Duisenberg von der Europäischen Zentralbank. Über Leitzinsen und Mindestreserven kontrollieren sie die Menge dieses Geldes, egal ob die Leute mit Kugelschreibern oder Computertastaturen schreiben.

Was aber soll man unter Cybermoney oder digitalem Geld denn überhaupt verstehen? Ein gewisser David Chaum hatte dazu Mitte der 90er Jahre eine Vision, gründete in den Niederlanden eine Firma namens DigiCash und bot »eCash« als Zahlungsmittel fürs Web an. Der Nutzer, so die Idee, sollte virtuelle Münzen auf seiner Festplatte verwahren und via Internet in den elektronischen Speicher eines beliebigen Geschäftspartners transferieren können. Ein Albtraum für die Hüter der Geldwertstabilität: Mit elektronischen Werteinheiten, die nicht von einer Zentralbank stammten, hätte sich eine Parallelwährung im Web herausbilden können, ähnlich wie sich nach dem Zweiten Weltkrieg zeitweise die Zigarettenwährung einbürgerte. Die Zentralbanken hätten keine Chance gehabt, die im Internet zirkulierende Geldmenge zu kontrollieren. Doch DigiCash ist längst pleite, »eCash« lebt in modifizierter Form als Produkt der Deutschen Bank fort und unterliegt der Bankenaufsicht. Richtig durchgesetzt hat es sich bislang ebenso wenig wie die zahlreichen Konkurrenzprodukte. Ende 2000 bewarb die Deutsche Bank »eCash« mit dem Hinweis darauf, dass neun Anbieter das Cybergeld akzeptierten, unter ihnen fanden sich so exotische Firmennamen wie dibi, Kingpin, Art-

Voice und Spinnrad. Nach einem Durchbruch klang das gewiss noch nicht.

Der Deutschen Bundesbank wäre ein kartengestütztes Netzgeld willkommen. Als Basis könnte die ec-Karte dienen, von der in Deutschland 55 Millionen in Umlauf sind. Seit die Scheckkarten statt des simplen Magnetstreifens einen Mikroprozessor in sich tragen, kann man sie mit bis zu 400 Mark aufladen. Ursprünglich war diese Geldkarte als Bargeldersatz für Offlinezahlungen gedacht, etwa für Automaten oder für den öffentlichen Nahverkehr. Theoretisch könnte sie zukünftig auch fürs Bezahlen im Internet genutzt werden. Neben spezieller Software bräuchte der Benutzer dafür ein Kartenlesegerät. Elektronisches Geld dieser Art wäre aus Sicht der Zentralbanken unbedenklich, schließlich ist die Geldkarte mit Mark oder Euro geladen, also mit Geld, das staatliche Notenbanken unter Kontrolle haben. Bleibt »nur« die Frage nach der Akzeptanz bei Käufern und Händlern. Die ist schnell beantwortet: Die ec-Karte hat als Geldkarte bisher weder offline noch online Marktbedeutung finden können.

Dass die Entwicklung von Cybergeld wünschenswert ist, steht außer Frage. Viele Geschäfte im Netz können nicht richtig in Gang kommen, solange es keine effizienten Zahlungsmittel für Klein- und Kleinstbeträge gibt. Pfennigbeträge per Überweisung oder Kreditkarte zu begleichen, wäre zu teuer. Ein funktionierendes System für Micropayments könnte das Geschäft mit elektronischen Informationen, Mietsoftware und Musikdateien beleben. Ideal wäre natürlich eine internationale Lösung. Doch bisher ist keines der vielen Firmenprojekte über die erweiterte Pilotphase hinausgekommen. Wie so oft in der digitalen Ökonomie spielen Standards und Netzwerkeffekte eine entscheidende Rolle. Es wird allmählich Zeit, dass die großen Player sich auf einen offenen, für den Nutzer komfortablen Standard für das virtuelle Geld verständigen.

Was auf uns zukommt

Erstens: Private Anleger schichten ihr Vermögen von Bankeinlagen in Wertpapiere um. Und die Unternehmen, gerade die innovativen Firmen in den Zukunftsbranchen der Wissensgesellschaft, finanzieren sich über Aktien und Anleihen direkt am Kapitalmarkt. Das traditionelle Einlagen- und Kreditgeschäft der Banken verliert dadurch an Gewicht. Dieser Prozess, von Fachökonomen als Disintermediation bezeichnet, wird durch das Internet erleichtert und beschleunigt. Er führt zu einer Annäherung an den angelsächsischen Aktionärskapitalismus, zur stärkeren Orientierung am Shareholder Value.

Zweitens: Die »Rohstoffe« des Bank-, Börsen- und Versicherungsgeschäfts – Geld und Informationen – sind weitgehend digitalisierbar. Die traditionellen Geldgeschäfte werden dekonstruiert – Arbeitsprozesse, Produkte und Dienste, die bisher zusammengehörten, werden in einzelne Bestandteile zerlegt.

Drittens: Von »Marketplace to Marketspace« lautet das Leitmotiv in den Finanzmärkten. Einfache, standardisierbare Finanzprodukte und Transaktionen werden Schritt für Schritt in den virtuellen Raum verlagert. Der Verbraucher kann sich auf tendenziell sinkende Preise freuen. Es wird mehr IT-Arbeitsplätze geben, aber weniger »Schalterarbeitsplätze« in den Filialen. Wegen der Skaleneffekte werden nur große Anbieter diesen Teil des Geschäfts auf Dauer profitabel betreiben können. In den nächsten Jahren ist daher ein Konsolidierungsprozess im deutschen und europäischen Markt zu erwarten. Die etablierten Bank- und Versicherungskonzerne sind gezwungen, die Digitalisierung selbst voranzutreiben, wollen sie nicht riskieren, dass Newcomer wie Consors oder Branchenfremde wie Mobilcom ihnen größere Stücke des Kuchens entreißen.

Viertens: Wissen, Urteilsvermögen und Intuition erfahrener Finanzmarktexperten sind allenfalls bedingt digitalisierbar. Die individuelle, objektive und hoch qualifizierte Beratung wird eine Renaissance erleben, für Unternehmen und vermögende private Anleger gleichermaßen. Für diese Beratung, deren Kosten früher vielfach in den Transaktionsgebühren versteckt wurden, wird der Kunde einen eigenständigen Preis in angemessener Höhe zu entrichten haben. In diesem personalintensiveren Zweig haben auch kleine Unternehmen beste Chancen.

Fünftens: Digitales Geld, das zwischen Handys, privaten Festplatten und anderen Datenspeichern problemlos hin- und herwandern kann, wird sich in den nächsten Jahren etablieren. Für das Onlineshopping werden sich dadurch die Marktchancen schlagartig verbessern; für manche Medienunternehmen kommt der Durchbruch bei den Micropayments sogar einer existenziellen Frage gleich.

Trend 5: Die neuen Medien – Was zusammengehört, wächst zusammen

Zeitschriften sind nur noch für den Strand und für das Klo.

BERND KOLB

Jeder Idiot kann eine Website einrichten – und viele haben es getan.

CARL SHAPIRO *und* HAL R. VARIAN

All the news that´s fit to click. Medien im elektronischen Zeitalter

Im Wohnzimmer hängt ein riesiger Flachbildschirm an der Wand – der neue elektronische Hausaltar. Dort zieht sich die Familie per Mausklick den neuesten Hollywoodfilm rein, zelebriert gemeinsame Shopping-Erlebnisse vor dem Weihnachtsfest, wird die Urlaubsreise geplant und gebucht. Zu besonderen Anlässen gibt es eine Videokonferenz mit der entfernt wohnenden Verwandtschaft. In den einzelnen Zimmern stehen zusätzlich Computer fürs Arbeiten und Lernen, für Spiele und Chats. Ein Flatscreen an der Küchenanrichte dient zum Herunterladen von Rezepten und zum Absenden von Bestellungen, sofern nicht der vernetzte Kühlschrank selbständig den Nachschub von Butter und Milch regelt. Tastaturen und Fernbedienungen sind überflüssig, denn die Chips rundherum werden durch Spracheingabe gesteuert. UMTS-Handys gibt es für unterwegs, elektronische Bücher für gemütliche Winterabende am Kamin und zum Frühstück die elektronische Zeitung als hauchdünnes faltbares Display. Sie hat uns bereits News und Börsenkurse aus dem Äther gezogen, wenn wir uns den Schlaf aus den Augen reiben und den Morgenkaffee genießen.

Sieht sie so aus, die schöne neue Medienwelt, an der in den Forschungslabors, in den Medien- und den Technologieunternehmen gearbeitet wird? In den technischen Details gibt es noch offene Fragen, die Zeitpläne sind vage gehalten, vor allem aber weiß niemand, wie viel der Verbraucher bereit ist, für die breitbandige Rundumversorgung mit Unterhaltung und Information zu bezahlen. Theoretisch lässt sich der gesamte Output der Medienbranche digitalisieren – alles lässt sich über moderne Datennetze anbieten und ausliefern. Dass die Medien ausnahmslos »körperlos« werden, ist aber höchst unwahrscheinlich – zumindest auf Sicht von fünf bis zehn Jahren. Die Geschichte der Medien hat bisher stets das Riepl'sche Gesetz bestätigt. Es besagt, dass ein neues Medium nie ganz das alte verdrängt. Das Kino hat dem Theater nicht den Garaus gemacht, das Fernsehen hat weder das Kino noch das Radio verdrängt. Allerdings wird das Web die alten Medien zunehmend auf ihre spezifischen Funktionen reduzieren. So wird es bald überflüssig sein, in der Tageszeitung ellenlange Listen mit Aktien- und Devisenkursen von gestern abzudrucken. Andererseits: Die Horrorvisionen des Cyberpropheten Bill Joy, der uns auf mehreren Druckseiten erläutert, warum wir »etwa um das Jahr 2030« in den Weltraum flüchten müssen, werden wir auch künftig in der Wochenendausgabe der Zeitung finden und entspannt auf der Terrasse lesen können.

Bisher kursieren im Web vor allem Texte, Standbilder und Musikdateien. Für Filme werden die Bandbreiten erst demnächst ausreichen. Die Grenzen zwischen den bisher getrennten Mediengattungen werden sich noch mehr verwischen. TV- und Radiosender liefern auf ihren Websites auch Texte, umgekehrt werden Zeitungs- und Zeitschriftenverlage bald Videos und Filmdokumentationen anbieten. Die spezifischen Eigenschaften digitaler Güter und der damit verbundene Kampf um das geistige Eigentum und dessen »Verzinsung« tangieren die Medien mehr als andere Branchen. Zudem bildet das Web nicht nur ein universelles Gehäuse für Medieninhalte – dank seines Rückkanals fungiert es auch als globaler Marktplatz für Güter und Dienste aller Art. Wie sich die Symbiose von Medieninhalten und E-Commerce entwickeln wird, ist heute erst in Umrissen erkennbar. Vieles spricht für eine zunehmende Vermischung von redaktionellen Inhalten, Werbung und elektronischem Handel. Eine Minderheit anspruchsvoller und zahlungskräftiger Nutzer wird dann aber umso eher bereit sein, für Qualität und Neutralität im Internet einen Finanzierungsbeitrag zu entrichten.

Fernsehen und Internet wachsen zusammen

Spätestens 2010, so hat die Bundesregierung beschlossen, soll es in Deutschland nur noch digitales Fernsehen geben. Fernsehbilder werden dann durchweg wie Computerdaten übertragen: als eine Folge von Nullen und Einsen. Das herkömmliche analoge Fernsehbild besteht aus einer Sequenz von 25 Einzelbildern pro Sekunde. Statt jedes Bild einzeln zu übertragen, macht sich die digitale Datenkomprimierung die Tatsache zunutze, dass sich von einem Bild zum nächsten oft nur wenig ändert. Der Hintergrund bleibt zum Beispiel bei einer Nachrichtensendung gleich, nur der Sprecher bewegt sich.

Durch die Digitalisierung erreicht man gewaltige Dateneinsparungen, Kabel und Satellit können viel effizienter genutzt werden. Wo bisher ein Programm übertragen wurde, finden dann fünf bis zehn Kanäle Platz. Solange die Fernsehgeräte noch analog funktionieren, braucht man allerdings eine Set-Top-Box, um die ankommenden Computerdaten wieder in 25 Einzelbilder umzuwandeln.

Fernsehen und surfen kann man heute über das Telefonnetz mit der DSL-Technik, über das aufgerüstete Fernsehkabelnetz und über die Satellitensysteme Astra und Eutelsat, vereinzelt auch schon über hochmoderne Glasfasernetze, die Netzbetreiber wie Primacom in der Erde verbuddeln. Noch handelt es sich meistens um Pilotprojekte, die in ausgewählten Städten laufen, und noch sind sich die Experten uneins, welcher Übertragungsweg zuerst ein breites Publikum mit schnellen interaktiven Diensten versorgen wird. Manche erwarten, dass

70 Prozent der knapp 19 Millionen deutschen TV-Kabelanschlüsse im Jahr 2003 aufgerüstet sein werden, andere setzen eher auf die DSL-Technik, mit der die alten Kupferkabel des Telefonnetzes für schnelle Datenströme fit gemacht werden. Private Fernsehsender sorgen sich schon, ob sie noch in die modernen Netze hineindürfen, weil die Netzbetreiber eigene Telefon- und Internetdienste anbieten wollen. Jürgen Doetz, Sprecher der privaten Sender, ruft neuerdings nach staatlicher Regulierung – das sind gänzlich ungewohnte Töne aus seiner Richtung. Per Medienstaatsvertrag solle ein Drittel der neuen Übertragungskapazitäten für Rundfunk- und Mediendienste reserviert werden.

Bei den Inhalten von Web und TV lassen sich erste Konvergenzschritte schon ausmachen, bevor das Breitband überhaupt verfügbar ist. Kornelius Fürst, Chefredakteur des Magazins *Online Today*, führt als Musterbeispiel die Containershow »Big Brother« an: Das Fernsehen zeige abends Ausschnitte, während das volle Programm live im Netz zu beobachten sei. Reporterinnen, ausgestattet mit modernsten Webcams, seien zudem unterwegs, um das Umfeld der Show ununterbrochen auszuleuchten.

Bei den Geräten wird es weniger Konvergenz geben als bei Übertragungswegen und Inhalten. Der PC ist das typische Arbeitsgerät, das auf einem Schreibtisch steht. Der Augenabstand zum Monitor beträgt 40 Zentimeter, der Nutzer ist aktiv. Dagegen steht das TV-Gerät einige Meter entfernt, der Zuschauer bleibt – bisher – passiv, wie sein Name sagt. Der Computer ist in seiner heutigen Form wegen der vergleichsweise komplizierten Bedienung nur bedingt mehrheitsfähig, das Fernsehgerät dagegen hat seine Massentauglichkeit längst bewiesen. Doch Medienmacher und Marketingprofis rätseln, wie viel Interaktivität der Verbraucher, das unbekannte Wesen, wirklich will. Manche glauben, ein Großteil wolle nach Feierabend allenfalls noch mit dem Kühlschrank interagieren. Geht es aber nach dem Szenario der Multimedia-Auguren, so steht dem deutschen Michel ein beispielloser Aktivitätsschub bevor.

Der Zuschauer wird zum Programmchef: Ist der TV-Konsument bisher an das starre Programmschema gebunden, das die

Sender ihm vorgeben, so wird er künftig sein eigener Programmchef werden können. Spielfilme und Dokumentationen kann er gegen Bezahlung zu jeder beliebigen Tages- und Nachtzeit aus dem Netz abrufen. »Video on Demand« und »Cinema on Demand« heißen die Stichworte. Die langen Werbeblöcke, mit denen sich Privatsender bisher finanzieren, werden den Zuschauer kaum noch erreichen, wenn der sich einzelne Sendungen individuell abruft. Also wird man sich etwas anderes einfallen lassen: Laufbänder und interaktive Spiele, Sponsoring und »Product Placement« – früher schlicht Schleichwerbung genannt – werden wahrscheinlich zunehmen.

Und der Fernseher wird zum Kaufhaus: Wie heute schon der PC-Nutzer mit Internetzugang, so wird bald der Fernsehzuschauer am Bildschirm Bücher, Lebensmittel oder Aktien kaufen können, eine Reise buchen oder sein Bankkonto verwalten. Auch hier gibt es für TV-Sender und Kabelnetzbetreiber etwas zu verdienen. In einer alten Derrick-Folge öffnet sich womöglich ein Pop-up-Fenster, sobald Harry den Wagen vorfährt, und der Zuschauer kann sich zu einer Probefahrt mit dem neuesten Modell eines weiß-blauen Autobauers anmelden. Während der Nachrichtensendung ordert er per Knopfdruck die Krawatte des Sprechers, und während der Börsenbericht läuft, verkauft er über seinen Broker mit einem lauten Fluch auf den Lippen die Anteilsscheine des Unternehmens, das soeben eine Gewinnwarnung veröffentlicht hat.

Der Fernseher wird auch Postzentrale: Wer mag, kann seine Briefe mithilfe einer Infrarottastatur auf der Couch schreiben und sofort per E-Mail abschicken. Wenn überhaupt, werden die meisten nur kurze Nachrichten versenden wollen. Über seine Set-Top-Box kann der Zuschauer telefonieren und seinem Gesprächspartner dabei in die Augen sehen, wenn er sich zusätzlich mit einer Web-Kamera ausrüstet, die heute schon für 100 Mark zu haben ist. Ob Otto Normalverbraucher sich das wünscht, scheint allerdings zweifelhaft – schon das herkömmliche Bildtelefon hat sich vor Jahren als gigantischer Flop erwiesen. Die meisten Leute wollen sich halt nicht die Haare kämmen, bevor sie ein Telefonat führen.

Flachbildschirme werden uns bald überall umgeben. Amerikanische Marktforscher erwarten, dass der Weltmarkt für »Flatscreens« jährlich um 20 Prozent wächst. Der Löwenanteil wird auf LCD-Displays entfallen, wie wir sie von Notebooks und Handheldcomputern kennen. Im September 2000 kam das erste Heimfernsehgerät mit einem flachen LCD-Display auf den europäischen Markt. Bei einer Bildschirmdiagonale von 30 Zentimetern kostet es 4500 Mark und ist damit zehnmal so teuer wie ein Röhrengerät vergleichbarer Größe. Seine Vorteile: Es ist nur 4,5 Zentimeter tief, sodass es an die Wand gehängt werden kann, verbraucht weniger Energie und weist eine dreimal höhere Lebenserwartung auf. Größere Geräte sollen 2001 auf den Markt kommen, mit einem deutlichen Trend zu sinkenden Preisen.

Plasmabildschirme mit einer Diagonalgröße von gut einem Meter werden bereits seit einiger Zeit von verschiedenen Herstellern angeboten. Für den Durchschnittsverdiener sind sie allerdings mit Preisen um 20000 Mark kaum erschwinglich. Man kann sich Plasmabildschirme als Ansammlung Hunderttausender winziger Neonlämpchen vorstellen, von denen jedes kleiner ist als ein Stecknadelkopf. Verwendet wird dafür eine Mischung aus ionisiertem (elektrisch geladenem) Neon- und Xenongas. Jede der winzigen Leuchtzellen trägt eine Phosphorbeschichtung, die je nach der Zusammensetzung des Phosphors rotes, blaues oder grünes Licht abgibt. Wie bei der herkömmlichen Kathodenstrahlröhre lassen sich aus den Grundfarben die 16,7 Millionen Farbtöne mischen, die das Fernsehbild ergeben.

Eine neue Technik trägt das Namenskürzel OLED (Organic Light Emitting Diodes) und soll demnächst zur Serienreife gebracht werden. Eine Schicht aus speziellen Kunststoffen (Polymeren) wird dabei durch leichte elektrische Spannung zum Leuchten gebracht; die Farben werden durch das Design einzelner Polymermoleküle bestimmt. Im Unterschied zu Plasma- und LCD-Bildschirmen wird man die neuartigen OLED-Bildschirme sogar aufrollen können.

Zelluloid und Videothek vor dem Aus

»Celluloid heroes never really die«, textete vor Jahren Ray Davies, der poetische Kopf der britischen Rockgruppe »The Kinks«. John Wayne und Marilyn Monroe werden gewiss unvergessen bleiben, ihre Sterne auf dem Pflaster des Hollywood Boulevards macht ihnen niemand streitig. Das Zelluloid jedoch wird bald abdanken, und der deutsche Leinwandheld wird danach sprachlich moderner wirken als der angelsächsische Zelluloidheld. Elektronische Speicher sind dabei, die perforierten Zelluloidstreifen abzulösen, mit denen die Brüder Lumière im Jahr 1895 erstmals das französische Publikum begeistert hatten.

Mitte 2000 stellte der Kinogigant UCI in Kooperation mit Texas Instruments in Düsseldorf einen der ersten digitalen Filmprojektoren vor. Die Digitalisierung der Filmkopien verspricht hohe Einsparungen. Geschätzte fünf Milliarden Dollar pro Jahr werden heute weltweit für herkömmliche Zelluloidstreifen ausgegeben, neun Zehntel davon lassen sich nach einer Schätzung des britischen Marktforschungsunternehmens Screen Digest einsparen. Dazu müsste allerdings erst einmal kräftig in die Umrüstung der Filmtheater investiert werden. Das ist ein Problem, weil die Umrüstkosten bei den Kinos liegen, von den Einsparungen aber vor allem die großen Filmverleiher profitieren. Auf die 4600 deutschen Kinos kämen Umrüstkosten von über 2,5 Milliarden Mark zu – ein stattlicher Betrag gemessen am Gesamtumsatz von nur 1,6 Milliarden Mark (1999). Die Marktforscher von Screen Digest erwarten dennoch, dass bis Ende des Jahres 2004 praktisch alle Hollywoodfilme digital verfügbar sind. Unter dem Strich erhofft sich der deutsche Regisseur Wim Wenders mehr als Kosteneinsparungen. »Die Digitalisierung des Filmgeschäfts vom Drehen bis zur Kopie für das kleinste Vorstadtkino könne die bisherige Hierarchie des Filmgeschäfts gründlich aufmischen«, glaubt er, »theoretisch kann ja heute schon jeder Filmstudent, der was auf dem Kasten hat, mit digitaler Consumer-Technik einen Film machen, der in aller Welt in die Kinos kommt.«

Das Kino wird durch das Internet nicht bedroht sein – schon Fernsehen und Video konnten dem Kintopp nur wenig anhaben. Das ehrwürdige Filmtheater bietet eben nicht nur ein Leinwandepos, sondern auch Kommunikation und Gemeinschaftserlebnisse. Die Videokassette ist dagegen ein auslaufendes Modell. In der Verwertungskette von Filmen steht sie heute an zweiter Stelle. Ein Film läuft erst im Kino, nach einem halben Jahr kann man ihn auf Video kaufen oder ausleihen. Nach ein bis anderthalb Jahren läuft er im Pay-TV, und rund drei Jahre nach der Premiere dürfen ihn auch die Zuschauer im Free-TV anschauen. In Konkurrenz zur magnetischen Bildaufzeichnung per Videokassette ist bereits die Digital Versatile Disc (DVD) getreten, eine flache Silberscheibe, die äußerlich von einer CD-ROM oder Audio-CD nicht zu unterscheiden ist. Sie kann bis zu acht Stunden Film in bester Qualität speichern. Als Ausgabegerät dient entweder ein Computer mit speziellem Laufwerk oder ein DVD-Player, der ab 500 Mark zu haben ist. Im Jahr 2001, prognostizieren Branchenexperten, werde es bereits 5000 Filme auf DVD geben.

DVDs und entsprechende Abspielgeräte kann man heute bereits in manchen Videotheken ausleihen. Den langfristigen Niedergang der Videotheken wird man jedoch auch damit nicht stoppen können. Ihre Zahl hat sich in Deutschland im Verlauf der 90er Jahre schon fast halbiert, sie liegt heute bei rund 5000 und wird sich rasch weiter reduzieren, wenn erst das Internet über Breitbandzugänge erreichbar ist. Die DVD könnte die Videokassette ersetzen, wenn nur der Nutzer die Möglichkeit hätte, sie neu zu bespielen. Das wäre technisch kein ernsthaftes Problem, wird aber bislang nicht angeboten. Die Filmwirtschaft fordert nämlich von der Geräteindustrie strenge Vorkehrungen gegen das illegale Kopieren von Originalen. Probleme mit DVD-Filmen hat Hollywood dennoch, findige Hacker haben die Codes bereits geknackt. Ist ein Film erst einmal in digitaler Form veröffentlicht, so droht ihm dasselbe Schicksal wie den Musikdateien, die über das Internet als Raubkopie überall hingelangen.

Die Globalisierung der Piraterie

Karlheinz Brandenburg könnte steinreich sein. Der heute 47-Jährige hat mit seinen Kollegen vom Fraunhofer-Institut in Erlangen jahrelang daran gearbeitet, das MP3-Format zu entwickeln, den Komprimierungsstandard für Audiodateien. Bei der Datenkompression werden Informationen gezielt weggelassen, die das menschliche Ohr ohnehin nicht wahrnehmen kann. Der Speicherbedarf wird dadurch auf ein Zehntel reduziert – für eine Minute Musik benötigt man nur noch ein Megabyte auf der Festplatte.

Doch Karlheinz Brandenburg ist nicht reich, denn die Forscher des Fraunhofer-Instituts haben ihr Produkt Mitte der 90er Jahre ohne lange zu fackeln ins Netz gestellt – zur Freude der musikbegeisterten Kids und zum Verdruss der Musikindustrie. MP3 lässt die Musikkonserve körperlos und unsichtbar werden. Um Beethovens Neunte oder einen Song des US-Rappers Puff Daddy zu hören, braucht man keine Schallplatte, keine CD und keine DVD mehr. Musik wandert in Form von Bits und Bytes über das Internet von einer Festplatte zur anderen. Derzeit wird für den Download zumeist kein Pfennig gezahlt. 38 Millionen Nutzer hatte die Musiktauschbörse Napster weltweit, als sie schließlich im Herbst 2000 von Bertelsmann gekapert wurde.

Die Napster-Software, entwickelt von dem 19-jährigen Shawn Fanning, speichert in einer zentralen Datenbank alle Informationen darüber, wer welche Musik »liefert«. Napster hätte wohl mithilfe der Justiz aus dem Verkehr gezogen werden können – die Verfahren liefen bereits. »Aber«, erklärt Andreas Schmidt, der für Bertelsmann die freundliche Übernahme von Napster eingefädelt hatte, »das gemeinsame Interesse der Nutzer, der Industrie und auch von Napster ist es, File-Sharing zu legalisieren.« Ob diese Pläne aufgehen oder die Napster-User zu alternativen Tauschdiensten überlaufen, ist ungewiss. Dienste wie Gnutella und Freenet können nicht ohne weiteres vor den Kadi gezerrt werden – bei ihnen gibt es gar keinen Zentralcomputer mehr. Bei Gnutella sind es allerdings, wie eine Studie aus dem Xerox Parc ergeben hat, nur wenige »Großlieferanten«, die den Löwenanteil der Dateien bereitstellen. Die meisten Musikpiraten sind Trittbrettfahrer, die Dateien importieren, ohne selbst einen Teil ihrer Festplatte für den Datenexport zu öffnen. Damit bieten Gnutella und Co. der Justiz und den Behörden gewisse Zugriffsmöglichkeiten – wenige Großdealer könnte man vermutlich dingfest machen.

Doch das Problem mit den Datenschnorrern löst ein gewisser Jim McCoy, ein junger Kalifornier, der als Exmitarbeiter von Yahoo! ein paar Millionen US-Dollar auf die Seite gelegt hat. Auf seiner Website Mojonation.net läuft die Betaversion einer Software, die streng marktwirtschaftliche Regeln durchsetzt: Wer etwas herunterladen will, muss in einer Kunstwährung namens Mojo zahlen, und um sich Mojos zu verdienen, muss er selbst anderen Bits und Bytes zur Verfügung stellen. Zudem wird – eine zusätzliche Raffinesse – die Schnelligkeit seines Internetzugangs in Mojos belohnt. Eine bizarre Situation: Hacker, die das Internet vor dem Kapitalismus retten wollen, gründen dafür extra eine eigene Firma – vorsichtshalber mit Sitz auf den Cayman Islands, außerhalb der Reichweite der amerikanischen Justiz. Adam Smith sei gleichsam als Cyberpunk wiedergeboren worden, merkt Thomas Fischermann in der *Zeit* dazu treffend an. Jim McCoy macht sich nicht nur die Medienwirtschaft zum Feind, sondern auch die Notenbanker, denen unkontrollierte Parallelwährungen im Internet kalte Schauer über den Rücken jagen.

Die digitale Schattenwirtschaft von Piraten, die nicht selbst produzieren, wird vermutlich Episode bleiben müssen – wie vor 600 Jahren die Kaperfahrten des Klaus Störtebeker. Im Unterschied zu den global agierenden Musikpiraten hatte der nur in küstennahen Nordseegewässern geräubert, bevor er im Jahr 1401 vor der Insel Helgoland geschnappt und auf dem Hamburger Grasbrook einen Kopf kürzer gemacht wurde. Jim McCoy droht ein solches Schicksal nicht. Gut möglich, dass der ökonomisch korrekte Rebell eines Tages mitsamt seiner cleveren Software in den Schoß der regulären Wirtschaft zurückkehrt. Die verfügte dann endlich über das ersehnte System für die Abrechnung von Kleinstbeträgen im Internet.

Die Musikindustrie räumt mittlerweile selbst ein, das Internet verschlafen zu haben. Der Musikvertrieb über das Web ermöglicht eine spezielle Form der »individuellen Massenfertigung« (siehe Kapitel »Trend 3«) – eine Form, die den Vorzug hat, dass der Konsument mit anpackt: Statt eine CD von der Stange zu kaufen, mixt er sich seine Musiksammlung nach eigenem Geschmack. Die großen Musiklabels wie EMI, Universal, Sony und BMG haben inzwischen mit dem Musikvertrieb im Netz begonnen und arbeiten an der Perfektionierung von Verschlüsselungs- und Abrechnungsverfahren. Doch selbst wenn die Napsters, Gnutellas und Mojonations wie ein böser Spuk wieder verschwinden sollten, wird die Musikwelt wohl nie wieder sein, wie sie einmal war. Viele Künstler und unabhängige Labels könnten ihre Produktionen auch ohne die großen Player vertreiben.

Vom Onlinebuchhandel zum digitalen Buchvertrieb

Bücher gehören neben CDs zu den Artikeln, die weltweit im Internethandel am besten florieren. Kein Wunder, es handelt sich um homogene Produkte. Bestellt der Verbraucher seinen Harry Potter, so braucht er keine unliebsamen Überraschungen zu fürchten – anders als etwa bei Bekleidung, wo Passgenauigkeit, Farbe und Material variieren. Der Börsenverein des Deutschen Buchhandels schätzt, dass 1999 Bücher im Wert von 165 Millionen Mark über den Internetbuchhandel umgesetzt wurden – knapp ein Prozent der 18 Milliarden Mark, die der Buchhandel insgesamt erlöste. Der Buchhandel über das Web stellt längerfristig allenfalls eine Bedrohung für den stationären Buchhandel dar, nicht für Verlage, die Jahr um Jahr Zehntausende neuer Titel auf den Markt werfen. »Das gedruckte Buch«, glaubt denn auch Eugen Emmerling, der Sprecher des Börsenvereins, »wird zumindest in der Verbraucherliteratur in den nächsten zehn Jahren Leitmedium bleiben.«

Neue Herausforderungen für die Verlage zeichnen sich allerdings ab: Die Buchpreisbindung dürfte früher oder später fallen, »Books on Demand« werden sich weiter verbreiten, und der digitale Vertrieb von Büchern wird an Bedeutung gewinnen, vor allem bei Lexika, Sach- und Fachbüchern. Erfolgsautoren gewinnen an Macht gegenüber ihren Verlagen. Stephen King hat das seinem Verlag Simon & Schuster demonstriert, indem er die Kurzgeschichte »Riding the Bullet« und den Roman »The Plant« kurzerhand ins Netz stellte, gegen Gebühr, aber viel preisgünstiger als ein gedrucktes Buch. Die internationale Hackergemeinde hielt wiederum für den berühmten Horrorautoren eine kleine Demonstration bereit: Sie knackte seinen Kopierschutz binnen 24 Stunden.

Elektronische Bücher, so genannte E-Books, sind besser gegen Datenpiraten geschützt als Stephen Kings Internetseiten, stoßen aber bislang auf geringere Nachfrage. Im Prinzip handelt es sich um Notebooks – aber so weit abgespeckt, dass sie kaum mehr sind als Lesegeräte. Dafür soll der Bücherfreund mehrere 100-Mark-Scheine auf den Tisch legen, ohne dass die Verlage, die ja von Druck- und Lagerkosten befreit werden, bisher bereit sind, einen Teil des Ersparten an den Leser weiterzureichen. Das muss zwangsläufig die Begeisterung dämpfen. Zudem konkurrieren die E-Books mit gratis verbreiteter Software von Microsoft, dem »Reader«, mit dem alle elektronischen Geräte zu E-Books gemacht werden können, auch Notebooks und Handheldcomputer. Im Sommer 2000 begann der amerikanische Onlinebuchhändler Barnes&Noble.com mit Autoren über den Kauf digitaler Rechte zu verhandeln, um mithilfe von Bill Gates' Software den digitalen Buchvertrieb aufzunehmen. Damit trat der Onlinebuchhändler in unmittelbare Konkurrenz zu seinen Lieferanten, den Buchverlagen – ein Konflikt mit offenem Ausgang.

Zeitungen und Zeitschriften: Ohne Kostendeckung im Netz

Führende deutsche Zeitungen und Zeitschriften haben ihr fünfjähriges Netzjubiläum hinter sich, sie hatten bereits Mitte der 90er Jahre angefangen, ihre Web-Präsenzen aufzubauen. Die Seitenzugriffe sind seither stürmisch gestiegen. Im Oktober 2000 konnten die Websites von *Stern*, *Spiegel* und *Focus* zusammen 22 Millionen Besuche verzeichnen. In den Auflagen der gedruckten Medien hat das Internet bisher keinen Flurschaden angerichtet. Bei den Tageszeitungen ist zwar die verkaufte Auflage zwischen 1994 und 1999 um sechs Prozent auf 29,3 Millionen Exemplare zurückgegangen, damit setzte sich aber nur ein längerfristiger Trend fort, der eher dem Fernsehen als dem Internet zuzuschreiben ist. Schon 1995, bevor das Netz populär wurde, hatten Medienforscher »eine wachsende Distanz der jüngeren Bundesbürger zur Tageszeitung« diagnostiziert, »die vom formalen Bildungsniveau zwar beeinflusst, aber nicht aufgehoben wird«.

Das Internet bedroht allerdings eine wichtige Erlösquelle der Zeitungen, nämlich das Geschäft mit Rubrikenanzeigen. Die bisherigen Versuche der Zeitungsverleger, dieses Geschäft selbst ins Internet zu verlagern, muten halbherzig an. Dotcoms wie eBay, Autoscout oder Jobpilot haben es leichter, weil sie ohne Rücksicht auf traditionelle Geschäfte agieren können.

Die verkaufte Auflage der Publikumszeitschriften ist zwischen 1994 und 1999 sogar gestiegen, und zwar um drei Prozent auf knapp 139 Millionen. Allerdings hat sich die Anzahl der Titel im gleichen Zeitraum noch stärker erhöht – von 703 auf 839. Kleinere Spezialtitel knabbern an den Auflagen der großen Flaggschiffe, sodass die Durchschnittsauflage einer Zeitschrift innerhalb dieser fünf Jahre von 191 000 auf 165 000 Exemplare schrumpfte. Dieser Trend zur Fragmentierung ist ebenfalls nicht neu, er lässt sich über zwei Jahrzehnte zurückverfolgen.

Im Anzeigengeschäft haben die Zeitschriften in jüngster Zeit vom Siegeszug des Internets profitiert, wie andere klassische

Medien auch. Der Zentralausschuss der Werbewirtschaft (ZAW) schätzt, dass Internetfirmen im Jahr 2000 rund zwei Milliarden Mark für Werbung in den »alten« Medien ausgegeben haben. Zum Teil handelt es sich freilich um Risikokapital, das Dotcoms »verbrannt« haben, die demnächst im virtuellen Orkus auf Nimmerwiedersehen verschwinden werden.

Kopfzerbrechen bereitet den Verlagen die Finanzierung ihrer eigenen Internetseiten. Für die Nutzer ist fast alles gratis. Die Werbung im Internet ist bis Mitte 2000 zwar rasant angestiegen, dennoch kann sie die Kosten der Medieninhalte nicht annähernd decken. Geschätzte 150 Millionen Mark haben alle deutschen Websites 1999 an Werbeerlösen erzielt. Das war zwar dreimal so viel wie im Jahr zuvor, aber weniger als jedes der gedruckten Wochenmagazine *Stern*, *Spiegel* und *Focus* für sich allein verbuchen konnte. Für 2000 waren zunächst 500 Millionen und mehr prognostiziert worden, doch Mitte des Jahres 2000 korrigierten Forrester Research und andere Marktforschungsinstitute ihre Erwartungen auf etwa 300 Millionen nach unten. Das Angebot an Werberaum wächst schneller als die Nachfrage, die Preise für Werbebanner sind unter Druck geraten. Da der Internetzugang sich stetig verbilligt, müssen auch die großen Onlinedienste und Provider einen wachsenden Umsatzanteil aus Werbung und Handelsprovisionen anstreben. Publizistische Netzangebote der klassischen Medienhäuser konkurrieren daher immer stärker mit T-Online, AOL und Tiscali.

Die wachsende Menge der Gratisinhalte im Internet soll das Marketing für Printmedien unterstützen, doch sie droht zugleich mittel- und langfristig die Vertriebserlöse der gedruckten Zeitschriften und Zeitungen zu schmälern. *Focus* kostet am Kiosk fünf Mark. Dafür kann sich der Leser bei einem Preis von zwei Pfennig pro Minute immerhin rund vier Stunden lang auf den Seiten von *Focus Online* bewegen und findet dort reichlich jene »Fakten, Fakten, Fakten«, die Chefredakteur Helmuth Markwort in seinen TV-Spots den Magazinkäufern verspricht. Obendrein schwappt die Geschenkekultur des Netzes in den Printbereich über – kostenlos verteilte Zeitungen lösten in den letzten Jahren eine beispiellose Prozesslawine aus.

Publizistische Angebote im Internet sind in der Regel defizitäre Geschäfte. Rund 1000 Onlineredakteure, schätzt Michael Haller von der Universität Leipzig, gab es im Jahr 2000 bereits in Deutschland. Christoph Neuberger, der an der Katholischen Universität Eichstätt über Onlinejournalismus in Deutschland forscht, hat in einer Befragung ermittelt, dass von 187 Redaktionen lediglich zwölf nach eigener Angabe eine Kostendeckung erwirtschaften. Die Aktivitäten der meisten Medienunternehmen »rechnen« sich nur, wenn sie sich auf der Habenseite Imagegewinne und Marketingvorteile für Zeitungen, Zeitschriften oder Sender gutschreiben. Die Imagegewinne werden allerdings in dem Maß abnehmen, in dem das Internet seinen avantgardistischen Charme verliert und zum Alltagsmedium der Massen heranreift.

Die Geburt eines neuen Journalismus im Internet, der durch Video, Audio und Hypertext das Erzählen perfektioniert und durch Interaktivität eine neue Nähe zum Publikum erreicht, steht noch aus. Die Onlineableger von Zeitungen und Zeitschriften greifen bisher nach der Untersuchung Neubergers gut zur Hälfte auf Material der gedruckten »Muttermedien« zurück. Reine »E-Zines«, Magazine, die nur im Netz existieren, produzieren 46 Prozent der Inhalte in ihrer Redaktion, rund ein Drittel stammt von Nachrichtenagenturen und ein Fünftel aus »anderen Quellen« – dahinter verbergen sich vielfach wiederum etablierte Medienunternehmen, die Inhalte weiterverkaufen. Mathias Müller von Blumencron, Chefredakteur von *Spiegel Online,* sieht einen Entwicklungssprung in den nächsten Jahren kommen. Onlinejournalismus, meint er, werde sich gar zu einer »neuen Kunstform« entwickeln. Ob dieser Optimismus berechtigt ist, bleibt abzuwarten. Technisch werden die höheren Bandbreiten neue Formen des Erzählens bald ermöglichen, offen bleibt die Frage der Refinanzierung.

Und klare Konturen zeichnen sich für das Bild des Onlinejournalisten auch noch nicht ab. Verglichen mit seinem Kollegen bei den klassischen Medien muss er mehr technischen Service übernehmen, bis hin zur Programmierung und Netzwerkbetreuung. Bei den Websites von Tageszeitungen muss jeder fünfte Onlinejournalist sogar für die inhaltliche Gestaltung von Werbung und E-Commerce sorgen. Die Mehrheit beantwortet E-Mails, und rund ein Viertel moderiert Chats oder Foren. Hier zeigt sich immerhin schon, dass die Interaktivität zu neuen journalistischen Tätigkeiten führt. Renommierte Journalisten sind denn bislang auch nur vereinzelt von den klassischen Medien zum Electronic Publishing übergelaufen. Hans Dieter Degler baute *Spiegel Online* auf, Horst Fugger, einst Ressortleiter bei *Börse Online,* avancierte zum Chefredakteur des *Financial News Network*. Michael Maier, der frühere Chefredakteur der *Berliner Zeitung* und des *Stern*, begann im Herbst 2000 seine Arbeit bei der *Netzeitung*, die vor allem über Wirtschaft, Politik und Sport berichtet.

Vielen Websites mangelt es bislang jedoch an attraktiven Inhalten. Als Wolfgang Keuntje, Chef von T-Online, im September 2000 seinen Job aufgab, soll Telekom-Chef Ron Sommer ihm vorgeworfen haben, er habe es versäumt, aus T-Online ein Inhalteportal zu machen, das die Nutzer anziehe. Hauptkonkurrent AOL hatte schon zwei Jahre vorher eine eigene Redaktion in Deutschland aufgebaut – mit dem Erfolg, dass die Nutzer deutlich länger auf Seiten von AOL verweilen.

»Content ist King«, lautet die Devise. Doch attraktive Inhalte sind knapp und teuer. Vielfach tauchen dieselben Inhalte auf mehreren Websites auf, weil Inhalteanbieter ihre Produkte gegen Bares an verschiedene Websites weiterreichen. Dem Nutzer fällt es erst bei genauem Hinsehen auf, wenn dieselben News und Storys, in unterschiedliches Design gekleidet, unter verschiedenen Adressen um seine Aufmerksamkeit buhlen. Seit Mitte letzten Jahres sind in Deutschland auch Firmen aktiv, die sich nach amerikanischen Vorbildern als Content Broker bezeichnen und gegen Provision Käufer und Verkäufer von Inhalten zusammenbringen. Ob sich jedoch »Content von der Stange« auf Dauer bezahlt macht? Keinem Printmedium, das auf sich hält, würde es einfallen, seine Artikel zum Erscheinungstag an die Konkurrenz zu verscherbeln. Letzten Endes wird das Netz durch die Doubletten für die Nutzer nicht attraktiver, und damit auch nicht für die Werbewirtschaft. Eine Zeit lang mag der B2B-Handel mit austauschbaren Inhalten florieren, doch wenn Endverbraucher und Werbewirtschaft nicht mitspielen, wird manches Projekt wie ein Kettenbrief enden.

Nicht zu unterschätzen sind hingegen die Kräfte der Graswurzelkulturen und die Möglichkeiten der netzwerkartigen Selbstorganisation von kreativen Journalisten. Das Kulturmagazin Perlentaucher.de, das Wissenschaftsmagazin Morgenwelt.de und das bekanntere Telepolis.de mit seinem internationalen Autorennetzwerk mögen zarte Pflänzchen sein. Sie demonstrieren immerhin, dass es im Internet journalistische Möglichkeiten jenseits der Infoschnipsel und Moorhuhnspiele gibt.

Content – Community – Commerce

In den klassischen Medien ist im Regelfall der redaktionelle Inhalt von den Interessen der Werbewirtschaft unabhängig. Wer Anzeigen oder Spots schaltet, zahlt einen festen Preis für die Transportleistung des Werbeträgers, der ihn in Kontakt mit potenziellen Kunden bringt. Ein Anspruch auf redaktionelle Gefälligkeiten ist damit nicht verbunden. Zwar gibt es immer wieder Verstöße gegen diesen Grundsatz, doch hat sich gezeigt, dass Qualitätsmedien, die ihre journalistische Autonomie wahren, nicht nur von den Nutzern, sondern auch von der Werbewirtschaft mehr geschätzt werden als »journalistische Absteigen«, wie der *Spiegel*-Redakteur Cordt Schnibben verächtlich solche Gazetten nennt, die systematisch Schleichwerbung in ihre redaktionellen Spalten einschmuggeln.

Das Internet birgt neue Chancen für Medien, führt sie aber auch auf neuartige Weise in Versuchung. Die direkte Verknüpfung zwischen Medieninhalten und Handel wird möglich. In den Medienunternehmen kursiert die neue 3C-Formel: »Content – Community – Commerce«. Das bedeutet: Die redaktionellen Inhalte (Content) binden eine treue Nutzergemeinde (Community) an die Website, und an diese Community werden Waren und Dienstleistungen verkauft (Commerce). Die Medien sind an diesem Deal natürlich beteiligt:

Sie kassieren Umsatzprovisionen von Herstellern oder Händlern.

Bei den meisten Anzeigen und TV-Spots in klassischen Medien wären solche Umsatzbeteiligungen gar nicht möglich. Niemand kann messen, wie hoch der Mehrabsatz an Handys ist, den Nokia durch eine Anzeige im *Stern* oder einen 30-Sekunden-Spot bei SAT 1 erzielt. Im Internet lässt sich jedoch die Spur des Nutzers und Käufers verfolgen. Bislang sind E-Commerce-Provisionen dennoch recht selten. Den größten Teil ihrer Einnahmen erzielen die Websites mit so genannter Bannerwerbung. Banner sind gleichsam die Litfasssäulen des World Wide Web. Ähnlich selten, wie ein Passant sich Informationen von der Litfasssäule notiert, klickt der Surfer ein Banner an. Oft betragen die Klickraten weniger als ein Prozent, bezogen auf die Besucher der Seite. »Auf Dauer«, erklärt deshalb Christoph Schuh, Vorstandsmitglied der Tomorrow Internet AG, »können sich Verlage im Internet nicht nur mit Bannerwerbung finanzieren«. Als Beispiel für Erlöse aus E-Commerce nennt Schuh den Fall, dass jemand sich auf der Website von *TV Spielfilm* über eine Sendung mit Madonna auf MTV informiert. Dann, so erläutert Schuh, »bietet ihm unsere Datenbank automatisch alle Videos und CDs von Madonna auf der gleichen Ebene an«. Je mehr Madonna-Musikkonserven gekauft werden, desto mehr Geld spielt die Website ein. Damit ist ein harmloser Fall beschrieben: Der Programmhinweis auf einen Videoclip bei MTV tangiert nicht wirklich das, was sich die Mütter und Väter des Grundgesetzes unter Pressefreiheit vorgestellt haben.

Doch so harmlos sind nicht alle Konstellationen. Unter einer Buchbesprechung kann etwa ein Link platziert werden, der direkt zum elektronischen Bestellformular für das Buch führt. Das ist für den Nutzer bequem und für den Internetbuchhandel ebenfalls. Wenn die Einnahmen der Website an die Zahl der verkauften Bücher gekoppelt werden, kann der Rezensent aber in Versuchung kommen, das Werk überschwänglich zu loben – er gerät in Gefahr, vom unabhängigen Journalisten zum Kaufhauspropagandisten zu mutieren. Die Website für Feinschmecker, die über Paellas schreibt und einen Link zum

Hersteller von Paellapfannen setzt, bekommt leicht das Image des hilfreichen Fremden im orientalischen Basar, von dem man ja auch ahnt, dass er am Geschäft des Teppichhändlers beteiligt ist.

Hersteller und Händler sind in solchen Geschäftsmodellen genau genommen keine Inserenten mehr, sondern werden zu Kooperationspartnern des Medienunternehmens. Während Printmedien, Radio- und TV-Sender grundsätzlich die Werbung jedes Unternehmens drucken oder ausstrahlen, solange sie nicht Gesetze verletzt oder Geschmacksgrenzen überschreitet, sucht man sich seine Kooperationspartner sorgsam aus, und zwar nach den Erfolgschancen ihrer Produkte im Markt. Akzeptiert die Website dennoch alle Firmen einer Branche, um ihre Neutralität zu wahren, so taucht ein neues Problem auf: Wenn alle denselben Provisionssatz auf die Umsätze entrichten müssen, zwingt man starke Firmen indirekt dazu, die Ladenhüter ihrer schwächeren Konkurrenten zu subventionieren – der Durchschnittssatz muss schließlich so kalkuliert sein, dass die Website insgesamt auf ihre Kosten kommt. Die Alternative, jeden Provisionssatz individuell auszuhandeln, wäre überaus kompliziert.

Traditionsbewusste Medienunternehmen, allen voran die großen Verlage, gehen mit dem Content-Commerce-Dilemma behutsam um und bauen Sicherungen gegen die Vermischung ein. Ob sich diese »Firewalls« bewähren, bleibt abzuwarten. Anbieter ohne Wurzeln im klassischen Mediengeschäft zeigen weniger Skrupel. So soll zum Beispiel bei manchen Internetsuchhilfen für eine Platzierung auf den vorderen Rängen der Ergebnislisten Geld geflossen sein.

Bei manchen ist die Euphorie in Sachen E-Commerce Ende 2000 schon wieder der Ernüchterung gewichen. »E-Commerce ist ein schwieriges Thema«, verrät Christian Hellmann, Vorstandschef der Tomorrow Internet AG, »der Markt hat sich nicht so entwickelt, wie prophezeit wurde.«

Qualität hat ihren Preis

Mitte der 90er Jahre bot das Wirtschaftsmagazin *Capital* im geschlossenen Netz von T-Online Kostenvergleiche für die Kraftfahrzeugversicherung an. Der Nutzer konnte seinen Kraftfahrzeugtyp, Modell, Baujahr usw. eingeben, und eine Datenbank warf ihm die Beiträge aus, die einzelne Gesellschaften verlangten. Durch den Wechsel zur günstigeren Versicherung ließen sich oft erhebliche Jahresbeiträge einsparen. Die Nutzer zahlten für die Informationsleistung einen Betrag von rund zehn Mark, wobei das Inkasso über die Telefonrechnung erfolgte. Heute werden Tarifrechner für Versicherungen, Telefon und Strom den Internetnutzern auf zahlreichen Websites gratis angeboten.

Im offenen Internet haben die Verfechter der »Aufmerksamkeitsökonomie« (Kevin Kellys »Gesetz der Großzügigkeit«), vor allem aber fehlende Inkasso-Möglichkeiten für Kleinbeträge eine Lawine von Gratisleistungen ausgelöst. Als einzelne Websites doch versuchten, ihre Besucher an den Kosten zu beteiligen, fielen die Ergebnisse zumeist entmutigend aus. »Die Nutzer zahlen nur für Pornografie und Wirtschaft«, kommentierte Florian Rötzer im deutschen E-Zine *Telepolis* die Entscheidung des amerikanischen Magazins *Slate* im Jahr 1999, seine Gebührenregelung mangels Resonanz wieder abzuschaffen.

Selbst die meisten Wirtschafts- und Finanzseiten geben bisher ihre Informationen gratis ab. Zu den bemerkenswerten Ausnahmen gehört das *Wall Street Journal*. Die Onlineausgabe der amerikanischen Wirtschaftszeitung meldet eine halbe Million zahlender Abonnenten. Das Abonnement kostet 59 Dollar im Jahr. Rund ein Drittel der Abonnenten bezieht auch die Printversion der Zeitung und zahlt einen ermäßigten Preis von 29 Dollar. 150 Redakteure und Techniker arbeiten im Drei-Schicht-Betrieb für wsj.com, die Umsätze kletterten schon 1999 auf immerhin 31 Millionen Dollar. Rich Jaroslovski, der 46-jährige Chefredakteur, hat fast zwei Jahrzehnte als Journalist für Printmedien gearbeitet und verrät ein Erfolgsgeheimnis, das manchem altmodisch erscheinen mag: Er will das Internet als

Plattform für »Qualitätsjournalismus erster Güte« nutzen. Und: »Ehrlichkeit, Genauigkeit und Fairness kommen nicht aus der Mode, nur weil sich die Technologie geändert hat.«

Erfolge im Internet kann auch George Gilder verbuchen. Der 60-jährige Konservative, in Deutschland vor Jahren als Berater Ronald Reagans bekannt geworden, publiziert monatlich den *Gilder Technology Report* (gildertech.com) im Internet. Gut 70 000 Abonnenten zahlen jeweils 295 Dollar im Jahr für die achtseitige Netzpostille.

Viele Medienunternehmen haben im Internet bisher die Kräfte der Werbewirtschaft und des E-Commerce grandios überschätzt, die Zahlungsbereitschaft der Nutzer hingegen unterschätzt. Eine repräsentative Forsa-Umfrage im Auftrag der Zeitung *Die Woche* ergab Ende Oktober 2000, dass immerhin 31 Prozent der Onlinenutzer sich bereit erklärten, »für Informationen oder Unterhaltung im Internet zu bezahlen«. Werbewirtschaft und E-Commerce sind gar nicht in der Lage, alle Netzinhalte zu refinanzieren. Und selbst wenn sie es wären: Wenn Inhalte sich bis zur Unkenntlichkeit mit Werbung und PR vermischen oder wenn die Werbung ein Übermaß an Zeit und Nervenkraft beansprucht, ist das letztlich auch ein Preis, der den Nutzern abverlangt wird.

Vielen wird dieser Preis zu hoch sein. Die kritischen Nutzer werden es deshalb vorziehen, für unabhängige Information direkt zu zahlen. Hochwertige Medienangebote, produziert nach dem »Reinheitsgebot«, werden im Internetzeitalter keineswegs aussterben. Ray Kurzweil, in jüngster Zeit durch seine umstrittenen Prophezeiungen über Mensch-Maschine-Hybriden bekannt geworden, hat schon 1992 festgestellt, wir müssten uns daran gewöhnen, »dass auch unkörperliches Wissen einen Wert darstellt. Sonst wird nämlich kein Wissen von Wert geschaffen werden.«

Manche Anzeichen deuten darauf hin, dass die Kombination aus Freibiermentalität und fehlenden Standards für Micropayments bereits als Fortschrittsbremse wirkt. Gebremst wird zum einen der Übergang von physischen Medienprodukten zu digitalen, weil nur mit den körperlichen Produkten die Kosten zu refinanzieren sind. Insofern müssen unnötigerweise Bäume sterben. Zumindest vereinzelt werden darüber hinaus fertige Netzprodukte zurückgehalten, das heißt, sie kommen – noch – nicht auf den Markt. »Die von uns teuer erarbeiteten Services bieten wir auf keinen Fall kostenlos an«, erklärte der Redaktionsleiter von *DM Online* im Sommer 2000, »aber sobald Standards geschaffen sind, geben wir die Datenbanken über ein stabiles elektronisches Cash-System frei.« Das erinnert ein bisschen an die Zeit vor der Währungsreform von 1949. Hersteller und Händler horteten damals ihre Waren bis zum Tag X.

Es wird künftig verschiedene Arten von Content im Internet geben. Bei austauschbaren Inhalten wie Agenturmeldungen und Wetterberichten gelten die üblichen Regeln der Preisbildung auf Wettbewerbsmärkten: Sie besagen, dass der Preis den Grenzkosten entspricht, und die Grenzkosten digitaler Güter liegen nun einmal bei null. Sind die Inhalte aber nicht beliebig austauschbar, so gelten für die Preisbildung andere Regeln als bei redaktioneller Schüttware. Es wird sicher zukünftig mehr Nutzergebühren geben als in der anarchischen Frühzeit des World Wide Web. Für besonders hochwertige und exklusive Inhalte wird Cybergeld fließen. Wenn erst einmal die Massen im Netz für Fußballspiele und Filme wie selbstverständlich ihren Obolus entrichten, wird der gut betuchte Manager sich nicht lange zieren, für einen Artikel aus dem Archiv der *Financial Times* oder des *Handelsblatts* 2,50 Mark zu zahlen. Schließlich ist denkbar, dass Websites, die den Nutzer zur Kasse bitten können, auch bei der Werbewirtschaft besondere Resonanz finden. Dann könnte sich am Ende für anspruchsvolle Internetseiten eine Mischfinanzierung aus Werbung und Nutzerentgelten herausbilden, wie sie heute bei anspruchsvollen Printmedien üblich ist.

Bei den kommenden UMTS-Handys könnte die Bezahlung mit der Mobilfunkrechnung erfolgen – ähnlich wie einst im geschlossenen T-Online-Netz wäre also das Inkasso kein Problem. Das Display eines Handys bietet allerdings, zurückhaltend formuliert, für manche Inhalte keine optimale Präsentationsfläche. Und die Netzbetreiber werden ebenfalls danach trachten, die Handybesitzer zur Kasse zu bitten. Rund 1500

Mark, so kalkuliert mancher Lizenzinhaber, soll der stolze Besitzer eines UMTS-Handys jährlich berappen, damit die Kosten für die Lizenzen und den Netzaufbau hereingeholt werden können.

Demokratisierung der Daten?

Herkömmliche Medien und professionelle Journalisten haben in der Offlinewelt eine Türsteherfunktion. Sie selektieren die Informationsfülle und tragen Verantwortung für die Qualität der in den klassischen Medien veröffentlichten Inhalte. Im Internet kann dagegen jeder publizieren, sei es auf eigenen oder auf fremden Seiten. Mancher setzt darauf große Hoffnungen, wie etwa Volker Grassmuck vom Institut für Informatik und Gesellschaft der Berliner Humboldt-Universität. »Die Macht der digitalen Medien beweist sich nicht an 500 TV-Kanälen, sondern an 50 Millionen Sendern. Die Spaltung der medialen Information in wenige professionelle Macher und Heerscharen passiver Rezipienten ist aufgeweicht. Kulturelles Wissen wird von einem Produkt wieder zu einem Dialog.«

Die amerikanischen Wissenschaftler Peter Lyman und Hal Varian schätzen, dass jährlich eine Milliarde Gigabytes an Informationen hergestellt werden, und sprechen von einer »Demokratisierung der Daten«, weil Privatleute einen steigenden Teil davon erzeugen. »Es gibt nicht nur eine Massenproduktion an Informationen, sondern auch eine Informationsproduktion durch die Massen.« Private Homepages, Chaträume und Newsgroups bilden Plattformen, die vor allem von Jugendlichen und von Hobbygemeinschaften aller Art intensiv genutzt werden. Neu ist auch, dass die User auf fremden Seiten News und Meinungen publizieren können – bei Onlinebuchhändlern wie Amazon oder BOL etwa und auf Websites wie Ciao.com und Doyoo.de.

»Lass die Nutzer die Arbeit machen«, das hat sich auch Rob Malda gesagt. Seine viel beachtete amerikanische Website

Slashdot.com hat weder Reporter noch ein Redaktionsbudget und bringt trotzdem massenhaft News und Meinungen unter die Leute. *Slashdot* – Untertitel: »News for Nerds« – ist ein Forum für Computerfreaks, von denen viele der Open-Source-Bewegung nahe stehen. Eine winzige Redaktion wählt täglich aus einer Unmenge von Einsendungen aus, was ihr interessant erscheint. Die Nutzer müssen nicht unter ihrem Namen publizieren, unter den meisten Beiträgen steht nur ein Pseudonym. Beobachter berichten, dass *Slashdot* häufig die neuesten Meldungen aus der Computerszene publiziere. Am nächsten Tag finde man die Story dann bei *Wired News* und ein paar Tage später lande sie auf den Websites der großen TV-Sender. *Slashdot*, glauben manche, sei ein früher Beleg für das Potenzial des Internets, Öffentlichkeit im Sinne des »herrschaftsfreien Diskurses« herzustellen, der dem Kommunikationstheoretiker Jürgen Habermas als Ideal vorschwebt.

Neue Schnittstellen für Leser? Elektronisches Papier

Das Lesen muss nicht an Printmedien gebunden bleiben, wie wir sie heute kennen. Am Monitor liest zwar niemand gern Texte, die über ein oder zwei Seiten hinausgehen – ein Grund dafür, dass im Internet der schnörkel- und schmucklose Kurztext dominiert. Die bereits auf dem Markt befindlichen elektronischen Bücher stoßen bei professionellen Testnutzern auf wenig Begeisterung. Womöglich gibt es aber bald eine neue Generation elektronischer Bücher, Zeitungen und Zeitschriften. Joseph Jacobsen forscht an der amerikanischen Ostküste über elektronisches Papier und elektronische Tinte, er ist Assistenzprofessor am berühmten Media Lab des MIT und Mitgründer der Firma E-Ink. Nicholas Sheridan entwickelte seine Ideen 5000 Meilen entfernt im kalifornischen Palo Alto, im nicht weniger berühmten Xerox Parc. Irgendwann zwischen 2002 und 2004 soll das elektronische Papier auf den Markt kommen.

Am MIT in Boston arbeiten die Forscher mit einer Technik, die auf der so genannten Mikroverkapselung basiert, erläutert Neil Gershenfeld in seinem Buch »Wenn die Dinge laufen lernen«. Diese wird auch bei der Herstellung von kohlefreiem Durchschlagpapier angewendet. Schalen aus einem bestimmten Material werden um einen Kern aus anderem Material gebildet. Im Fall des modernen Durchschlagpapiers wird beim Schreiben so viel Druck ausgeübt, dass sich die verkapselte Tintenflüssigkeit auf das darunter liegende Papier entlädt. Der Vorteil gegenüber dem alten Kohlepapier liegt darin, dass man sich Hände und Hemden nicht mehr beschmutzt. Am MIT ist es gelungen, mikroverkapselte Partikel in der Größe von Tonerstaub herzustellen, die wiederum noch kleinere Partikel enthalten. Diese inneren Partikel sind entweder schwarz oder weiß und haben unterschiedliche elektrische Ladung. In einem elektrischen Feld wandern die weißen Teile auf die eine Seite der Außenschale, die schwarzen auf die andere. Sie tauschen die Seiten, sobald das Feld umgepolt wird. Das Ergebnis, so Neil Gershenfeld, sehe genauso aus wie Toner, weil es streng genommen nichts anderes sei.

Die Zeitung der Zukunft könnte auf einer Art »Radiopapier« erscheinen. Es handelt sich dabei um eine Schicht aus Papier, Partikeln und Elektroden. Man legt sie abends auf den Frühstückstisch, sodass das Morgenlicht die eingebaute Solarzelle mit Energie versorgt, die man für das Umpolen der spannungsgeladenen Tonerpartikel braucht. Ebenfalls in die Papierschicht integriert ist ein Wellenempfänger, der Radiosignale empfängt, mit denen die Zeitung jeweils auf den neuesten Stand gebracht wird. »Schlechte Zeiten für Heringsverkäufer und Katzenklos« sieht Gershenfeld anbrechen, weil es keine Zeitungen von gestern mehr geben wird. Das elektronische Buch, das auf das heute am Markt befindliche E-Book folgen könnte, basiert auf derselben Technologie: auf Papierseiten mit mikroverkapselter Tinte und Elektroden, die man je nach Geschmack in Leinen oder Schweinsleder bindet. Im Buchrücken wäre die Steuerungselektronik versteckt, das Buch würden denselben haptischen Eindruck vermitteln wie dasjenige aus der

Gutenberg-Ära. Der einzige Unterschied bestünde darin, dass es seinen Inhalt ändern könnte.

Rosten die Sturmgeschütze der Demokratie?

Guter Journalismus ist eine Grundlage der Demokratie, die ohne den viel beschworenen »mündigen Bürger« kaum lebensfähig wäre. *Spiegel*-Gründer Rudolf Augstein hat sein Blatt als »Sturmgeschütz der Demokratie« bezeichnet, weil es Mauscheleien der Mächtigen in Politik und Wirtschaft in zahllosen Fällen enthüllt hat. Neben dem so genannten investigativen Journalismus braucht die Demokratie auch geeignete Plattformen für den politischen und den kulturellen Streit. Dafür stehen in Deutschland vor allem die vielfältige Zeitungs- und Zeitschriftenlandschaft und das öffentlich-rechtliche Fernsehen.

Führende Köpfe der Verlage und der Sender betonen stets, dass Medien keine beliebigen Güter produzierten wie etwa Fischkonserven oder Frühkartoffeln; Medienprodukte seien nicht nur Wirtschafts-, sondern auch Kulturgüter. Die Umsetzung dieses Credos im Alltag könnte allerdings in Zukunft schwieriger werden. Nicht wenige Medienunternehmen firmieren heute schon als börsennotierte Aktiengesellschaften, und renditehungrige Fondsmanager sind nicht primär an der Einhaltung hehrer Grundsätze interessiert. Eine direkte Bedrohung der Presse- und Meinungsfreiheit wird daraus wohl dennoch nicht entstehen, denn das Internet senkt die Eintrittsbarrieren für jedermann, der etwas publizieren will – selbst unter Bedingungen scharfer Repression, wie sich in China und Serbien gezeigt hat. Georg Büchner würde den Hessischen Landboten heute spottbillig online produzieren.

Es erodiert allerdings das politische Interesse und die Bereitschaft des Souveräns, zur Wahl zu gehen. Diese Erosion bedroht den Kern einer Demokratie und damit indirekt auch den Artikel 5 der Verfassung. Der »Artikel-5-Anteil« am Umsatz des Mediensektors, also der Anteil der Publizistik im engeren Sinne, ist seit längerem rückläufig – parallel zur Wahlbeteiligung, was ja kein Zufall sein muss.

Für die zunehmende Menge an Schund, der im Fernsehen ausgestrahlt wird, haben professionelle Medienbeobachter den Begriff der Abflachungsspirale geprägt. Wer sich ohne Einschränkung zum Primat von Zuschauerquoten (oder Auflagen bei den Printmedien oder Traffic im Internet) bekennt, verhält sich fragwürdig, weil er sich immer auf diejenigen Präferenzen berufen kann, die er in der letzten Spiralrunde selbst mitgeschaffen hat. »Wünsche und Nachfrage«, hat der frühere Bundespräsident Roman Herzog dazu festgestellt, »legitimieren nicht alles.« Und weiter: »Offenkundig gibt es bei einigen Zeitgenossen doch auch ein Bedürfnis, zu stehlen, Drogen zu konsumieren oder zu vergewaltigen, ohne dass wir dem einfach nachgeben. Und keiner unter uns ist so naiv zu leugnen, dass man die Nachfrage auch züchten kann, auf deren Befriedigung man sich dann – liberal wie man einmal ist – beruft.«

Im Unterschied zu diesem Urteil des einstigen CDU-Politikers Herzog vertritt der frühere SPD-Politiker Glotz eine radikal-libertäre Position. Wo es im Einvernehmen aller Marktteilnehmer darum gehe, »dem Endverbraucher gewünschte (und notabene legitime) psychophysische Prozesse zu verschaffen«, dort seien Begriffe wie Wahrheit und Lüge fehl am Platz. Für Glotz ist anscheinend alles legitim, was gewünscht wird, für Herzog ganz und gar nicht. Wir halten es in diesem Fall eher mit Roman Herzog als mit dem sonst geschätzten Peter Glotz. Wer allein die Quote entscheiden lassen möchte, wird in letzter Konsequenz kein Argument gegen Liveübertragungen von Hinrichtungen haben, sofern genug Zuschauerresonanz winkt (und ein paar andere »Details« geklärt sind, wie die Wiedereinführung der Todesstrafe und die Versteigerung der Übertragungsrechte). Gewiss hat es der Liberale Roman Herzog schwerer als der Liberale Peter Glotz: Letzterer muss niemals fürchten, als Vormund oder gar Zensor gescholten zu werden.

Das Grundproblem ist nicht neu, John Stuart Mill hat 1859 in seinem berühmtem Essay »Über Freiheit« beschrieben, wie schmal der Grat ist, auf dem Liberale wandeln. Der englische Ökonom und Philosoph räumte dem Individuum größtmögliche Freiheit ein und setzte dem Staat enge Grenzen. Doch die Freiheit, sich selbst zum Sklaven zu machen, soll der Einzelne nicht in Anspruch nehmen können: »Das Prinzip der Freiheit kann nicht verlangen, dass er frei sein sollte, nicht frei zu sein.« Heute stehen nicht nur Eltern und Pädagogen, sondern auch Politiker und Programmchefs vor der Frage, ob jungen Menschen die Freiheit gewährt werden soll, sich ausgerechnet an der Schwelle zur viel beredeten Wissensgesellschaft in die geistige Sklaverei von Trash-Talkshows und Horrorvideos zu begeben. Die Grenzen der Freiheit stehen auch dort zur Diskussion, wo die Freiheit anderer verletzt oder bedroht wird. Bekanntlich stellt sich dieses Problem im Web mit einiger Dringlichkeit. Andy Müller-Maguhn will sogar Websites von Neonazis als »nützliche Informationen« durchgehen lassen. So sympathisch seine Verteidigung des offenen Netzes ist, in diesem Punkt stimmen wir nicht mit ihm überein.

Was auf uns zukommt

Erstens: Durch das digitale Fernsehen und das Internet werden die Medieninhalte auf der Angebotsseite noch stärker »verspartet« (in einzelne Sparten aufgeteilt), und auf der Nachfrageseite nimmt die Fragmentierung der Nutzerschaften weiter zu. Der gesellschaftliche Zusammenhalt dürfte dadurch weiter abnehmen. Eine digitale Spaltung wird die Informations- und Wissenskluft in der Gesellschaft vertiefen – rund ein Drittel der Bevölkerung, überwiegend Ältere mit geringer Bildung und Kaufkraft, werden auf lange Sicht die Möglichkeiten der neuen Medien kaum nutzen.

Zweitens: Die Vermischung von Werbung und Redaktion wird sich durch das Internet verstärken. Im Netz wird es aber auch einen gegenläufigen Trend geben, hin zu hochwertigen informationsorientierten Angeboten für eine gehobene Leserschaft, die einen eigenen Finanzierungsbeitrag leistet. Durch immer kürzere Produktionszyklen nähern sich andere Medienprodukte dem permanenten Publizieren im Internet an. Wegen der verschärften Konkurrenz zwischen den Medien auf allen Plattformen werden die Anbieter unter Kostendruck geraten, der sich, so die Prognos-Forscher Schrape und Trappel, »nachteilig auf die durchschnittliche inhaltliche Qualität der Medien auswirkt«.

Trend 6: Die neue Realität: Politik und Verwaltung im Cyberspace

Die Neugeburt der athenischen Demokratie

AL GORE

Weder wird dank des Internets ein neues athenisches Zeitalter anbrechen, noch wird an ihm die repräsentative Demokratie zugrunde gehen.

CLAUS LEGGEWIE

Vater Staat entdeckt das Web

Die Wirtschaft rüstet digital auf, die Unternehmen, Konzerne wie Mittelständler, investieren in die modernen Informations- und Kommunikationstechniken. Sie knüpfen übers Web neue Beziehungen zu ihrer Kundschaft und bauen an riesigen Net Markets, sie finden sich im Cyberspace zu virtuellen Joint Ventures zusammen und mobilisieren mit Bits und Bytes ungeahnte Produktivitätsfortschritte – es formiert sich die New Economy. Doch was ist mit dem Staat? Nutzt er die modernen Technologien für mehr Bürgernähe, oder überwiegen die hoheitlichen Amts- und Bedenkenträger, die wie Beobachter auf dem Balkon die digitale Revolution aus der Ferne verfolgen? Nein, kein Zweifel, der Staat entdeckt und nutzt das Web ebenfalls, wenn auch langsamer als die Wirtschaft. Einmal abgesehen von den leeren öffentlichen Kassen, ein Grund für die Zögerlichkeit liegt auf der Hand: Während ein Unternehmen an Umsätzen und Erträgen schnell die Wirtschaftlichkeit seines E-Business ablesen kann, fehlen dem Staat vergleichbare Größen; wenn etwa das Berliner Finanzministerium im Internet über die Steuerreform informiert, kann es den Aufwand als Bürgerservice verbuchen – eine zusätzliche Mark spielt der Finanzminister mit seiner Website nicht ein.

Damit ist schon das Stichwort für eine der Stärken des Internets im öffentlichen Sektor genannt: Es bietet dem Staat und den politischen Akteuren ein enormes Potenzial vor allem als Informations- und Kommunikationsmedium. In den USA, wo bekanntlich in Sachen Internet alles ein gutes Stück weiter ist als bei uns, wurde diese Stärke des Webs vor den jüngsten Präsidentschaftswahlen deutlich. Auf amtlichen und nicht amtlichen Seiten wurde ausführlich das Prozedere der Wahl erläutert, die User konnten durch die Geschichte der USA surfen, sich über Verfassungsdetails und frühere Inaugurationen informieren, und vor allem konnten die Amerikaner die Kandidaten für das höchste Amt ihres Landes so ausführlich kennen lernen, wie vor keiner Wahl zuvor – nicht nur die Favoriten Al Gore und George W. Bush, sondern auch die übrigen der offiziell 164 nominierten Bewerber, darunter Paradiesvögel wie einen gewissen Leslie Lummins, der auf seiner Homepage versprach, die Steuern abzuschaffen, und sein politisches Programm auf die kurze Formel brachte: »Wie jeden Tag Weihnachten«.

»E-Democracy« nennen die Amerikaner die umfassende politische Information im World Wide Web. Mit dem Ausbau der »National Information Infrastructure« (NII) machte Präsident Bill Clinton 1994 die Digitalisierung der öffentlichen Information zur Chefsache. Seither haben die Verwaltungen in den USA für ihre »E-Citizens« ein ebenso umfangreiches wie aktuelles Angebot im Netz, von der Spitze mit der E-Mail-Adresse des Präsidenten (president@whitehouse.gov) über die Internetportale der Bundestaaten bis zu kleinsten Kommunen, die sich per Fingertipp im Web präsentieren. Die Amerikaner können über das Internet so ziemlich alles abrufen, was von öffentlichem Belang ist, von den Kosten für die Registrierung einer Geburt im Bundesstaat Ohio bis zu den Friedhofsgebühren. Und dass Websites staatlicher Einrichtungen nicht langweilig sein müssen und durchaus so viel Traffic mobilisieren können wie die privater Einrichtungen, dafür sorgte in den USA Bill Clinton, der Initiator der digitalen Offensive, höchstpersönlich:

Die Internetseite des US-Kongresses mit dem »Starr-Report« über die Sexaffäre des Präsidenten mit der Praktikantin Monica Lewinsky wurde innerhalb weniger Tage vier Millionen mal aufgerufen.

Von solchen Zugriffsfrequenzen auf ihren Websites können deutsche Staatsmänner natürlich nur träumen – sie haben allerdings auch nicht so spannenden Content zu bieten. Der Bundespräsident etwa lockt die Surfer mit seinen Reden und klugen Zitaten, mit Wissenswertem über die Frau Gemahlin und mit Informationen über die früheren Präsidenten und die Amtssitze unseres Staatsoberhaupts. Rund 2000 Besucher die Woche landen auf der Website von Johannes Rau (www.bundespraesident.de) und können ihm, wenn sie denn möchten, bei der Gelegenheit eine E-Mail schicken. Natürlich hat auch der Bundeskanzler eine Website (www.bundesregierung.de) und eine E-Mail-Adresse (posteingang@bundesregierung.de). Seine Minister sind ebenfalls vollzählig im Netz vertreten, ebenso die Landesregierungen. Die Parteien und politische Organisationen nehmen ihren Verfassungsauftrag, an der politischen Meinungsbildung mitzuarbeiten, inzwischen auch über das Internet wahr. Sie präsentieren sich mehr oder weniger gekonnt im Netz und bieten ihren Anhängern wie Gegnern Dialogplattformen, die immer dann gern genutzt werden, wenn die Wahlbürger so richtig Dampf ablassen wollen.

So setzt sich auch in Deutschland durch, und zwar von der Bundesspitze bis zur kommunalen Basis, was inzwischen als E-Government bezeichnet wird. Da Electronic Government, wie Jörn von Lucke und Heinrich Reinermann von der Deutschen Hochschule für Verwaltungswissenschaften in Speyer schreiben, »ein bisher unbekanntes Potenzial für Dienstleistungsorientierung, Bürgerbeteiligung, Produktivität und Wirtschaftlichkeit im öffentlichen Sektor« erwarten lasse, der Begriff jedoch fortwährend missverständlich interpretiert werde, geben uns die Wissenschaftler die »Speyerer Definition« an die Hand. Demnach ist E-Government »die Abwicklung geschäftlicher Prozesse im Zusammenhang mit Regieren und Verwalten mithilfe von Informations- und Kommunikationstechniken über elektronische Medien. Aufgrund der technischen Entwicklung nehmen wir an, dass diese Prozesse künftig sogar vollständig elektronisch abgewickelt werden können. Diese Definition umfasst sowohl die lokale oder kommunale Ebene, die regionale oder Landesebene, die nationale oder Bundesebene sowie die supranationale und globale Ebene. Eingeschlossen sind somit der gesamte öffentliche Sektor, bestehend aus Legislative, Exekutive und Jurisdiktion sowie öffentliche Unternehmen«.

Natürlich gibt es inzwischen für das E-Goverment die treffenden »Buzzwords«, ohne die sich Web-Apologeten kaum mehr verständigen könnten. So meint G2C die elektronische Hinwendung vom Government zu den Consumern, also die Abwicklung öffentlicher Dienstleistungen mit dem Bürger über das Internet. G2B beschreibt die elektronischen Geschäftsbeziehungen zwischen der Verwaltung und der Wirtschaft. G2G, also »Government to Government«, umfasst die vielfältigen digitalen Verwaltungsprozesse der öffentlichen Verwaltungen untereinander, etwa Raumordnungs- und Genehmigungsverfahren, das Steuerwesen oder das Gesetzgebungsverfahren. Vergleichsweise neu ist B2G, »Business to Government«, doch die Wirtschaft hat erkannt, dass Vater Staat als Verbraucher ein lukrativer Kunde ist und bietet nun in speziellen Internetportalen Produkte und Services an, die vom Staat regelmäßig nachgefragt werden, von der Schulbank bis zu Beratungsangeboten.

Politische Kommunikation digital

Dieser ausführlichen Definition von E-Government ist kaum etwas hinzuzufügen. Wenngleich der Begriff »geschäftliche Prozesse« vermutlich zu eng gefasst sein dürfte. Denn das enorme Potenzial, das auch von Lucke und Reinermann dem Internet bescheinigen, ist vor allem in der politischen Information und Kommunikation zu sehen. Ministerien und Ämter suchen immer häufiger den Weg über das Web, um den Bürgern aktuelle Informationen zu bieten.

Ein gutes Beispiel für den wachsenden Bedarf an politischer Information über das Internet ist die Website des Deutschen Bundestags, die eine breite Palette an Informationen bietet. Unter der Rubrik »Aktuelles« finden sich etwa Tagesordnungen, Protokolle und Nachrichten, darüber hinaus informiert bundestag.de ausführlich über die Gremien des Parlaments, über das Grundgesetz, über Gesetzgebungsverfahren, Wahltermine und die europäischen Institutionen. Möglich ist auch der Zugang zu den Datenbanken des Bundestags. In ihrem interaktiven Teil bietet die Website Diskussionsforen, sie ermöglicht es den Usern, sich online für einen Besuch des Bundestags anzumelden, und während der Sitzungswochen werden die Plenardebatten übers Web direkt übertragen. Das vielfältige Programm kommt an: Seit 1996 ist bundestag.de im Netz, seither ist die Zahl der Seitenzugriffe von ursprünglich 3,5 Millionen pro Jahr auf über 30 Millionen geklettert. Jens Schröder, der für seine Magisterarbeit »Politische Kommunikation im Internet« die Website des Bundestags analysiert hat, machte unter den Usern zwei besondere Zielgruppen aus: »Ein Großteil der Zugriffe, rund 40 Prozent, kommt aus dem Schul- und Wissenschaftsbereich, eine weitere große Nutzergruppe sind die Medienvertreter.«

Die Internetseite des Deutschen Bundestags führt außerdem auf die Homepages der Bundestagsabgeordneten – sofern sie eine eingerichtet haben, doch bei den Parlamentariern wird der Trend zu einer verstärkten Onlinekommunikation ebenfalls deutlich sichtbar: Immer mehr Bundestagsabgeordnete – wie übrigens ebenso deren Kolleginnen und Kollegen in den Länderparlamenten – pflegen digitale Beziehungen zu ihren Wählerinnen und Wählern. 1996 – wenn man so will: im späten Mittelalter des Webs – waren es gerade mal 16 Bundestagsabgeordnete, die über das Internet Bürgernähe suchten; Anfang 2001 waren immerhin schon 273 der insgesamt 669 Abgeordneten mit einer eigenen Homepage im Netz vertreten.

Dabei nutzen sie – zumindest manche – mit aufwändig und einfallsreich gestalteten Auftritten die ganze Breite der technischen Möglichkeiten, von der Interaktivität des Internets bis hin zur Versorgung der User mit aktuellen Themen und Terminen. Es gibt jedoch auch Gegenbeispiele – Homepages von Abgeordneten, die es mit der Aktualität und der Pflege der Inhalte nicht so genau nehmen. Das zeigt: Die Hinwendung der Parlamentarier zur digitalen Kommunikation ist unverkennbar, es fehlt hingegen bei einem großen Teil noch die Professionalität im Umgang mit dem Medium.

Klar ist jedoch, welche Zielgruppe die Abgeordneten mit ihrer Onlinekommunikation erreichen möchten. Es sind, wie Jens Schröder bei seinen Recherchen herausfand, »junge Leute aus dem Wahlkreis, die sich über traditionelle Medien oder gar politische Veranstaltungen nicht erreichen lassen«. Eine Zielgruppe, die zunehmend für politische Parteien von Bedeutung ist, auf längere Sicht gar von existenzieller Bedeutung. Denn den Parteien bleibt der Nachwuchs aus, sie drohen zu verkalken und zu veralten. Die E-Generation hat, so scheint es, mit den Ritualen und dem Prozedere der tradierten Parteien nicht viel am Hut, die Versammlungen in Bürgersälen oder verrauchten Gasthäusern – auf denen einer spricht und viele zuhören sollen – sind nichts für Internetfreaks, die rund um den Globus durch Chatrooms surfen; die lehnen die typischen, hierarchisch gegliederten Kommunikationszirkel der Parteien ab und setzen stattdessen auf eine offene Kommunikation ohne Hierarchien, die das Netz ihnen bietet.

Diese Entwicklung setzt die Parteien unter Druck, sie sind gezwungen, sich dem gesellschaftlichen Trend der Individualisierung anzupassen und schleunigst nach neuen Kommunikationsstrukturen zu suchen. Ihre interne, überwiegend organisatorische Kommunikation läuft inzwischen durch alle Untergliederungen über Intranets. Doch die Parteien haben erkannt: Entscheidend für ihren Erfolg ist die externe elektronische Kommunikation und die Nutzung des technischen Potenzials, das ihnen das Internet dabei bietet. Besonders zugute kommt ihnen dabei die Multimedialität des Webs. Das bedeutet: Über das Netz lassen sich Text, Bild, Film und Ton transportieren und kombinieren. Daraus ergibt sich für die politische Selbstdarstellung eine Vielfalt an Möglichkeiten, zumal die verschiedenen elektronischen Medien zusammenwachsen (vgl. Kapitel »Trend 5«).

So verschafft das Netz den Parteien Zugang zu einer begehrten Klientel – zu Sympathisanten, zu Nichtmitgliedern, die dank der Interaktivität des Internets in die Parteiarbeit eingebunden werden können, ohne sogleich Mitglied eines Ortsvereins werden zu müssen. Auf diese Weise versuchten die Parteien, so der Publizist und Kommunikationswissenschaftler Peter Glotz, die »kommunikative Verkapselung« aufzubrechen. »Tun Sie was, sonst tut sich nix«, fordert etwa die CDU auf ihrer Website ihre Mitglieder, vor allem aber Nichtmitglieder zu politischer Aktivität auf, und keiner wird es ihr verübeln, wenn sie damit ihre eigenen Ziele verfolgt. Auch SPD-Generalsekretär Franz Müntefering möchte gern Sympathisanten und Nichtmitglieder stärker ansprechen und sie gar an Entscheidungen der Partei teilhaben lassen; doch die Basis pfiff ihn einstweilen zurück.

Auf der experimentellen Ebene der externen elektronischen Kommunikation indes sind die Sozialdemokraten schon ein Stück weiter als die anderen Parteien: Ihr »virtueller Ortsverein« (VOV) agiert ausschließlich über das Netz, seine Mitglieder diskutieren politische Themen online und stimmen über das Internet ab. Allerdings kann der VOV keine Anträge auf Parteitagen einbringen, weil seine Mitglieder nicht unbedingt der SPD angehören müssen. Ansonsten aber gleicht der VOV jedem echten, real existierenden Ortsverein. Er hat an der Spitze einen Vorsitzenden, und dem Vorstand gehören ein Pressesprecher, ein Wahlleiter und – selbstverständlich – ein Schriftführer an, ohne den ein deutscher Verein, nicht einmal ein virtueller, wohl keine Existenzberechtigung hätte.

Doch so manchem Genossen ist der virtuelle Ortsverein nicht so ganz geheuer, ebenso wenig die elektronische Kommunikation und überhaupt das Internet. Das Beharrungsvermögen in den großen Volksparteien ist eben beachtlich; als ihr Bundesgeschäftsführer bescheinigte Peter Glotz »seiner« SPD vor vielen Jahren einmal die »Beweglichkeit eines Tankers«.

Kaum anders ergeht es den Gewerkschaften, die unter einer andauernden Auszehrung leiden und in der New Economy nur schwer Fuß fassen. Inzwischen sind zwar alle DGB-Gruppierungen im Internet vertreten und präsentieren sich den Kolleginnen und Kollegen, aber auch Nichtmitgliedern mit ihren starken oder weniger starken Websites. Allerdings zeigt sich, dass die Gewerkschaften ihre Informations- und Dialogangebote im Netz, wie Jens Schröder am Beispiel der Website der IG-Metall belegt, stärker an den Interessen ihrer Mitglieder orientieren.

»Das Internetangebot der IG-Metall wird aus Beiträgen bezahlt, und unsere Leute wollen gegenüber Nichtmitgliedern privilegiert werden«, zitiert Schröder Regina Droge, die Internetbeauftragte der IG-Metaller, »viele Basisinformationen werden zwar weiterhin für alle frei zugänglich sein, aber für Mitglieder muss es geschlossene Bereiche mit spezielleren Infos geben, um ihren Mitgliedsstatus zu adeln«. Doch gerade die »Arbeiteraristokraten« stehen, so scheint es, der elektronischen Information und Kommunikation nach wie vor skeptisch gegenüber. Vor allem Kolleginnen und Kollegen »vom alten Schlag« befürchten offensichtlich, dass das Internet mit seinen technischen Möglichkeiten die gewerkschaftliche Diskussion anonymisiert und die Rituale ihrer Organisation ebenso verdrängt wie das höchste Gut der Gewerkschaften, die Solidarität.

Wie könnte es anders sein: Ebenso wie unter den Medienexperten und in der allgemeinen Öffentlichkeit treffen in den politischen Organisationen Verfechter und Skeptiker der elektronischen Kommunikation aufeinander. Die einen betrachten das Internet als das perfekte Instrument der Demokratisierung; der amerikanische Medientheoretiker Howard Rheingold sprach von der »Wiederbelebung des griechischen Marktplatzes«, der ehemalige amerikanische Vizepräsident Al Gore glaubte gar an die »Neugeburt der athenischen Demokratie« durch die Neuen Medien. Glaubt man den Web-Verfechtern, dann haben also die Mächtigen und die Eliten im Internetzeitalter ausgespielt: Die wachsende Vielfalt an Informationen wird für jedermann zugänglich, Kommunikation und politische Willensbildung werden hierarchiefrei, und das Netz trägt die Entscheidungen in die Breite und an die Basis, dahin, wo sie hingehören.

Auf der anderen Seite stehen die Web-Pessimisten, die vor dem Untergang der kritischen politischen Öffentlichkeit warnen. Sie sagen voraus, beschreibt Jens Schröder die Position der Kritiker, »dass im Internet der Medienkonsum übermäßig individualisiert wird. Ein Verlust an kollektiver Orientierung im Informationsdschungel, so argumentieren sie, werde der politischen Diskussion die wichtige Basis eines geteilten Grundwissens entziehen. Nicht eine Stärkung der Demokratie, sondern eine Fragmentierung der Öffentlichkeit in voneinander isolierte und kaum noch kooperationsfähige Teile werde die Folge sein«.

Peter Glotz rät dazu, sich in diesem Gezänk zunächst einmal an die Fakten zu halten. Und die sind in einem Punkt eindeutig: Das Internet ist auch in der politischen Kommunikation grenzenlos. Das Web umspannt den ganzen Globus, und selbst totalitären Regimen wird es nicht auf Dauer gelingen, die Menschen in ihren Ländern von Informationen aus dem Cyberspace abzuschotten. Und umgekehrt: Das Netz eröffnet regimekritischen Oppositionellen den Weg an die Öffentlichkeit auch außerhalb ihres Landes. »Die Belgrader Studenten, die sich gegen Slobodan Milosevic wehren, haben plötzlich eigene Medien in der Hand«, schreibt Peter Glotz, »ebenso die chinesischen Oppositionellen, die gegen ihre Obrigkeit kämpfen.« Deren Aufrufe zum Widerstand landen per Internet in amerikanischen Zeitungsredaktionen oder bei Amnesty International; geheime politische Dossiers lassen sich auf ihrem Weg durch das Web nicht aufhalten.

Natürlich seien das Sternstunden des Internets, so Peter Glotz, der einen Einwand gegen die These, das Internet bringe bestimmte Demokratisierungschancen mit sich, gelten lässt: Der Anteil der Leute mit einem hohen formalen Bildungsstand sei unter den Internetnutzern fast dreimal so hoch wie in der Gesellschaft, ebenfalls verfügten sie über ein überdurchschnittlich hohes Einkommen. Damit seien die User eine gesellschaftliche Elite und zählten – jedenfalls im Weltmaßstab – zu den Reichen. Doch dieser Effekt werde sich mit der Zeit abflachen, erwartet Peter Glotz und zieht sein Fazit mit einem treffenden Zitat des Gießener Sozialwissenschaftlers Claus Leggewie: »Weder wird dank des Internets ein neues athenisches Zeitalter anbrechen, noch wird an ihm die repräsentative Demokratie zugrunde gehen.«

Allerdings: Bei der politischen Kommunikation über das Netz ist zu bedenken, dass auch Gruppen und Gruppierungen über das Web kommunizieren, die unsere demokratischen Freiheiten nutzen, um die Demokratie auszuhebeln und am Ende zu zerstören. Nun mögen die von Alt- und Neonazis über das Internet verbreiteten Hass- und Gewaltaufrufe gegen Minderheiten, Andersdenkende und Ausländer nicht unter den Begriff »politische Kommunikation« zu fassen sein, im braunen Zwielicht allerdings bleiben sie nicht ohne politische Wirkung. Denn natürlich wissen die gewaltbereiten Rechten die Interaktivität des Webs für ihre Organisation und für Aufrufe zu Aufmärschen ebenso zu nutzen wie seine Multimedialität zur Verbreitung von Hetztiraden alter Nazigrößen. Die Urheber solcher Internetauftritte sind von der Justiz nur schwer dingfest zu machen, sie stellen ihre Websites in Russland, in Australien oder in den USA ins Netz – auch für die rechtsradikalen Organisationen ist das Internet grenzenlos.

Bürgernähe im virtuellen Rathaus

Eher im Sinne der »Speyerer Definition« und im Besonderen in der »Abwicklung geschäftlicher Prozesse im Zusammenhang mit Regieren und Verwalten« zeigen sich die Potenziale des Internets zunehmend in den öffentlichen Verwaltungen, die dem ersten Anschein nach so gar nicht zu der Dynamik passen wollen, die den elektronischen Informations- und Kommunikationstechniken bescheinigt wird. In der Tat ist die Meinung über manch bürokratische Fürsorglichkeit des Staatsapparats nicht immer positiv. Lange Warteschlangen, kurze Öffnungszeiten und missmutige Hoheitsträger sind leider keine Ausnahmen in deutschen Amtsstuben. Manchen Bürgern erscheinen sie als letztes Bollwerk von Hängemappen und Karteikarten inmitten einer multimedial vernetzten Welt des Internets. Doch die populären Vorurteile verdecken häufig die realen Entwicklungen. Verwaltungsreformen oder Outsourcing-Diskussionen haben längst den Beamtenapparat erreicht und viele Verwaltungen, die die Vorzüge des Internets entdecken, zum serviceorientierten Dienstleister geformt. Immer mehr Verwaltungsdienstleistungen werden inzwischen sowohl als elektronischer Service als auch auf dem traditionellen Weg »übers Amt« angeboten. E-Government der Verwaltungen verspricht den Bürgern Dienstleistungen rund um die Uhr – ohne einen einzigen Schritt in eine Amtsstube.

Von An- und Ummeldungen über Ausweis- und Bauanträge bis zur Änderung der Mülltonnengröße – die Möglichkeiten des elektronischen Services sind vielfältig. Noch steckt die Umsetzung der multimedialen Dienstleistungsangebote in den Anfängen, doch schon bald werden sich die Bürger von zu Hause, vom Arbeitsplatz oder gar aus dem Urlaub über den eigenen PC, über öffentliche Terminals oder demnächst mit dem Handy in Verwaltungsportale und in die Internetseite ihrer Stadt oder Gemeinde einloggen können.

Rund 2500 Städte und Gemeinden, so die Schätzung von Experten, bieten schon jetzt unterschiedlichste Onlineangebote. Interaktive Auskunftsverfahren und die vollständig elektronische Abwicklung von Antrags- oder Genehmigungsverfahren sind allerdings noch die Ausnahme. Auf der ersten Stufe des E-Governments in den Verwaltungen ist die Kommunikation in der Regel noch recht allgemein und einseitig – die Verwaltungen versorgen in dieser Phase ihre E-Bürger per Internet lediglich mit einem Bündel von Informationen, von Veranstaltungskalendern über Sitzungstermine der städtischen Gremien bis zu den Öffnungszeiten der Ämter.

Auf der nächsten Stufe wird E-Government zum Dialog zwischen Bürgern und öffentlichen Einrichtungen. Die Kommunikation wird spezifischer, etwa in Form von Terminabsprachen und Auskunftsersuchen, es wird auch möglich, sich über das Netz Formulare auf den heimischen Rechner zu laden. Allerdings lebt diese Phase häufig noch mit »Medienbrüchen« – digitale Daten werden am Ende doch wieder zu amtlichem Papier. Erst die dritte Stufe des E-Governments schafft die digitale Kooperation zwischen dem öffentlichen Sektor und den Bürgern – von der Passverlängerung bis zur Einkommenssteuererklärung, von der Baugenehmigung bis zum Rentenantrag. Doch je kompletter der Service des virtuellen Rathauses wird, umso häufiger treten zwei Probleme auf: So muss zum einen gewährleistet sein, dass die virtuellen amtlichen Dokumente auf ihrem Weg durch das Web nicht verfälscht oder manipuliert werden können, und zum anderen muss vor allem sicher sein, dass der Bürger als User am Computer von den Behörden zweifelsfrei identifiziert werden kann.

Who is Who im Web

Beide Probleme lassen sich mit der Kryptografie lösen, der mathematischen Verschlüsselungstechnik, und der digitalen Signatur, einem komplizierten Nummerncode, der auf einer scheckkartengroßen Chipkarte gespeichert ist. Die bekommt der E-Bürger – ebenso wie das erforderliche Lesegerät für seinen Computer – bei den so genannten Zertifizierungsstellen, auch Trust Center genannt, die nach heutigem Recht eine Lizenz der Mainzer Regulierungsbehörde für Telekommunikation und Post benötigen. Will der User am Computer ein Dokument unterzeichnen (oder sich identifizieren), dann zieht er einfach seine Karte mit der digitalen Signatur durch den Leseschlitz. Durch eine geheime Rechenregel, den so genannten privaten Schlüssel, der sich auf der Karte befindet, wird ein Datenblock fester Länge erzeugt – eine Prüfzahl, die das Dokument in einzigartiger Weise charakterisiert. Beim Adressaten, in diesem Fall einer Behörde, kann die virtuelle Botschaft nur mit dem zugehörigen öffentlichen Schlüssel – den ebenfalls die Trust Center vergeben – geöffnet werden. Die Fachleute sprechen deshalb vom Public-Key-Verfahren oder von einer asymmetrischen Verschlüsselung, weil mit zwei verschiedenen Zahlenschlüsseln gearbeitet wird, die voneinander abhängig sind.

Erstens ist also mit der digitalen Signatur die Identität des E-Bürgers zweifelsfrei festzustellen, zweitens bietet das Verfahren die Sicherheit, dass das Dokument auf seinem Weg durch das Web nicht verändert werden kann. Die Kryptografie der digitalen Signatur dürfte nach Ansicht von Experten selbst von gewieften Hackern nicht zu knacken sein. Sie ist deshalb ein sicheres Intentifikationsverfahren nicht nur bei elektronischen Verbindungen mit Ämtern und Behörden, sondern auch für zahlreiche Internetgeschäfte, beispielsweise Onlinebanking. Doch noch trifft die digitale Signatur – die nach den EU-Richtlinien der echten Unterschrift gleichzusetzen ist – auf nur mäßige Akzeptanz beim breiten Publikum. Der Grund: Die digitale Signatur ist nicht gerade billig, die Anschaffungskosten belaufen sich einschließlich des erforderlichen Lesegeräts auf rund 250 Mark.

Anders als die private Wirtschaft können sich öffentliche Verwaltungen nicht ihren »Markt« suchen, die Digitalisierung von Verwaltungsabläufen lässt sich folglich nicht mit einem »Return on Investment« kalkulieren. Zudem haben zahlreiche Verwaltungsabläufe einen hoheitlichen Status, sie müssen deshalb allen – der E-Gemeinde und den übrigen Bürgern – gleichermaßen zur Verfügung gestellt werden. Die Akzeptanz der digitalen Angebote wächst bei den Netzmuffeln nur mit der Zuverlässigkeit und vor allem der Datensicherheit. Deshalb ist nicht alles, was digitalisierbar ist, sinnvoll.

Thomas Langkabel, bei CSC Ploenzke Experte für den öffentlichen Sektor, plädiert dafür, dass sich die Verwaltungen im E-Government auf das »technisch Machbare, das organisatorisch Sinnvolle und vor allem auf das gesellschaftlich Verträgliche« beschränken. So wird denn der Bürger künftig immer seltener ins Rathaus gehen, dafür wird das Rathaus immer häufiger zu ihm kommen; es wird aber auch dort bleiben, wo es schon immer war, und es werden öffentliche Dienstleistungen weiterhin ganz »real« in der Amtsstube erledigt werden, denn nicht alle Bürger werden sich der Internetgemeinde anschließen.

»Die elektronische Selbstbedienung von zu Hause aus wird auch langfristig nur einen kleinen Anteil ausmachen«, erwartet Herbert Kubicek, Professor für angewandte Informatik an der Universität Bremen. Zum einen wegen der noch geringen Internetverbreitung, zum anderen, weil die inhaltliche Bearbeitung nicht so einfach sei. Deshalb müsse es in den Behörden und Rathäusern Servicestellen mit Personal geben, das sowohl bei der Technikbedienung als auch bei inhaltlichen Fragen helfen könne. Herbert Kubicek: »In einem Bürgeramt stehen in der Wartezone wie in der Bankfiliale einige Computer, an denen man – allerdings im Sitzen – Formulare ausfüllen kann. Wenn man nicht weiterkommt, kann man fragen, und für die komplizierteren Dinge geht man zu dem Sachbearbeiter, der die bereits ausgefüllten Teile an seinem Bildschirm aufruft und vervollständigt. Der Vorteil aufgrund der Bündelung verschiedener Leistungen ist, dass der Bürger nur noch zu einer Stelle muss, statt zu drei oder vier Stellen.«

Surfen durch die Amtsstuben

Darauf zielt das Angebot virtueller Dienstleistungen in Bremen, die Zug um Zug ausgebaut und um Leistungen auch nichtöffentlicher Institutionen komplettiert werden. Wer beispielsweise seinen Wohnsitz innerhalb der Hansestadt ummelden will, kann dies demnächst vollelektronisch über das Verwaltungsportal tun. Neben der Ummeldung beim »Amt« kann der Nutzer gleichzeitig der Bremer Sparkasse, der Bremer Straßenbahn AG, den Stadtwerken oder bei Bedarf dem Bremer *Weserkurier* seine neue Adresse mitteilen. Freunde des Fußballvereins Werder Bremen werden Karten für ihren Lieblingsverein kaufen können, Studierende erledigen An- und Abmeldungen zu Prüfungen via Internet. Sowohl private als auch öffentliche Dienstleistungen werden in Bremen künftig über eine gemeinsame Onlineplattform rechtsverbindlich abgewickelt werden können.

Neben reinen Verwaltungsleistungen schafft diese Form von Public Private Partnership wichtige Voraussetzungen für E-

Commerce-Angebote regionaler Anbieter. Berührungsängste zwischen Verwaltung und Wirtschaft gibt es in Bremen nicht. Zur Realisierung der engagierten Vorhaben wurde die bremen online services GmbH & Co. KG gegründet, deren Kommanditisten neben der Stadt Bremen die Deutsche Telekom und die Sparkasse Bremen sind. »Alle Dienstleistungen sollen sich dabei eng an den Bedürfnissen von Kunden und Wirtschaft orientieren und in vielen Situationen Wartezeiten, Anrufe, Wege, Faxe oder Überweisungen überflüssig machen«, verspricht Kerstin Sprock von bremen online services.

Die Servicebereiche der Internetseiten enthalten ämter- und organisationsübergreifende Angebote für unterschiedliche Lebenslagen. Im Bereich »Umzug und Wohnen« erhält der Bürger im Fall eines Umzugs eine Auswahl an möglicherweise notwendigen Dienstleistungen. Diese reichen von der Ummeldung der Wohnung und Angaben zur Strom- oder Wasserversorgung über die Änderung der Adresse im Kfz-Schein bis zu einem Antrag auf Abholung von Sperrmüll oder einer Terminabsprache mit einer Möbelspedition. Selbst über Werbung auf den Bremer Internetseiten wird nachgedacht, allerdings nur auf den Eingangsseiten des Portals. Das »Chappi«-Werbebanner auf der Seite zur Hundesteueranmeldung bleibt Zukunftsmusik und stieße wohl nicht nur beim Bürger auf gewisse Vorbehalte.

Wie Bremen bieten inzwischen zahlreiche Groß- und Mittelstädte ihren Bürgern eine ganze Reihe elektronischer Dienstleistungen. Die Stadt Mannheim, schon seit 1996 im Netz, entwickelt mit der SAP AG nun den nächsten Schritt, nämlich komplett integrierte Prozesse, in denen der Selfservice der Bürger über das Internet direkt mit Abläufen in der Verwaltung gekoppelt wird. »Elektronische Akten« der E-Bürger sollen dort demnächst automatisch die verschiedenen vernetzten Verwaltungsstellen durchlaufen. In diesem Szenario verfügt der Bürger über ein »Bürgerkonto«, von dem fällige Gebühren abgebucht werden. »In zehn Jahren«, verspricht Mannheims Oberbürgermeister Gerhard Widder, »sind wir komplett online.«

Das zeigt: Die Potenziale und die Chancen, die E-Government den öffentlichen Verwaltungen bietet, sind bei weitem noch nicht ausgeschöpft. »Mit E-Government lässt sich nicht nur viel Geld sparen, die Verwaltung bekommt damit zugleich die Chance, auch wesentlich bürgerfreundlicher zu arbeiten«, argumentiert der IT-Spezialist Thomas Langkabel. Die Profiteure dieser Entwicklung stehen fest: an erster Stelle der Bürger, von dem der Staat in vielen Lebensbereichen zunehmend Eigenverantwortung und Flexibilität verlangt. Die Nachfrage des Bürgers nach innovativen und schnelleren Dienstleistungen des Staates scheint deshalb nur gerechtfertigt. Gleiches gilt für die Wirtschaft. Die Digitalisierung des öffentlichen Sektors wird die Schnittstellen – die bislang häufig Barrieren waren – zwischen den Verwaltungen und der privaten Wirtschaft vermehren. Was in tradierten Verwaltungsabläufen noch tage- oder wochenlang dauerte, lässt sich im virtuellen Rathaus extrem verkürzen – über die Internetportale der Verwaltungen können Informationen über Wirtschafts- und Strukturdaten, über Förderprogramme und Gewerbeflächen abgerufen oder Immobilienbörsen und Auftragsvergaben abgewickelt werden. Das unproduktive Anstehen an einem Amtsschalter mag mancher Bürger noch als lästige Pflicht hinnehmen, für ein Unternehmen bedeutet es verlorene Arbeitszeit. Spezielle Angebote wie das elektronische Handelsregister, Onlinedatenbanken über Ausschreibungen oder die Daten verfügbarer Gewerbeflächen sind sinnvolle Beispiele von Serviceleistungen für die private Wirtschaft. Im Wettbewerb um qualifizierte Arbeitskräfte können auch die Verwaltungen selbst profitieren. Mit innovativen Ansätzen in Bereichen des Dokumentenmanagements, der Bürokommunikation oder der elektronischen Archivierung kann eine attraktive Arbeitswelt dem »Bohnerwachs-Image« mancher Institution entgegenwirken.

Informatikprofessor Herbert Kubicek, ausgewiesener Experte für virtuelle Rathäuser, skizziert das Ziel: »Die Onlineplattformen müssen mehrere Dienstleistungen kundenorientiert bündeln und dabei die Mehrfachmeldung derselben Daten reduzieren. Um die Nutzung attraktiv zu machen, sollten nicht nur kommunale Verwaltungsleistungen angeboten werden, sondern auch die von Landes- und Bundesbehörden und privaten Dienstleistern hinzukommen.« E-Government total: Vom Computer zu Hause oder in den Servicestellen im Rathaus gelangen die E-Bürgerinnen und E-Bürger über das Internetportal ihrer Stadt- oder Gemeindeverwaltung an alle elektronischen öffentlichen Dienstleistungen, die sie interessieren. Über die Linklist loggen sie sich beim Finanzamt in ihre Steuerakte ein, werfen einen Blick in die Jobbörse des örtlichen Arbeitsamts, informieren sich über die Sitzungstermine ihres Landesparlaments und des Bundestags, schicken dem zuständigen Abgeordneten eine E-Mail und surfen per Link auf der Website noch in die zuständige Landesversicherungsanstalt, um die aktuellen Daten und Fakten ihrer künftigen Alterversorgung zu erfragen.

Klick statt Kreuz: Wählen im Cyberspace

Für einige Tausend Amerikaner war die Wahl des 43. US-Präsidenten der Einstieg in ein neues Zeitalter. In verschiedenen Pilotprojekten in den Bundesstaaten Kalifornien und Arizona hatten sie erstmals die Möglichkeit, ihre Stimme per Internet abzugeben. Einmal angenommen, es wäre schon landesweit online gewählt worden, nicht auszudenken – es wäre anschließend nichts mehr per Hand auszuzählen gewesen, der neue Präsident hätte schon am nächsten Morgen festgestanden. Den Amerikanern, die weltweit nur zu gern Nachhilfe in Sachen Demokratie erteilen, wäre das peinliche Debakel in Florida erspart geblieben. Denn bei einer elektronischen Stimmabgabe, so der Politikplaner und Wahlkampfexperte Dick Morries, »gibt es keine zweifelhaft markierten Stimmkarten, keine unvollständig herausgedrückten Stanzmarken, und das Nachzählen im Internet dauert nur Sekunden, nicht Wochen«.

Für die Protagonisten des Webs ein verlockender Gedanke: Die Wahlbürger – unabhängig davon, wo sie sich gerade aufhalten – rufen über das Internet die amtliche Wahlseite auf, identifizieren sich mit ihrer persönlichen Codenummer und wählen per Fingertipp; die Webmuffel, die über keinen eigenen Internetanschluss verfügen, wählen von Rechnern aus, die in den Wahllokalen aufgestellt werden. Doch selbst in den USA, dem Internetland Nummer eins, dürften noch einige Jahre vergehen, bis digitale Wahlen möglich sind. So wird befürchtet, dass es zu Problemen mit der zweifelsfreien Identifizierung der Wähler kommen könnte oder dass Hacker das System manipulieren und schlimmstenfalls gar zum Einsturz bringen könnten. Jim Adler, Chef von VoteHere.net, einem Unternehmen, das sich auf die technische Umsetzung von Onlinewahlen spezialisiert hat, erwartet allerdings, dass in den nächsten zwei Jahren in 40 US-Bundesstaaten verbindliche Standards für die elektronische Stimmabgabe akzeptiert werden. Und auch Dick Morries ist sich sicher: »Die Zukunft der Wahlen gehört dem Internet.«

Bis dahin gilt es, elektronische Wahlen so sicher zu machen wie die traditionelle Stimmabgabe. »Es muss sichergestellt sein«, fordert Ueli Maurer, Professor am Fachbereich Informatik an der Eidgenössischen Hochschule Zürich (ETH), »dass nur legitimierte Stimm- und Wahlberechtigte Zugang zur Abstimmung erhalten, mehrfache Stimmabgaben verhindert sind, zudem muss das Ergebnis unverfälschbar und auch nachträglich überprüfbar sein. Und dabei müssen die einzelnen Stimmen geheim bleiben«. Der Experte erwartet, dass Wahlen und Abstimmungen erst in zehn bis 15 Jahren ausschließlich über das Internet durchgeführt werden. Zumal in der zusammenwachsenden EU eine einheitliche Regelung von Wahlen per Internet durch recht unterschiedliche nationale Wahlgesetze erschwert wird. So besteht beispielsweise in Belgien und Griechenland eine Wahlpflicht, in Griechenland müssen die Wähler gar an ihrem Geburtsort wählen. In allen Ländern gilt der Grundsatz, dass die Stimmabgabe nicht manipulierbar ist, dass der Wahlbürger sein Votum also selbst, und zwar in einem Wahllokal, abgibt. Briefwahl ist nur in Deutschland, Österreich, Finnland und Schweden möglich, in Frankreich wurde die Wahl per Post in den 70er Jahren wieder abgeschafft, weil die seinerzeit überwiegend kommunistisch organisierten Postler als Sicherheitsrisiko eingestuft wurden. Dieter Otten,

Professor der Soziologie im Fachbereich Sozialwissenschaften der Universität Osnabrück, erwartet im Hinblick auf ein einheitliches europäisches Onlinewahlrecht deshalb »erhebliche Schwierigkeiten, denn hinter den Wahlordnungen stehen nicht einfach nur technische Regelungen, sondern rechtspolitische Ordnungsvorstellungen, die auf grundsätzliche Differenzen über den gesellschaftspolitischen Stellenwert des Wahlaktes zurückzuführen sind«.

Bedenkt man die Schwierigkeiten, die es den Europäern bereitet, einheitliche Richtlinien über ein Tiermehlverbot in Futtermitteln auf die Beine zu stellen, dann ist leicht nachzuvollziehen, dass ein einheitliches (Online-)Wahlrecht in der EU noch eine Weile auf sich warten lassen dürfte. So beschränken sich die Vorstöße der Bundesregierung derzeit auf das Projekt »Wahlen im Internet« im Rahmen des Aktionsprogramms »Innovation und Arbeitsplätze in der Informationsgesellschaft des 21. Jahrhunderts«. Das Projekt, das von einer Forschungsgruppe unter der Leitung von Dieter Otten betreut wird, hat zum Ziel, »ein anwendungsreifes Verfahren zur Durchführung von Wahlen im Internet als Alternative zur herkömmlichen Brief- und Urnenwahl« zu entwickeln. Gefördert wird es mit 1,3 Millionen Mark vom Bundesministerium für Wirtschaft und Technologie, dessen Staatssekretär Siegmar Mosdorf die Initiative immerhin als »strategisch bedeutsames Pilotprojekt« einstuft: »Damit machen wir einen großen Schritt auf dem Weg zur Nutzung des Internets als Bestandteil unserer politischen Kultur. Bei einer Vielzahl von Wahlen bietet das Internet die große Chance einer höheren Wahlbeteiligung.«

Sicherheit vor Hackern und Wahlfälschern

Bevor die Deutschen ihre Abgeordneten per Mausklick in die Parlamente wählen, muss allerdings der Gesetzgeber die Voraussetzungen dafür schaffen. Das Grundgesetz fordert allgemeine, unmittelbare, freie, gleiche und geheime Wahlen. Doch wie soll eine Internetwahl diesen urdemokratischen Ansprüchen gerecht werden? Schon die Briefwahl lässt bei kritischer Betrachtung Zweifel aufkommen, ob nicht vielleicht ein Dritter den Senioren im Pflegeheim bei der Stimmabgabe die Hand geführt hat, und genau genommen lässt unser Wahlrecht die Briefwahl nur in Ausnahmefällen zu, etwa bei Krankheit oder bei dringender beruflicher Abwesenheit. Aber eben nur genau genommen, denn es zeigt sich, dass immer häufiger in den eigenen vier Wänden statt in der Wahlkabine gewählt wird. Bei der Bundestagswahl 1998 entschieden sich bereits acht Millionen für die Wahl per Post – die Wahlbürger möchten sich den freien Sonntag nicht durch den Urnengang blockieren.

Um mit der elektronischen Wahl den rechtsstaalichen Ansprüchen gerecht werden zu können, feilen inzwischen zahlreiche Internetfirmen an technischen Lösungen, die ebenso einfach wie sicher sein sollten. Im Kern geht es um zwei Probleme: Wie können erstens die Wählerinnen und Wähler zweifelsfrei ihre Identität beweisen, und wie kann zweitens gewährleistet werden, das ihre Wahlentscheidung auf dem Weg durch den Cyberspace nicht manipuliert wird und geheim bleibt? Beide Probleme lassen sich nach Ansicht der Experten mit der Kryptografie lösen, der mathematischen Verschlüsselungstechnik.

Der Osnabrücker Professor Dieter Otten ist sich sicher, dass das »i-Vote«-Verfahren, das er gemeinsam mit seinen Studenten, mit Forschern und Industriepartnern entwickelt hat, »uneingeschränkt« den Erfordernissen einer anonymen und geheimen Wahl entspricht. Die verwendete Kryptisierungstechnologie entspreche höchsten Sicherheitsansprüchen, eine Entschlüsselung der Codierung sei für den relevanten Zeitraum einer Onlinewahl absolut ausgeschlossen. Die Verschlüsselung des elektronischen Wahlbriefs erfolge per digitaler Signatur. Das so genannte Blinding-Verfahren mache die Rückverfolgung eines Votums zu seinem Wähler unmöglich. Die von dem Amerikaner David Chaum entwickelte Software adaptiert das gegenwärtige Prozedere der Briefwahl, das bekanntlich vorschreibt, den Wahlschein in einem Briefumschlag ohne Absender in einem zweiten Umschlag – mit Absender – der jeweiligen Wahlleitung zuzustellen. »i-Vote« trenne zudem alle relevanten Datenverarbeitungsschritte; die »informationelle Gewaltenteilung« schließe wechselseitige Zugriffsmöglichkeiten und somit Manipulationen aus. Und last not least: Mit »i-Vote« könne der Wähler im Wahlgang kontrollieren, ob seine Stimme wirklich gezählt werde.

Doch der online-skeptische Wahlbürger ahnt es: »i-Vote« steckt noch in der Erprobung und ist nicht ohne Komplikationen. Denn selbst der mit digitaler Signatur und Lesegerät ausgestattete User kann nicht wählen, solange ihm die Software für den virtuellen Urnengang fehlt, die, gespeichert auf einer CD-ROM, von den Wahlämtern verteilt werden könnte. Doch trotz des vergleichsweise großen Aufwands – die Verfechter von Internetwahlen lassen sich nicht entmutigen. Bei Kommunalwahlen in verschiedenen EU-Ländern sind Pilotprojekte geplant, und Dieter Otten erwartet, dass schon bei der nächsten Europawahl 2004 zahlreiche Gemeinden via Web wählen werden. Mit der ersten flächendeckenden Onlinewahl rechnet der Wissenschaftler frühestens bei der Bundestagswahl 2006. Eines kann allerdings die ausgefeilteste Kryptografietechnologie nicht ausschließen, nämlich dass der Opa das ganze virtuelle Wahlprozedere dem interneterfahrenen Enkel überlässt – dass also die vom Grundgesetz geforderte Identität des Wählers nicht eingehalten wird. Doch die, entgegnen die Web-Wahlaktivisten, sei auch bei Briefwahlen nicht gewährleistet.

So schnell wird es also nichts werden mit Internetwahlen auf Bundes- oder Europaebene. Und es ist sicher – selbst wenn die Web-Protagonisten anderen Träumen folgen –, dass elektronische Wahlen das traditionelle Verfahren mit der Wahlkabine im Wahllokal niemals vollends ersetzen werden.

Die Wahlentscheidung ist in der Regel immer der Schlusspunkt eines politischen Prozesses, gegen dessen Ende sich die Kontrahenten in einem erbitterten Wahlkampf gegenüberstehen. In dieser Phase werden Wahnsinnssummen ausgegeben, für Hochglanzbroschüren und riesige Plakate, für immens teure Werbespots im Fernsehen, für pompöse Veranstaltungen und für rastloses Händeschütteln. Alles mit dem Ziel, dem Wahlvolk seine Botschaft zu vermitteln. In Zukunft jedoch wird das

Geld in den Wahlkämpfen dramatisch an Bedeutung verlieren, prophezeit Politikplaner Dick Morries im Spiegel. Der Wahlkampfstratege ist sich sicher, dass künftig immer mehr Menschen ihre Informationen aus dem Internet beziehen werden. »Wenn Gore oder Bush wirklich auf Draht gewesen wären«, so Morries, »dann hätten sie sich die 123 Millionen privaten E-Mail-Adressen besorgt, die es heute schon in den USA gibt. Mit einem Mausklick hätten sie binnen Minuten 123 Millionen Adressaten ansprechen können. Sie hätten die Wahl gewinnen können, ohne einen einzigen Dollar für TV-Werbung auszugeben.«

Was auf uns zukommt

Erstens: Der Staat entdeckt das Internet, er ist von den höchsten Verfassungsorganen bis hinab zu den kommunalen Verwaltungen im Web präsent. Allerdings vollzieht sich die Digitalisierung der öffentlichen Institutionen langsamer als die der privaten Wirtschaft. Der Grund: zum einen die leeren Haushaltskassen, und zum anderen erweist sich ein gewisses Beharrungsvermögen des Verwaltungs- und Beamtenapparats als Modernisierungshemmnis.

Zweitens: Die politischen Parteien und Organisationen nutzen in ihrer internen, vor allem aber in der externen Kommunikation mehr und mehr die technischen Möglichkeiten der modernen Informations- und Kommunikationstechniken, vor allem die Interaktivität und die Multimedialität des Internets.

Drittens: Die kommunalen Verwaltungen bieten den vernetzten Bürgern ein ständig wachsendes Angebot an digitalen Dienstleistungen. Zwar wird die Zahl der User, die diese Leistungen vom eigenen Rechner von zu Hause aus abrufen, nur langsam wachsen, es werden jedoch in den Behörden mehr und mehr Servicezentren eingerichtet, die den Onlinezugang zu »virtuellen« Rathäusern ermöglichen.

Viertens: Die Internetportale der kommunalen Verwaltungen werden weiter ausgebaut. Das Ziel ist digitaler Service aus einer Hand mit einem kompletten Leistungsangebot aus allen Bereichen der öffentlichen Verwaltung und des Staates.

Fünftens: Wenn auch die direkte Wahl unserer Parlamentarier per Internet vielen Web-Protagonisten als ein wesentliches Ziel der Digitalisierung des Staates gilt – die Wahl per Fingertipp wird den traditionellen Urnengang mit der Wahlkabine im Wahllokal in absehbarer Zeit nicht ersetzen, sondern nur ergänzen. Allerdings wird sich die digitale Wahl in vielen anderen Bereichen stärker durchsetzen, etwa bei Betriebsrats- oder Sozialwahlen.

Trend 7: Forever young?
Die Medizin der Bits und Bytes

Dann öffneten sich endlich die Türen des eisgekühlten Saals, und der Besucher wunderte sich von neuem darüber, dass die Amerikaner zur Vervollkommnung des Menschen ansetzen, aber unfähig sind, die Klimaanlage in den Griff zu bekommen.

JORDAN MEJIAS

Die medizinische Kolonisation des Cyberspace hat gerade erst begonnen.

MARC PALLEN

Arztbesuch im Cyberspace

Kopfschmerzen, Magenbeschwerden, Hautausschlag, Husten oder die alljährliche Grippe? Kein Grund mehr für einen Besuch beim Hausarzt, in Zukunft diagnostiziert der Patient sein Zipperlein zunächst einmal selbst. Ganz bequem von zu Hause aus, per Mausklick via Internet. Unter dem Schlagwort »Gesundheit« präsentieren die Suchmaschinen zahlreiche Medizinportale, die Kranke wie Gesunde und nicht zuletzt Hypochonder – auf der Suche nach immer neuen Scheinbeschwerden – ermuntern, durch die virtuelle Welt der Medizin zu surfen – von A wie Adipositas über Morbus Parkinson bis Z wie Zwölffingerdarmgeschwür. Flankiert von Bannerwerbung, etwa für eine Salbe gegen Hämorrhoiden oder eine neue Feuchtigkeitscreme, können die User durch dreidimensionale Modelle des menschlichen Körpers wandern und bei der Diagnose ihrer Kopfschmerzen bis in die letzten Hirnwindungen vordringen. Sie können auch – selbstverständlich live – Zeuge komplizierter Herzoperationen werden, die weit spektakulärer sind als die Ärzte Soaps im Fernsehen.

Natürlich fehlt es nicht an therapeutischen Ratschlägen. Es wird auf homöopathische Mittelchen, auf die Vorzüge gesunder Ernährung, auf die Heilkunst der Chinesen und die traditionelle Praxis der Schulmedizin verwiesen. Und die User werden ganz profan auf die Websites von Onlinebuchversendern geleitet, die ihm – die Vernetzung macht es möglich – exakt passend zu seinem Gesundheitsproblem ein breites Literaturangebot offerieren. Wer es dann noch etwas genauer wissen möchte, der kann ausführliche Fragebögen mit selbst erstellter Anamnese ausfüllen und online an ein Expertenteam versenden – die Diagnose aus dem Cyberspace kommt postwendend per E-Mail.

Selbst psychologische Hilfe muss der Internetgemeinde nicht versagt bleiben. In den USA, wo der regelmäßige Gang zum Therapeuten eine Selbstverständlichkeit ist, gibt es mittlerweile die Seelenbehandlung per E-Mail und den Psycho-Chat mit ausgewählten Experten für Scheidungsdepressionen oder Essstörungen. Die Psychotherapeutin Judy Gifford, Gründerin des Start-ups Find-a-therapist.com, bietet in ihrem Netzwerk die Hilfsdienste von 150 E-Therapeuten an.

Selbstverständlich enthalten die Medizin-Websites den Hinweis – gleich den Beipackzetteln von Medikamenten –, dass die Diagnose aus dem Web eine ärztliche Beratung nicht ersetzen kann und dass bei starken Beschwerden und auffälligen körperlichen Veränderungen sowie vor der Einnahme von Medikamenten unbedingt ein Arzt oder ein Apotheker befragt werden muss. Doch die Selbstdiagnose per Internet zeigt Wirkung: Immer mehr Ärzte beklagen, dass Patienten sie mit selbst erstellten Therapievorschlägen und Medikationen gegen ihre Beschwerden konfrontieren und bisweilen über bestimmte Krankheiten besser im Bild sind als sie – das Netz macht es möglich. »Der informierte Patient – Traum oder Alptraum des Arztes?«, fragt zu Recht Malte Matthias Ludwig, Privatdozent an der Medizinischen Poliklinik Bonn, in einer Kolumne in *Med-Online*, einem Ärztemagazin für neue Medien und Onlinekommunikation. Einerseits, so der Praktiker, könnten mit dem informierten Patienten Diagnose- und Therapieverfahren konstruktiv und ohne großen Zeitaufwand diskutiert werden; der Patient übernehme damit mehr Eigenverantwortung und könne die Folgen seines Handelns besser abschätzen. Andererseits werde das Vertrauen in den Arzt womöglich gefährdet, weil der Laie die ärztliche Kompetenz auf der Basis nichtfachärztlicher Internetinformationen beurteile; zudem könnten unangemessen teure Therapieverfahren unkritisch eingefordert und könnte der Patient durch widersprüchliche Informationen verunsichert werden.

Informationsflut und Kostenexplosion

Nun sind derartige Begleiterscheinungen in der Medizin nicht neu, zu den besten Zeiten der Printmedien versorgten Magazine und Tageszeitungen ihre Leser mit populären Reportagen über die Entdeckungen aus Medizin und Forschung, und auch das Fernsehen kann sich mit den gängigen Gesundheitsmagazinen hoher Einschaltquoten sicher sein. Gesundheit oder Krankheit betrifft oder trifft schließlich jeden. Doch erst die modernen Informations- und Kommunikationstechniken verschaffen dem Wissenstransfer in der Medizin eine völlig neue Dimension. Das gilt nicht nur für die Information an den »Endverbraucher«, an Patienten oder an die um ihre Gesundheit besorgten Menschen. Das gilt gleichermaßen für die Akteure der Gesundheitsversorgung, für die niedergelassenen Ärzte und deren Kollegen in den Kliniken, für Wissenschaftler und Forscher an den Universitäten und in den Pharmakonzernen, für Vertreter der Kassen und nicht zuletzt für die Politik, die gefordert ist, mit ihrer Gesetzgebung die Kostenexplosion im Gesundheitsbereich in den Griff zu bekommen.

Die Kostenexplosion ist ganz offensichtlich das Kernproblem der künftigen Gesundheitsversorgung. Nicht etwa, weil es um unsere Gesundheit schlecht bestellt wäre, im Gegenteil, die Lebenserwartung der Menschen in den entwickelten Gesellschaften ist im vergangenen Jahrhundert deutlich gestiegen.

Um 1900 wurden in Deutschland die Männer im Durchschnitt 45, die Frauen 48 Jahre alt, inzwischen liegt die Lebenserwartung bei 74 beziehungsweise 80 Jahren.

Ronald E. LaPorte vom Global Health Network an der University of Pittsburg nennt als Grund für diese Entwicklung zunächst die Verbesserung der schlechten hygienischen Bedingungen, unter denen breite Bevölkerungsschichten noch Anfang des 20. Jahrhunderts zu leben hatten. Die nächste Entwicklungsstufe war die Entdeckung wirksamer Impfstoffe und damit der Schutz breiter Bevölkerungsschichten gegen so gefährliche Infektionskrankheiten wie beispielsweise Pocken, Kinderlähmung, Diphterie und Tuberkulose. Ein Übriges taten im letzten Viertel des 20. Jahrhunderts die rasante Entwicklung der Medizintechnik in der Diagnostik, die weiter verfeinerten Operationsmethoden und nicht zuletzt die Grundlagenforschung, die zunehmend tiefere Einblicke in die Komplexität des menschlichen Organismus gestattete. Zudem trug die Entwicklung wirkungsvollerer Medikamente mit weniger Nebenwirkungen zur medizinischen Versorgung bei.

Jetzt, so LaPorte, breche für die Medizin ein neues Zeitalter an, das Zeitalter der Information. »In der medizinischen Literatur werden jährlich in über 10 000 Fachzeitschriften weltweit rund zwei Millionen Artikel veröffentlicht«, bestätigen Studenten und Absolventen des Studiengangs Public Health der Münchner Universität in ihrem Mitteilungsblatt *Cohort Info* diese Einschätzung. Eine Informationsflut, die nicht einmal Fachärzte in ihren Spezialgebieten bewältigen können. Die Informationsflut bringt die Ärzte in die Bedrouille: Sie sind verpflichtet, ihre Patienten stets im Sinne einer »Evidence Based Medicine« – nach dem neuesten Wissens- und Forschungsstand – zu behandeln, jedoch kaum mehr in der Lage, die Massen an Fachpublikationen zu bewältigen und sich in ihren speziellen Bereichen fit zu halten. Einmal abgesehen davon, dass es erfahrungsgemäß recht lange dauern kann, bis Forschungsergebnisse in den medizinischen Fachjournalen oder der Literatur publiziert werden. Im Internet hingegen geht das sehr viel schneller, vorläufige Ergebnisse können aktuell einschließlich begleitender Literatur ins Netz gestellt werden.

Eine weitere Stärke des Internets im Bereich Medizin liegt darin, dass über das Netz ein gigantischer Markt bedient werden kann. In Deutschland beispielsweise gilt das Gesundheitswesen als Wachstumsmarkt par excellence. Die Menschen, die die Segnungen moderner Medizin in Anspruch nehmen, werden älter, gleichzeitig bieten innovative Technologien immer neue medizinisch-technische Möglichkeiten. Während derzeit rund 15 Prozent der Bevölkerung Deutschlands das 65. Lebensjahr überschritten haben, wird ihr Anteil nach Schätzungen des Statistischen Bundesamts bis zum Jahr 2040 auf ein Drittel wachsen. Die Konsequenz liegt auf der Hand: Die Gesundheitsversorgung wird angesichts der steigenden Lebenserwartung der Menschen und der modernen, aber auch kostenintensiven Apparatemedizin immer teurer. Derzeit belaufen sich die Gesamtausgaben für Gesundheit auf über 500 Milliarden Mark jährlich, das mögliche Volumen des »Marktes« wird von Fachleuten indes auf über 600 Milliarden geschätzt. Der Politik, so scheint es, fehlt ein wirksames Instrumentarium, um den rasanten Anstieg der Kosten zu stoppen, dabei aber das Leistungsangebot in der Gesundheitsversorgung auf dem gegenwärtigen Niveau zu halten. Kennzeichen des Systems ist ein permanenter Wechsel von Kostenexplosion und Kostendämpfung – ein Dauerproblem der Politik.

Zahlreiche Sachverständige plädieren inzwischen dafür, dass künftig die Behandlung von Bagatellerkrankungen wie Erkältungen oder Blähungen aus eigener Tasche bezahlt werden und sich die Bürger nur noch gegen größere Risiken wie Herzinfarkt, Krebs oder Diabetes absichern. So ist denn – vor allem angesichts der demografischen Entwicklung – fest damit zu rechnen, dass künftig immer mehr Leistungen des bislang administrierten Systems den Marktmechanismen überlassen werden. Anders ausgedrückt: Der Anteil an der »halböffentlich« über die Solidarkassen finanzierten Gesundheitsversorgung wird schrumpfen, während die über den Markt angebotenen Leistungen von Ärzten, Kliniken, Rehabilitations- und Kureinrichtungen stark zunehmen werden; Gleiches gilt für Medikamente, vor allem für Präparate im vortherapeutischen Bereich.

Bekanntlich senkt das Internet die Zugangshürden zu den Märkten, das E-Business wird also auch in der Medizin und in der weiteren Gesundheitsversorgung neue Märkte erschließen.

Neues Wissen aus Web-Bibliotheken und Cyberunis

Die Medizin ist eine äußerst dynamische Disziplin, die wie kaum eine andere auf den schnellen Austausch von Daten und einen stetigen Wissenstransfer angewiesen ist. Damit ist sie ein Fachgebiet, das in besonders hohem Maß von den neuen Informations- und Kommunikationstechniken und dem Internet profitieren kann; Experten schätzen, dass die Medizin schon jetzt neben den Computerwissenschaften am stärksten im Internet vertreten ist. Einmal abgesehen von den Informations- und den Beratungsmöglichkeiten für Patienten – das Internet ermöglicht auch den dauerhaften Kontakt zwischen Arzt und Patient, ganz gleich, wo sich dieser aufhält; »anytime and anywhere« gilt auch für die Medizin –, liegt das Nutzungspotenzial des Internets vor allem bei Ärzten und anderen Akteuren des Gesundheitswesens. Das Netz verschafft ihnen jederzeit den Zugriff auf Datenbanken mit aktuellem Zugang zu umfassenden Patienten-, Fakten- und Literaturinformationen, über das Netz sind jederzeit Experten erreichbar. Arzneimitteldatenbanken lassen sich täglich oder gar stündlich aktualisieren.

Mithilfe des Internets lässt sich der Anspruch einer »Evidence Based Medicine« eher realisieren als ohne Netz: Das Internet gilt als das Medium, das in den nächsten Jahren enorme und weiter wachsende Datenmengen und Informationen um den Globus transportieren wird, den Stoff gewissermaßen, aus dem dann verwertbares Wissen gewonnen wird (vgl. Kapitel »Trend 1«). Das Web ersetzt längst die Bibliotheken und die aktuellen Printpublikationen, aus denen die Akteure des Gesundheitssystems bislang ihr Wissen bezogen haben. Es eröffnet den weltweiten Zugang zu medizinischen Veröffentlichungen zu speziellen Fragestellungen, die sich mit Unterstützung von Suchmaschinen schnell fokussieren lassen. Die Mediziner können sich in zahlreiche Fachforen einloggen, sie können beispielsweise in der National Library of Medicine nach Fachliteratur suchen, sie haben Zugriff auf zahlreiche Bilddatenbanken. Die Brain University der Abteilung Anatomie an der University of Iowa dürfte im Rahmen des Wissensstands kaum eine Frage über das menschliche Gehirn unbeantwortet lassen. Das New York Medical Center bietet nach dem Urteil von Gunther Eysenbach, Leiter der Forschungsgruppe Cybermedizin an der Heidelberger Universitätsklinik, »einen brillanten Pathologiekurs«. Und in der Internetpathologie der University of Utah können sich die User am »Case of the Week« versuchen und sogar eine CD-ROM gewinnen, wenn sie anhand des dargebotenen Bildmaterials den Fall korrekt diagnostizieren.

Rundum-Versorgung in virtuellen Gesundheitsmärkten – Cyberkliniken und Cyberdocs

Wie sich die neuen Gesundheitsmärkte organisieren, wird in den USA erkennbar. Bei einem Vergleich mit Deutschland ist indes zu bedenken, dass in den Vereinigten Staaten die Gesundheitsversorgung weit stärker kommerzialisiert ist und dass 50 Prozent der Amerikaner regelmäßig das Internet nutzen, deutlich mehr als hierzulande (30 Prozent). So gibt es in den USA inzwischen Tausende von »Cyberdocs«, die weniger eine »Praxis« betreiben, sondern vielmehr Business-Center rund um Krankheit und Gesundheit. »Wir nutzen die Power des Internets, um alle Aspekte der Gesundheitsindustrie zu bedienen, von den Konsumenten bis zu den medizinischen Fachleuten«, beschreibt Healthon von WebMD seine mehr geschäftliche denn medizinische Vision. WebMD, eine der Branchengrößen mit Sitz in New Jersey und im kalifornischen Santa Clara, ist eines der führenden Medizinportale, das seine Nutzer mit einem breiten Angebot an Informationen versorgt.

Dabei geht es zu wie auf anderen Internetmärkten auch; »drkoop.com« beispielsweise, die virtuelle Praxis von C. Ewerett Koop, einem ehemaligen Generalarzt der US-Streitkräfte, bietet ihrer Kundschaft auf der Homepage unter einem Gewinnspiel (»An easy way to win some cash«) eine umfangreiche Liste mit Gesundheitshinweisen, Tipps für die Familie, für die Kids, Fitness- und Wellness-Ratgeber, Beratungen bei Drogen- und Alkoholsucht. Natürlich können die User durch Bookshops surfen, durch umfangreiche medizinische Ratgeber blättern, aktuelle Medizin-News abfragen oder »ein Wort von Dr. Koop« lesen, das der Cyberdoc seinen Usern höchstpersönlich zuteil werden lässt.

Sie können sich bei C. Ewerett Koop in Austin/Texas als User registrieren lassen wie hierzulande etwa in einem Buchclub, um noch weitere Serviceleistungen in Anspruch nehmen zu können. Dann können sie auch eine Ferndiagnose ihrer Beschwerden anfordern; allerdings sollten sie sorgfältig die allgemeinen Geschäftsbedingungen von »drkoop.com« studieren, die Gewährleistungen und Haftungen für erbrachte Leistungen nahezu vollends ausschließen. Gleichwohl verzeichnen die Cyberpraxen in den USA einen starken Zulauf. C. Ewerett Koop konnte im vergangenen Jahr bereits eine Million registrierter Mitglieder melden.

Unternehmen wie drkoop oder WebMD binden auch die profitabelste Kundschaft in ihr feinmaschiges Netzwerk ein: Pharmaunternehmen, Versicherungen, Gesundheitsdienste, medizinische Ausbildungseinrichtungen, für die sie in ihren Angeboten werben, und Mediapartner, die sich von den Onlinemedizinern mit Content – mit vielfältigen Informationsangeboten – versorgen lassen, darunter Associated Press (AP), die weltgrößte Nachrichtenagentur, oder Fernsehsender wie CNN. Auf diese Weise etablieren sich die großen Medizinportale als allgegenwärtige Anbieter zu beinahe allen Problemen rund um die Gesundheit. Fragt sich am Ende nur, wie sich Doktor Koop und Co. finanzieren. Zunächst vor allem über ihre Sponsoren und die Werbung und im Übrigen wie so viele der Dotcoms:

über die Verluste und eine Vision, die das notwendige Kapital bei den Anlegern lockermacht.

Die dritte Zielgruppe, die von den Internetmedizinern national und weltweit bedient wird, sind Ärzte und andere Praktiker des Gesundheitswesens. Sie können über die Portale aktuelle Nachrichten, Referenzen und Forschungsergebnisse abrufen, Weiterbildungsprogramme buchen, sich persönliche Websites einrichten lassen und Versicherungsfragen prüfen und abwickeln lassen.

Eine andere Strategie als die Amerikaner verfolgt Atuline, das erste »virtuelle Krankenhaus«, das vom finnischen Turku aus operiert. Atuline verzichtet auf ein kommerzielles Rundumpaket, Gewinnspiele fehlen ebenso wie Bookshops. Stattdessen bieten die Finnen ihren medizinischen Service weltweit in fünf Sprachen an, über das Internet führen sie Patienten und Ärzte zueinander, bei atuline.com stehen »Ihnen medizinische Spitzenfachkräfte zur Verfügung, egal, wo Sie sich zur Zeit aufhalten«, wie die Homepage verspricht.

Wer sich bei Atuline als Nutzer registrieren lässt, kann jederzeit Spezialisten nahezu aller Fachgebiete konsultieren (selbst Zahnärzte), die sich im Netz mit Foto und ihren Honorarsätzen präsentieren. Bei einer dringenden Konsultation verspricht Atuline den Rücklauf innerhalb von 24 Stunden, in weniger dringenden Fällen innerhalb von fünf Tagen. Die ärztliche Dienstleistung gibt es nur gegen Cash, versteht sich: Für eine »urgent consultation« berechnen die Finnen 45 Euro, für »guided consultations« 35 Euro; abgerechnet wird über Kreditkarte.

Die Finnen sind dabei, ein europaweites Netzwerk von Vertragsärzten und Vertragskliniken aufzubauen, und haben sich zum Ziel gesetzt, künftig medizinische Dienstleistungen vor Ort anzubieten. So könnten sich Patienten von einem Atuline-Vertragsarzt Blut- oder Urinproben nehmen lassen – die Laborwerte werden zur weiteren Beurteilung per Internet an das virtuelle Krankenhaus nach Turku übermittelt.

Dafür, dass Internettherapien ein Segen sein können, gibt es inzwischen zahlreiche Beispiele. So drohte dem Einhandsegler Wiktor Jaskoy 1998 Hunderte von Meilen vor Kapstadt eine Blutvergiftung. Dank seines solarbetriebenen Laptops hatte Jaskoy jedoch via Satellit Zugang zum Internet und erhielt die lebensrettende Hilfe per E-Mail von einem Infektionsspezialisten.

Deutsche Ärzte hätten dem Segler streng nach Standesrecht indes nicht helfen dürfen; eine E-Mail mit der Frage etwa, was es mit dem merkwürdigen Sausen im Ohr auf sich haben könnte, hätten sie zu ignorieren. Ferndiagnosen sind hierzulande untersagt – deutsche Ärzte dürfen Patienten nicht über das Web beraten. Ein Interpretationsbeschluss zur Berufsordnung »Darstellungsmöglichkeiten des Arztes im Internet«, der 1997 vom 100. Deutschen Ärztetag gefasst wurde, regelt recht restriktiv, was alles verboten ist. Der deutsche Mediziner darf zwar eine Homepage betreiben, doch mehr als ein »virtuelles Praxisschild« kann das kaum sein. Erlaubt sind unter anderem die Angabe von Namen, Praxisanschrift, Arztbezeichnung und ärztlichen Titeln, Sprechstunden und Privatadresse. Zulässig sind auch sachliche Informationen für Patienten über medizinische Vorgänge, über Untersuchungs- und Behandlungsverfahren, über den Werdegang des Arztes, über seine Sprachkenntnisse und seine Konfession.

Die Restriktionen haben einen guten Grund: Weder per Telefon noch via Internet lässt sich die tatsächliche Ursache von Beschwerden diagnostizieren: Ob ein schwerer Husten von einer Bronchitis oder von Lungenkrebs ausgelöst wird, kann ein Arzt nur durch eine sorgfältige Untersuchung und anhand von Röntgenaufnahmen feststellen.

Gunther Eysenbach, Experte für Cybermedizin, gibt sich gelegentlich in Wallraff'scher Manier als Patient aus und testet die Cyberdocs mit fiktiven Fragen. Nach seiner Ansicht sind Cyberdocs, die medizinische Auskünfte per E-Mail anbieten, heute noch als problematisch einzuschätzen. So sei die Qualifikation nicht nachprüfbar, insbesondere bei ausländischen Adressen. Auch die Motivation sei nicht immer klar – manchmal gehe es nur vordergründig um medizinischen Rat, in Wirklichkeit aber um den Verkauf ominöser Gesundheitsprodukte. »Der Ratschlag ist dann zwar kostenlos, der Kräutertee, der empfohlen wird, muss aber bestellt werden.« Gleichwohl ist

Eysenbach davon überzeugt, dass die persönliche Beratung über das Internet Zukunft hat. »Qualitätssicherung anstelle eines platten Verbots von Fernberatung ist sicher das bessere Rezept. Für die Zukunft könnte ich mir vorstellen, dass es Lizenzen für Cyberärzte geben wird, die speziell trainierte Ärzte dazu berechtigt, Patienten im Internet zu beraten.«

Qualitätsstandards und Sicherheit in der Web-Medizin

Die Bezeichnung »Facharzt für Cybermedizin« dürfte allerdings noch lange auf sich warten lassen. Experten wie Heinrich Hanika, Jurist und Dozent an der Hochschule für Wirtschaft in Ludwigshafen, befürchten gar, dass die Qualitätssicherung der Internetmedizin durch die EU-Richtlinie für E-Commerce, die bis 2002 in nationales Recht umgesetzt werden muss, ausgehöhlt werden könnte. Für Geschäftsbedingungen sowie für Garantie- und Haftungsfragen im E-Commerce sollen dann nicht länger die einschlägigen rechtlichen Regeln des Zielorts gelten, sondern die des Herkunftslands. Das bedeutet: Ein Cyberdoc, der via Internet etwa aus Singapur Patienten in Deutschland versorgt, kann nach heimischem Recht nicht belangt werden. Hinzu kommt, dass manche Onlineauftritte nicht eindeutig zu lokalisieren sind. Das gilt für den E-Commerce allgemein und somit auch für windige Cyberdocs, die sich im Internet mit ebenso fantasievollen wie wertlosen Qualitätszertifikaten ausweisen und in Extremfällen, wie die *Ärzte Zeitung* berichtet, »Spinnenpulver und Haifischknorpel als probates Mittel zur Behandlung von Tumorkrankheiten anpreisen«.

Seriöse Medizinportale, die ihren Usern allgemein gültige Sicherheitsstandards bieten wollen, können der *Health on the Net Foundation* beitreten und damit den »HONcode« akzeptieren. Die Prinzipien des HONcodes verpflichten die Cyberdocs, ihre medizinischen und gesundheitsbezogenen Ratschläge ausschließlich von medizinisch und gesundheitswissenschaftlich geschulten Fachleuten erstellen zu lassen; Informationen von Nichtfachleuten sind als solche zu kennzeichnen. Mit dem HONcode wird versichert, existierende Arzt-Patienten-Beziehungen durch Internetinformationen nicht ersetzen, sondern nur unterstützen zu wollen. Ferner sind Angaben über den Nutzen und die Wirksamkeit bestimmter Therapien und kommerzieller Produkte durch geeignete, ausgewogene wissenschaftliche Beweise zu untermauern und es wird die Vertraulichkeit aller Daten garantiert. Es müssen Sponsoren und Unterstützer der Website genannt werden, ebenso muss erkennbar sein, wie die Website finanziert wird, etwa über Werbung.

Auch die Europäische Kommission lässt derzeit an einem digitalen Gütesiegel arbeiten. Koordiniert wird das Projekt mit der Bezeichnung »Medcertain« von der Abteilung Klinische Sozialmedizin an der Universität Heidelberg unter der Leitung von Gunther Eysenbach. Die Trustmark soll künftig den Nutzern der damit ausgezeichneten Medizinportale auf drei Ebenen Qualitäts- und Sicherheitsstandards garantieren: Level 1 wird vergeben, wenn sich die Onlinemediziner verpflichten, fest definierte ethische Normen zu erfüllen, wenn erkennbar ist, über welche Qualifikation die Verfasser der angebotenen Informationen verfügen, und wenn diese Informationen in Datenbanken gespeichert werden, die jederzeit abrufbar sind. Level 2 fordert, dass die Informationen von Experten auf formale Kriterien hin überprüft sind, etwa auf ihre Aktualität und ihre Unabhängigkeit von Werbung und Sponsoring. Level 3 schließlich soll nur dann vergeben werden, wenn auch der Inhalt der Informationen von Experten geprüft und bewertet wurde. Und schließlich arbeitet die Forschergruppe um Gunter Eysenbach daran, die vom MIT entwickelte »Platform for Internet Content Selection« (PICS) für medizinische Websites nutzbar zu machen: PICS, ein Filtersystem, macht es möglich, den Browser so zu konfigurieren, dass er Websites nach Klassifizierungscodes selektiert; mit dem Programm könnten die User denjenigen Websites, die nicht über eine bestimmte, etwa von einer Aufsichtsbehörde oder dem Gesundheitsministerium festgelegte Qualitätsklassifizierung verfügen, den Zugang zu ihrem Rechner versperren.

So ist denn auch das deutsche Gesundheitssystem dem Internet nicht vollends verschlossen. Die heimischen Ärzte und ihre Standesvertreter erkennen: Das World Wide Web ist grenzenlos, und die Zahl der User, die medizinische Dienstleistungen aus dem Cyberspace nutzen, steigt ständig. Die Portale registrieren – kaum überraschend – überwiegend jüngere Nutzer mit einer überdurchschnittlichen Bildung und Ausbildung, eben typische Vertreter der Internetgemeinde, die ohnehin von tradierten Gewohnheiten und Lebensstilen abweichen, die sich stärker selbstverantwortlich orientieren, die es – naturgemäß – weniger mit chronischen Erkrankungen zu tun haben und über ein vergleichsweise hohes Einkommen verfügen. Sie sind mit einer ausgeprägten Affinität für Fitness und Wellness den Marktmechanismen in der Gesundheitsversorgung durchaus aufgeschlossen – eine willkommene Klientel also für die Web-Wirtschaft. Eine Klientel, die die heimischen Akteure des Systems – bei allen standesrechtlichen Vorbehalten – nicht den Anbietern in Ländern mit einem weniger restriktiven Standesrecht überlassen möchten. So räumen die ärztlichen Fachpublikationen der Internetmedizin breiten Raum ein und sind selbst mit einem umfassenden Informationsangebot im Netz vertreten.

Zahlreiche deutsche Medizinportale sind auf dem besten Weg, die amerikanischen Trendsetter zu kopieren, immer mit dem gebotenen Hinweis, keine konkreten medizinischen, sondern »nur allgemein gültige Ratschläge« zu erteilen. Geduldige User können inzwischen durch Hunderte von Seiten surfen, durch Magen und Darm, Gelenk und Knochen, Herz und Lunge, Diabetes, Frauenkrankheiten, Aids und Krebs – die Informationen der verschiedenen Fachgebiete sind immer nur einen Mausklick weit entfernt.

Medikamente aus dem Netz

Einen Mausklick entfernt war für die deutschen User, wenn auch nur kurz, DocMorries.com, die erste Internetapotheke, die im Juni 2000 im niederländischen Städtchen Kerkrade ins Netz ging und Patienten in der gesamten Europäischen Union beliefert. Wer bei Jacques Waterval und seinem Team bestellt, zahlt für Aspirintabletten, Viagrapillen und Hustensaft bis zu 40 Prozent weniger als in deutschen Apotheken. Bei rezeptpflichtigen Arzneimitteln verlangt DocMorris eine ärztliche Bescheinigung.

Die deutschen Apothekerkammern und -verbände reagierten prompt – nicht mit eigenen Internetseiten, sondern mit vehementen Protesten. Sie beriefen sich auf das Versandhandelsverbot für Medikamente, das vor rund vier Jahren in Deutschland in Paragrafen gekleidet wurde. Und sie bekamen Recht: Anfang November erging auf Antrag des Deutschen Apothekerverbands und der Bayer AG eine einstweilige Verfügung des Frankfurter Landgerichts gegen DocMorris.com, die der Internetapotheke untersagt, nach Deutschland zu liefern. Apothekenpflichtige Medikamente, befanden die Richter, dürften nur über Apotheken vertrieben werden. Damit solle gewährleistet werden, dass der Verbraucher beim Medikamentenkauf beraten werden könne. Zudem sei nicht sicher, ob DocMorris in allen Fällen einen Beipackzettel in deutscher Sprache zur Verfügung stelle.

Die Argumente der Apothekenvertreter und der Frankfurter Richter haben einiges für sich, denn tatsächlich biete das Internet dubiosen Anbietern von Arzneien, Gesundheits- und Aufbaumitteln einen einträglichen Vertriebskanal sowohl für rezeptfreie als auch verschreibungspflichtige Medikamente und für solche, die nach dem deutschen Arzneimittelgesetz gar nicht zugelassen seien, kritisiert die Deutsche Gesellschaft für Patienten und Versicherte (DGVP).

Wie auf diesem Weg fragwürdige Präparate, die der Gesundheit eher schaden als nutzen, an die Verbraucher gelangen, zeigt ein Blick auf die Websites mancher Wellness-,

Fitness- und Bodybuildingfreunde. Gleich neben wohlproportionierten Frauenkörpern und eindrucksvollen Muskelpaketen werden dort Kapseln, Pillen und Pülverchen feilgeboten, die angeblich ohne jede Nebenwirkung Fettpolster schwinden oder Muskelberge wachsen lassen, und das binnen kürzester Zeit. Dem Missbrauch der zumeist ausgesprochen teuren Mittel sind keine Grenzen gesetzt; die durch Appetitzügler ausgelösten Herz- und Nierenschäden, die durch Amphetamine verursachten Herzmuskelschäden sowie die auf Anabolika zurückzuführenden Leberschäden werden dann eher zufällig bei der nächsten Konsultation eines Arztes entdeckt. Auch des Dopings überführte Sportler mussten kleinlaut einräumen, sich Aufbaupräparate über das Internet besorgt zu haben, dummerweise »verunreinigte« Mittel, die Substanzen enthielten, die in den Antidoping-Listen geführt werden.

So sind denn die Warnungen vor kriminellen Onlineanbietern von Medikamenten berechtigt, doch was für Cyberdocs gilt, das gilt für Cyberapotheken gleichermaßen: Sind erst verbindliche Qualitätsstandards definiert, dann dürften die Argumente der deutschen Apothekervertreter gegen Onlineversender wie DocMorries keinen Bestand mehr haben. Zumal die Onlineorder nicht zwangsläufig gegen die gebotene Beratung vor einer Medikation verstößt; die kann durch den Arzt oder den (Online-)Apotheker erfolgen. Und nichts – jedenfalls kein technischer Grund – spricht gegen elektronische Rezepte, die der Arzt seinem Patienten für dessen Internetorder ausstellt. Nicht nur in den Niederlanden, sondern auch in anderen europäischen Ländern werden Medikamente über das Web gehandelt.

Die Cyberapotheken sehen ihre Aktivitäten im Einklang mit dem europäischen Recht und Fachleute erwarten, dass die deutschen Restriktionen in einem Streit vor dem Europäischen Gerichtshof keinen Bestand haben werden. Selbst die allen Internetversendern gegenüber recht kritisch eingestellte Arbeitsgemeinschaft der Verbraucherverbände (AgV) fordert eine Änderung des Arzneimittelgesetzes und die Freigabe des Onlinehandels für Medikamente, allerdings mit einer ebenso verbindlichen wie strengen europaweiten Qualitätssicherung.

Unterstützung finden die Internetapotheken zudem bei den Krankenkassen, die sich von dem Versandhandel via Web Einsparungen von rund 15 Prozent erwarten. Für das von Kostenexplosionen gebeutelte Gesundheitssystem zweifellos ein Segen: Rund 70 Milliarden Mark jährlich werden hierzulande für Arzneimittel, Heil- und Hilfsmittel ausgegeben. 28 Prozent der Arzneimittelpreise entfallen auf die Apotheken. Mit diesem Anteil liegen die Deutschen in der europäischen Spitzengruppe – in Schweden oder Portugal sind es gerade mal 20 Prozent.

Man braucht keine hellseherischen Qualitäten, um vorauszusagen: Cyberdocs und Cyberapotheken werden den Hausarzt und die Offizinapotheke an der Ecke zwar nicht ersetzen, sie werden jedoch in nicht allzu ferner Zukunft fester Bestandteil unserer Gesundheitsversorgung sein.

Der Klinikpatient wird zum Kunden

Das Internet macht die Märkte transparent – auch in den Krankenhäusern lässt sich mit der modernen Informations- und Kommunikationstechnologie viel Geld sparen. Die stationäre Behandlung ist in unserem Gesundheitssystem der größte Kostenblock, rund 130 Milliarden Mark lassen wir uns die 2250 Krankenhäuser, die es derzeit in Deutschland gibt, jährlich kosten. Doch die Kliniken stehen vor den einschneidendsten Veränderungen der vergangenen 100 Jahre, glaubt Heinz Lohmann, Vorstandssprecher der Hamburger LBK-Gruppe. Das Kürzel LBK steht für Landesbetrieb Krankenhäuser, ein wirtschaftlich selbständig geführtes Unternehmen mit 13 000 Beschäftigten und damit der größte Arbeitgeber der Hansestadt.

In den nächsten fünf Jahren, prognostiziert Lohmann, werde ein Drittel der heutigen Bettenkapazitäten abgebaut werden müssen. Der Grund liegt in einem Systemwechsel bei der Abrechnung. Bisher werden die Krankenhäuser nach Pflegesätzen bezahlt. Jeder Tag, den ein Patient zusätzlich im Krankenhaus verbringt, erhöht die Einnahmen. »Wo ein Bett ist, ist auch ein Patient«, lautet oft die geheime Devise. Ab 2003 soll nur noch nach Fallpauschalen bezahlt werden, die sich nach Art und Schwere einer Krankheit bemessen. Für einen Hüftgelenksersatz, kalkuliert man beim LBK Hamburg, könnte es dann beispielsweise 14 300 Mark geben und für eine Kniespiegelung 4430 Mark – unabhängig von der Liegezeit des Patienten. Das wird die Ökonomie des Krankenhauses grundlegend ändern: Je schneller das Bett wieder frei wird, desto eher rentiert sich die Fallpauschale. Experten erwarten eine Kettenreaktion: Rückläufige Liegezeiten reduzieren den Bettenbedarf, und leer stehende Betten führen zur Schließung von Krankenhäusern, angesagt ist Wettbewerb um Patienten.

Allerdings zeigt sich, dass die zumeist von öffentlichen Trägern geführten Krankenhäuser gegen Marktmechanismen ziemlich resistent sind, vor allem gegen E-Change. Der Einstieg in die Web-Wirtschaft gelingt nur zögerlich. Doch auch die Kliniken entdecken E-Procurement – die elektronische Abwicklung des Beschaffungswesens einschließlich des gesamten Zahlungsverkehrs. Bislang wurden Skalpelle, Tupfer und Einweghandschuhe beim Fachhandel gekauft, medizinische Geräte für EKG, Sonografie oder Röntgenaufnahmen beim Außendienst der Hersteller. Inzwischen jedoch wird der gesamte Klinikbedarf in Internetportalen angeboten; nach einer Umfrage des Bundesverbands Medizinprodukte wollen im Jahr 2001 immerhin 70 Prozent aller deutschen Kliniken ihren Bedarf zumindest teilweise über das Internet decken. Konkurrenz belebt bekanntlich das Geschäft und drückt die Preise: Die Krankenhäuser – wie Arztpraxen übrigens auch – können auf den elektronischen Marktplätzen ihre Beschaffungskosten um bis zu 30 Prozent senken.

Die Krankenhäuser sind keine konkurrenzfreie Zone mehr – die Privatisierungswelle läuft. Experten erwarten, dass es in zehn Jahren mehr private als öffentliche Krankenhäuser geben wird. Die größte deutsche private Krankenhauskette, das Rhön-Klinikum, wird bereits seit 1989 als börsennotierte Aktiengesellschaft geführt. »Der Kranke«, schreibt Roland Kirbach in der *Zeit*, »gilt in den Rhön-Kliniken als Kunde, um dessen Wohl sich alles dreht – und nicht als Insasse einer Anstalt, dem das Gefühl vermittelt wird, er störe den reibungslosen Ablauf.« Das bedeutet: Krankenhäuser müssen künftig um »Kunden« werben, sie müssen sich ein unverwechselbares Markenprofil erarbeiten, und sie müssen vor allem ihre Beziehungen zu ihren Patienten pflegen, auch dann noch, wenn diese wieder entlassen sind, ebenso die Beziehungen zu den Partnern, mit denen sie zusammenarbeiten: niedergelassene Ärzte, Mitarbeiter, andere Kliniken, die Kassen, die Kommunen. Ein klarer Fall für das Internet, das auch für Krankenhäuser ein ausgefeiltes Customer Relationship Management (CRM) ermöglicht.

In den digitalen Netzwerken lassen sich zudem Arbeitsabläufe und die Nutzung medizinischer Einrichtungen optimieren. Auf einen weiteren kostensparenden Effekt verweist Michael Dertouzos, der langjährige Leiter des Informatik-Instituts am MIT. In den digitalen Netzwerken könne der gesamte Zyklus medizinischer Informationsverarbeitung – Aufnahme, Überweisung an Spezialisten, Auswertung, Archivierung und Abruf – zunehmend automatisiert werden und damit an Sicherheit und Effizienz gewinnen.

Patientenakten im Cyberspace

Als Ursache für die Kostenexplosion im Gesundheitsbereich mag mancher zunächst teure Medizin und Medikation vermuten, doch weit gefehlt. Ausgesprochen kostentreibend sind ganz profane Dinge: Die Erfassung und Verwaltung von Patientendaten im weitesten Sinne, so besagen Schätzungen für Dänemark und die USA, verschlingt bis zu einem Drittel der gesamten Gesundheitskosten. Dabei könnte moderne Informations- und Kommunikationstechnik alles ganz einfach machen: Jeder Bürger führt eine Chipkarte mit sich, auf der seine medizinischen Basisdaten von der Blutgruppe bis zu chronischen Krankheiten gespeichert sind. Mit der Chipkarte kann der behandelnde Arzt die umfangreiche elektronische Patientenakte öffnen, die alle bisherigen Befunde und Therapien anderer Ärzte enthält. Diese Patientenakte lässt sich über das Internet zu jeder Tages- und Nachtzeit von jedem Ort der Welt aus abrufen. Sogar Röntgenbilder können bald im Cyberspace verwahrt werden; Canon hat bereits einen quadratischen Bildchip mit 43 Zentimeter Kantenlänge entwickelt, der eine Auflösung von sieben Millionen Pixel liefern soll.

Das Rheinisch-Westfälische Institut für Wirtschaftsforschung (RWI) kommt in einer Studie über »Wachstums- und Beschäftigungspotenziale der Informationsgesellschaft bis zum Jahre 2010« im Rahmen eines Forschungsauftrags des Bundesministeriums für Wirtschaft und Technologie ebenfalls zu dem Ergebnis, dass Kosten gespart werden könnten, wenn es gelänge, «alle behandlungsrelevanten Patienteninformationen zu bündeln«. Die Wissenschaftler schlagen deshalb den Aufbau einer »Gesundheitsplattform« vor, die eine »integrierte, elektronische Patientenakte« ermöglichen soll, sowie ein Managementsystem, das die Bereitstellung der Akten an die jeweils berechtigten Nutzer sicherstellt.

Die Idee einer digitalen Patientenakte entwickelten Peter Szolovits und sein Team am MIT zu einem neuen Softwaremodul, das sie »Guardian Angel« nannten. Noch ist der Schutzengel eine Vision. Seine Erfinder stellen sich vor, dass jedes Neugeborene ein solches Modul bekommen und es sein Leben lang behalten soll. Michael Dertouzos beschreibt, wie auf dem Modul, von dem ein Back-up beim Hausarzt, im Homecomputer der betreffenden Person oder bei einer Versicherung abgelegt wird, sämtliche medizinischen Daten von der Wiege bis zur Bahre gespeichert werden – vom Zeitpunkt des ersten Atemzugs über die Masern, den Bruch des linken Schienbeins, die mehrmonatige Einnahme eines Beruhigungsmittels, einer Geschwulst in der Brust, der Diät zum Hemmen der Osteoporose bis zum letzten Herzschlag. So wird auf dem Schutzengelmodul die gesamte medizinische Biografie gespeichert, mit dem Vorzug, so Dertouzos, dass die Krankheitsgeschichte bei der betreffenden Person aufrufbar sei und nicht verteilt auf mehrere Ärzte, Kliniken oder Apotheken. Geschützt werden die Daten per Passwort. Diese funktionale Ebene ist technisch längst kein Problem mehr, in nicht ferner Zukunft, glaubt Dertouzos, könne der Schutzengel mögliche Diskrepanzen zwischen früheren und aktuellen Therapien aufspüren, er könne aufgrund bestimmter Anzeichen auf drohende Erkrankungen hinweisen, ein ausgereifter Schutzengel könne gar »subtile Wechselwirkungen zwischen Ihrer Lebensweise, Ihrem Stoffwechsel sowie Ihren Ernährungs- und Trinkgewohnheiten analysieren«.

Die amerikanische Firma Applied Digital Solutions arbeitet an einer Entwicklung, die sie »digitalen Engel« nennt. Dabei handelt es sich um einen Computerchip, der in den menschlichen Körper implantiert wird. Der Strom soll durch die Muskelbewegungen des Körpers auf elektromechanischem Weg erzeugt werden, und über das satellitengestützte »Global Positioning System« (GPS) kann der Träger des Implantats überall auf der Welt schnell gefunden werden. Der Chip, heißt es, könne bei Intensivpatienten hilfreich sein, indem er dem Arzt Rückmeldungen über einzelne Körperfunktionen sende.

Der medizinische Nutzen von »Körpercomputern« ist allerdings umstritten. Der Münchener Internist und Kardiologe Joachim Neudert weist darauf hin, dass einfach zu messende elektrische Daten wie der Herzrhythmus nur für einen eng begrenzten Bereich wichtig seien. Sensoren zur Messung komplexer biochemischer Prozesse seien bisher nicht verfügbar. »Bislang sind wir nicht einmal in der Lage, den Zuckerspiegel eines Diabetikers fortlaufend zu messen und per implantierter Insulinpumpe zu steuern. Solange es so etwas nicht gibt, ist auch die Fernsteuerung nutzlos.«

Neudert glaubt, die medizinischen Anwendungen für Chipimplantate seien nur vorgeschoben. Wer den medizinischen Fortschritt ins Feld führe, könne leichter Geldgeber gewinnen als jemand, der etwa die Überwachung von Bewährungshäftlingen in den Vordergrund stelle.

Mit der Maus direkt ins Herz

Für die Telemedizin, die über das Web gefragte Kapazitäten rund um den Globus zusammenführt, gibt es zahlreiche bemerkenswerte Beispiele. Erstmals zeigte sich 1996 der Vorzug des Internets in der internationalen Medizin. Die Mediziner an der Universität Peking standen damals vor einem Rätsel. Trotz aller Diagnosekunst und umfangreicher Tests gelang es ihnen nicht herauszufinden, woran Zhu Ling erkrankt war. Die junge Chemiestudentin hatte nach heftigen Magenbeschwerden sämtliches Haar verloren, sich nach einem kurzen Klinikaufenthalt jedoch vorübergehend erholt, ohne dass die Ärzte den Ursachen der Erkrankung näher gekommen waren. Als starke Schmerzen in Füßen, Beinen und Armen eintraten, waren die Mediziner in Peking nach weiteren zahlreichen Tests mit ihrem Latein vollends am Ende und schickten eine E-Mail mit all ihren Erkenntnissen und Laborwerten an die internationale Fachwelt. Binnen kurzer Zeit stellten insgesamt 86 Experten eine Diagnose, die sich als zutreffend erwies: Zhu Ling hatte eine hochgradige Thalliumvergiftung, die nun mithilfe der Fachärzte über das Netz therapiert werden konnte. Ein Fall aus dem Mittelalter des Internets.

»Mit der Maus mitten ins Herz« titelte das Ärzte-Fachblatt *Medical Tribune* im Dezember 2000: Per Internet ließen die Chirurgen am Zentrum für Herzchirurgie der Universität Erlangen-Nürnberg eine Herzklappenoperation übertragen, anschließend im Live-Chat von Michael Weyand, dem Direktor des Zentrums, kommentiert. Für Fachkollegen und Medizinstudenten eine interessante und eindrucksvolle Lehrstunde und zugleich eine Demonstration für Telechirurgie. Denn das Bild ist auch umkehrbar: Nicht die Ärzte, die am offenen Herzen operieren, sind auf dem Höchststand der Wissenschaft und Technik, sondern Kollegen, die Tausende von Kilometern entfernt per Internet mit den aktiven Chirurgen verbunden sind: In Moskau wird operiert, in Houston/Texas der komplizierte Eingriff geleitet.

Auf der nächsten Stufe der Telechirurgie übernimmt dann

ein Roboter den Eingriff, über das Netz ferngesteuert von einem Chirurgen, der sich theoretisch weit entfernt vom Operationsort befinden kann. Natürlich erfordern solche Eingriffe umfangreiche Software und leistungsfähige Kommunikationsverbindungen, doch immerhin: Michael Dertouzos beschreibt ein Experiment, in dem ein Chirurg aus geringer Entfernung per Roboter ein (totes) Tier operiert hat.

Informationstechnik in der Hirnforschung

Die moderne Medizin steht mit der Computertechnik in engem Zusammenhang. So werden vor allem Gentechnik und Hirnforschung in den nächsten Jahren zu neuen Therapien führen – zu medizinischen Fortschritten, die ohne Computerleistung gar nicht denkbar wären. Allerdings mag sich mancher angesichts der Möglichkeiten, die das Internet und die modernen Informations- und Kommunikationstechnologien in der Medizin schaffen, nach deren ethischen Dimensionen fragen. Fragen wirft etwa die Gentechnik auch deshalb auf, weil unklar ist, wie die Menschen mit dem neuen Wissen umgehen sollen. Urban Wiesing, Mediziner und Ethiker an der Tübinger Universität, befürchtet die Entstehung einer »genetischen Unterklasse«. Wenn jemandem per Gentest vorausgesagt werden kann, dass er mit Sicherheit oder hoher Wahrscheinlichkeit schwer erkranken werde, wird er keinen privaten Versicherer finden, der dieses Risiko zu vertretbaren Kosten abdeckt. Es wäre auch keine Lösung, die Versicherungen per Gesetz vom Wissen des Patienten und seines Arztes auszuschließen. Dann würden nämlich die betroffenen Patienten (oder ihre Nachkommen) sich zu Lasten der Versicherungen in ungerechtfertigter Weise bereichern – letztlich heißt das: zu Lasten anderer Versicherter.

Der Hirnforschung schenken die Massenmedien weit weniger Aufmerksamkeit als der Gentechnik und dem geklonten Schaf Dolly. Doch sie könnte im nächsten Jahrzehnt unser Leben mindestens genauso stark verändern. Informationstechnik und Hirnforschung sind auf eine merkwürdige, geheimnisvolle Art miteinander verbunden. Dank der Chips verfügen die Neurowissenschaften heute über technische Verfahren, die komplizierte Namen tragen: Kernspintomographie, Positronen-Emissions-Tomographie und Magnetenzephalographie. Der Mensch ist damit erstmals in der Lage, das Zusammenspiel von Nervenzellen im Gehirn zu beobachten. Das wird nicht nur neuartige chirurgische Eingriffe erlauben und etwa Epileptikern und Parkinson-Kranken neue Hoffnung geben. Die Bilder der Hirntätigkeit werden natürlich außerdem für die Planung neurochirurgischer Eingriffe genutzt. Der Arzt, der einen Tumor aus dem Gehirn entfernt, weiß, welche Strukturen er schonen muss, um Funktionsstörungen zu vermeiden. »Heutige Psychopharmaka«, erklärt der weltberühmte Hirnforscher Antonio Damasio, »verdanken wir Zufallsentdeckungen. Künftig aber werden wir eine Macht über das Gehirn gewinnen, von der wir niemals zu träumen gewagt hätten.« Dabei werden die modernen Informations- und Kommunikationstechnologien eine wichtige Rolle spielen.

Umgekehrt wird das erweitere Wissen über die Arbeitsweise des menschlichen Gehirns künftig die weitere Entwicklung der Informationstechnik beeinflussen. Aus der Art und Weise, wie Nervenzellen miteinander kommunizieren, haben Informatiker schon in der Vergangenheit einiges gelernt. Sie haben sich zum Beispiel Programmiermethoden bei den Hirnforschern abgeschaut. Sie versuchen, die komplizierten Verschaltungen unseres Nervensystems – die neuronalen Netze – auf die digitalen Netzwerke zu übertragen und sie damit zu einem sensiblen und schließlich lernenden Instrumentarium zu entwickeln, das, wie der Mensch mit seinen Sinnesorganen, die Umwelt wahrnimmt und auf Veränderungen entsprechend reagieren kann.

Vermutlich werden die modernen Informations- und Kommunikationstechniken der medizinischen Entwicklung noch viele Impulse geben, doch an einem Punkt wird die Technik scheitern, auch in der Medizinforschung: Für intelligente, kreative Leistungen und Weitblick sind Computer nicht zuständig, die Vision von der »technischen Intelligenz«, vor rund zehn Jahren von visionären Hightech-Freaks erträumt, ist leider – oder zum Glück – nicht Realität geworden und wird es auch so schnell nicht werden.

Was auf uns zukommt

Erstens: Das Internet bietet vielfältige Möglichkeiten, sich auf einer populären Ebene über eine gesunde Lebensweise und über mögliche Ursachen einer Erkrankung zu informieren. Gleichzeitig eröffnet es Ärzten und anderen Praktikern des Gesundheitswesens neue und schnelle Wege zu wissenschaftlichen Publikationen, zu Datenbanken und virtuellen Kliniken.

Zweitens: Über die neuen Informations- und Kommunikationstechniken werden, gesichert durch Qualitätsstandards, zunehmend therapeutische Dienste angeboten. Dies gilt auch für den Onlinehandel mit Medikamenten, der sich über kurz oder lang nach EU-einheitlichen Standards durchsetzen wird.

Drittens: Das Internet wird von Krankenhäusern, Kliniken, Rehabilitations- und Kureinrichtungen zunehmend als interaktives Medium genutzt, um mit Patienten – besser: mit »Kunden« – und Partnern virtuelle Beziehungen aufzubauen.

Viertens: Mit Netzwerken lassen sich künftig im Gesundheitsbereich Kosten reduzieren, etwa durch die Beschaffung medizinischer Produkte über Internetportale oder durch die elektronische Patientenakte.

Fünftens: Die neuen Informations- und Kommunikationstechniken werden künftig komplizierte medizinische Eingriffe und Therapien über Kontinente hinweg via Internet ermöglichen und eines Tages von ferngesteuerten Robotern ausführen lassen. Außerdem werden sie in der medizinischen Forschung eine wichtige Rolle spielen.

Die Beherrschung der E-Trends

Die Frage, wie die Versprechungen des digitalen Kapitalismus einzuschätzen sind, ist heikel genug, und wer sich auf sie einlässt, riskiert in jedem Fall, sich zu blamieren, gleichgültig, wie seine Antwort ausfällt.

HANS MAGNUS ENZENSBERGER

The ends of information after all are human ends. The logic of information must ultimately be the logic of humanity.

JOHN SEELY BROWN *und* PAUL DUGUID

Je rauschender die Party, desto schwerer der Kater am Morgen danach. »Der Champagner«, kommentiert der Journalist Armin Medosch, »ist ausgetrunken, und die Gäste sind nach Hause gegangen. Investoren bekommen Augenschmerzen, wenn sie 3 W nebeneinander sehen. Es ist die Zeit für Bleib-mir-vom-Hals.com und Hab-ich-immer-schon-gewusst.org.«

Börsianer, Start-up-Unternehmen und Cyberevangelisten, die allen Ernstes geglaubt hatten, per Hyperlink schnurstracks ins Schlaraffenland zu gelangen, müssen hart ausnüchtern. Manche hatten gedacht, David werde fortan immer gegen Goliath gewinnen, weil er schneller sei. Doch nun sind sie wieder da, die Großen, die reihenweise die Schnellen fressen. Viele hatten behauptet, die Konjunkturzyklen seien passé. Bis die Furcht vor einer »harten Landung« der amerikanischen Wirtschaft sie eines Besseren belehrte.

Die öffentliche Wahrnehmung des Internets hat sich in Zyklen vollzogen. Die Phase der rauschhaften Euphorie endete im Frühjahr 2000 mit dem Abstieg der Börsenkurse und der beginnenden Auslese unter den Dotcoms. Von Katerstimmung und »Backlash« ist seither viel die Rede, und wer das Netz schon immer als digitales Nirwana verabscheute, frohlockt bei jeder Internetpleite. Nicht ausgeschlossen auch, dass manche Medien nun mit dem World Wide Web verfahren wie die Klatschpresse mit ihren Stars und Sternchen: erst über die Maßen hochjubeln, dann genauso brachial niederschreiben. Stoff für Schwarzmaler dürfte sich finden lassen. »They came, they surfed and they went back to the beach«, schreibt Sally Wyatt Ende 2000 über jugendliche Internetflüchtlinge und findet damit breite Resonanz in den Medien. Ein vom britischen Economic and Social Research Council (ESRC) gesponsertes Forschungsprogramm namens Virtual Society will durch Umfragen herausgefunden haben, dass sich viele Nutzer gelangweilt vom Internet verabschieden. Solche Umfragen mögen ähnlich viel taugen wie jene Prognosen, die ein halbes Jahr zuvor gigantische Wachstumsraten verheißen hatten.

Spätestens Ende des Jahres 2001 wird die Konsolidierung unter den Internetfirmen und die Trauerarbeit der Beinahe-Millionäre abgeschlossen sein. Die Normalisierung hat in der Wirtschaft bereits begonnen, sie überlappt sich mit der Ausnüchterungsphase. »Normal« ist es, dass hoch profitable »Brick-and-Mortar-Companies« nicht in Ehrfurcht erstarren, wenn verlustreiche Garagenfirmen mit ausgeprägtem Hang zum »kategorischen Superlativ« (Erwin Chargaff) Weltsensationen am laufenden Band versprechen. Hype und Hybris haben nun ausgedient. Doch die Kenntnisse, die Erfahrungen und der Enthusiasmus aus gescheiterten Start-ups werden der Wirtschaft nicht entzogen, sie fließen in andere Unternehmungen ein, in große oder kleine. Deutsche Bank und Lufthansa, DaimlerChrysler und Bertelsmann haben die Potenziale des Netzes erkannt, pumpen Milliardensummen ins E-Business, installieren elektronische Marktplätze und schaffen neuartige Wertschöpfungsnetze. Von der Kultur der Dotcoms haben sich die »Dotcorps«, zu denen die Unternehmensriesen sich wandeln, schon jetzt vieles abgeschaut. Sie kopieren die Unternehmenskulturen der kleinen beweglichen Einheiten, ihren antibürokratischen Impetus, ihre flachen Hierarchien. Mancher Vorstandschef folgt gar gelegentlich dem Ratschlag, den Scott McNealy, Chef von Sun Microsystems, deutschen

Bossen auf der CeBIT 99 erteilt hatte: Sei kreativer ohne Krawatte.

Sinkende Börsenbewertungen der Start-ups und Stimmungsschwankungen des Feuilletons sind schwache Argumente gegen die epochale Bedeutung der digitalen Vernetzung. In der Wirtschaftsgeschichte hat bisher noch jede Zukunftsbranche ihren Shake Out erlebt. Das war so in der Automobilbranche 1910 und in der Eisenbahnindustrie ein halbes Jahrhundert davor. Jedes Mal musste die Mehrzahl der Markteinsteiger nach kurzer Zeit aufgeben. In Zukunft werden nicht mehr so viele bunte Websites an den Start gehen und sich als Marktführer in irgendeiner, bis dato unbekannten Marktnische gerieren. Dafür werden etablierte Firmen die Internetkommunikation viel stärker in ihre Kultur einbauen.

Wir befinden uns in Wirklichkeit nicht am Ende, sondern am Beginn weit reichender Veränderungen. Die Auswirkungen des Internets auf Wirtschaft und Gesellschaft werden länger brauchen und tiefer gehen, als es den meisten Kommentatoren inmitten von Alltagshektik und Informationsüberreizung erscheint. Gerade mal sechs Prozent der Erdbevölkerung nutzen heute das Internet, und selbst in den reichsten Ländern ist nur eine Minderheit schon online. Die Bandbreiten der Netze werden sich erst allmählich erhöhen. Es wird erhebliche Zeit dauern, bis ein breitbandiges Internet so stabil wie das Elektrizitätsnetz funktioniert, bis seine Standards sich als nachhaltig erwiesen haben. Noch ist unklar, wann und wie sich internationale Regeln über Steuern und Wettbewerb, Urheberrechte, Sicherheit und Datenschutz entwickeln werden. Unternehmen vollziehen ihren E-Change nicht über Nacht. Die Kostensenkungspotenziale im E-Government und im Gesundheitswesen werden erst in Jahren oder gar Jahrzehnten voll ausgeschöpft werden können.

Meinhard Miegel, der Leiter des Bonner Instituts für Wirtschafts- und Gesellschaftspolitik, ist davon überzeugt, dass wir mit dem Übergang zur Wissensgesellschaft den dritten großen Paradigmenwechsel der Menschheitsgeschichte erleben. Und einen »weiteren, einen vierten von ähnlichen Dimensionen wie diesem und den beiden vorangegangenen« vermag er sich nicht vorzustellen. Die erste Zäsur, so Miegel, markierte die Sesshaftwerdung des Menschen als Ackerbauer und Viehzüchter, der bis dahin, bis vor rund 6000 Jahren, als Jäger und Sammler seinen Lebensraum durchstreifte. Der damit verbundene gesellschaftliche Konflikt, so Meinhard Miegel, findet erst sein Ende, »als der Ackerbauer Kain den nomadisierenden Abel erschlägt«. So entwickelte sich das Agrarzeitalter, der Boden wurde zum entscheidenden Produktions- und Machtfaktor. Bis Mitte des 18. Jahrhunderts der englische Ingenieur James Watt die Kraft des Wasserdampfes und der Maschine entdeckte und eine scheinbar grenzenlose »extramuskuläre« Energie den Weg in das Industriezeitalter ebnete. Der Boden verlor seine Funktion als Ordnungs- und Machtfaktor, an seine Stelle traten Arbeit und Kapital, als Antipoden und als Verbündete. Anfangs kam der Industrialismus im Vergleich zur Agrargesellschaft den Leuten schmuddelig vor oder gar obszön. Charles Dickens, Friedrich Engels und viele andere schilderten die entwürdigenden Arbeitsbedingungen der entwurzelten Menschen. Doch die Industriegesellschaft hat schließlich der breiten Bevölkerung einen enormen Wohlstandsschub gebracht.

Jetzt verlieren die Wahrzeichen der alten Industrien an Gewicht, die rauchenden Schlote und die Produkte, die uns, wie Kevin Kelly schreibt, »auf die Füße fallen können«. Passé ist die Arbeitswelt mit festen Jobs, zu festen Zeiten in Fabriken und Büros. Das fein austarierte Beziehungsgeflecht der so genannten Sozialpartner wird zur Disposition gestellt, ebenso die in Jahrzehnten erworbenen, sorgsam kodifizierten Besitzstände der Interessengruppen. Manche Auguren behaupten, die neue Gesellschaft führe zu einer sozialen und ökonomischen Stabilisierung. Sie begründen das mit der Transparenz der Märkte, mit den Wohlstandseffekten des globalen Wettbewerbs, mit dem nahezu unbegrenzten Informations- und Wissenstransfer. Doch die Vision der vollkommenen Konkurrenz, von gelehrten Ökonomen als Idealzustand der Wirtschaft beschrieben, ist ebenso unrealistisch wie ein Ende der Knappheit oder der Inflation.

»Wir werden die Arbeitslosenzahl in Deutschland bis zum Jahr 2000 halbieren«, hatte vor Jahren Helmut Kohl versprochen. Die Wissensgesellschaft und die digitale Vernetzung, intelligente Software und moderne Robotik werden menschliche Arbeit in hohem Ausmaß überflüssig machen. »Soweit die Entwicklung derzeit prognostizierbar ist«, erklärt Peter Glotz, »ist die Arbeitsplatzbilanz der telematischen Gesellschaft negativ.« Es gebe jedoch unter den maßgeblichen Führungseliten in Wirtschaft, Politik und Verwaltung eine Schweigevereinbarung, auch »Positive Thinking« genannt. Als »Grölbacken« bezeichnet er verächtlich diejenigen, »die im Vollgefühl ihrer Bodenständigkeit, Linientreue und Normalität so stolz die Backen aufblasen«, anstatt einzugestehen, dass man bestimmte schöne Ziele der alten Programme nicht mehr durchsetzen könne. Kein Zweifel: Die Verteilungskonflikte und die ideologisch eingefärbten Debatten drohen zuzunehmen, wie immer in Umbruchzeiten. Die Unterschiede in der Einkommens- und Vermögensverteilung werden in den nächsten Jahren und Jahrzehnten größer werden. Es ist keineswegs ausgemacht, dass Bremser und Beschleuniger, Verlierer und Gewinner stets behutsam miteinander umgehen. Eine von der herkömmlichen Erwerbsarbeit abgekoppelte Grundsicherung, eine Art Bürgergeld also, könnte die Konflikte mildern.

Individualisierung und Tribalisierung – ein Zerfall der Gesellschaft in »Stämme« – prägen die Entwicklung. Sie werden durch die Querschnittstechnologie der digitalen Vernetzung gestärkt und durchziehen viele Lebensbereiche. Der Erwerbstätige wird zur Selbst-GmbH, seine Konsumbedürfnisse befriedigt er mit maßgeschneiderten Gütern, die im Zeitalter der individuellen Massenfertigung nicht mehr kosten als die frühere Konfektionsware.

Die Mediennutzung fragmentiert sich in raschem Tempo. Im ersten Halbjahr 2000 gaben 32 Prozent der Deutschen zwischen 14 und 64 Jahren den Allensbacher Demoskopen zu Protokoll, sie würden das World Wide Web »genau« kennen, weitere 31 Prozent wussten »ungefähr«, worum es geht; immerhin 38 Prozent aber kannten es »gar nicht«. Der konservative Philosoph und Politiktheoretiker Hermann Lübbe spricht treffend von einem »Differenzierungseffekt« der Medien, den das Internet enorm verstärken werde. Wer aktiv ist, kann das Netz für zielgerichtete Information und Wissensbildung nutzen, für die kulturelle Verfeinerung und die Teilhabe an weltweiten virtuellen Gemeinschaften. Die gute alte Wissenskluft wird zum »Digital Divide«, zur digitalen Spaltung. Während die Trennlinie in der Frühzeit des Internets vielfach zwischen Jung und Alt verlief, wird sie in Zukunft zwischen den gesunden, besser gebildeten Aktiveren auf der einen Seite und den schwächeren, unterprivilegierten Passiveren auf der anderen Seite verlaufen.

Teilweise stellt die Individualisierung auch eine Reaktion auf überzogene, pervertierte Gemeinschaftsideen des Wohlfahrtsstaats dar. Mancher Wildwuchs im undurchschaubaren Steuer-Transfer-Dschungel muss beschnitten werden. Wer jedoch glaubt, die Individualisierung werde als Megatrend die weitere Entwicklungsgeschichte der Menschheit bestimmen, begibt sich auf den Holzweg. »Wer nur auf Individualisierung setzt oder nur auf Gemeinschaftsbildung«, befindet der Soziologe Karl-Otto Hondrich, »verkennt den dualen Charakter des sozialen Lebens. Er hat eine halbierte Sicht der Wirklichkeit.«

Auch Beschleunigung ist etwas Relatives. Das Tempo der Industriegesellschaft, nach dem sich mancher heute zurücksehnt, ist unseren Vorfahren mörderisch vorgekommen, als sie aus der Agrarwirtschaft in die schmutzig-lauten Städte und Fabriken ziehen mussten. Als in den 30er Jahren des 19. Jahrhunderts die Eisenbahnen immer schneller wurden, behaupteten renommierte Ärzte, jedes Tempo über 55 Stundenkilometer würde die Knochen der Passagiere zerquetschen. Mag sein, dass heute mancher das Loblied auf die Entdeckung der Langsamkeit singt, weil er morgens ungern früh aufsteht. »Speed« ist aber auch kein Wert an sich. »Wer nur die Beschleunigung und nicht die Qualität im Auge behält«, weiß der Wissenschaftsberater Bernhard von Mutius, »verliert das Kapital, das gerade in Zukunft das Wichtigste ist: das Vertrauenskapital.« Die Digitalisierung muss die Menschen nicht zwangsläufig atemlos machen, sie kann ihnen sogar einen Gewinn an Zeitsouveränität schaffen. E-Mails sind ein Beispiel. Früher unterbrach uns das Telefonat, wenn wir gerade nachdenken wollten. Der elektronische Brief ist schnell, aber er asynchronisiert die Kommunikation zwischen Sender und Empfänger; der Empfänger kann entscheiden, wann er antwortet.

Mit Blick auf die viel beredete Globalisierung tut man gut daran, die Dialektik von Trends und Gegentrends im Auge zu behalten. Das Kunstwort »Glokalisierung«, zusammengesetzt aus Globalisierung und Lokalisierung, beschreibt, dass es einen Trend zur Rückbesinnung auf regionale und lokale Zusammenhänge gibt. Multinationale Unternehmen passen sich diesem Trend an, indem sie durch Präsenz vor Ort und durch Produktdifferenzierung globale Wachstumsstrategien mit lokaler Anbindung koppeln.

Ökologische Probleme, gegenwärtig von vielen verdrängt, wie die Umfragen der Demoskopen zeigen, werden in das Bewusstsein der Menschen zurückkehren, womöglich mit einiger Vehemenz. Das weltumspannende digitale Netz und unsere natürliche Umwelt haben etwas gemein: Beide stellen in gewisser Weise öffentliche Güter dar, und zwar auf globaler Ebene. Experten streiten heftig über die Frage, ob die Ökobilanz des Internets gegenwärtig rote oder schwarze Zahlen ausweist. Eine Begleiterscheinung der Vernetzung ist jedoch ohne Zweifel die Dematerialisierung. Die Wirtschaft wird »leichter« geworden sein, wenn die Vernetzung ihre volle Wirkung entfaltet hat. Deshalb kann das Internet vermutlich die Lösung ökologischer Probleme fördern.

Digitalisierung und Vernetzung geben uns gewaltige neue Möglichkeiten. Universelle Problemlöser sind sie aber nicht. Wie der »Hammering Man« alles für einen Nagel halte, kritisieren zu Recht die amerikanischen Wissenschaftler John Seely Brown und Paul Duguid, so neige mancher Cyberevangelist dazu, jedes Problem in ein Informationsproblem umzudeuten. Es sei oft aber nicht so sehr die geteilte Information, sondern die Arbeit an einer gemeinsamen Interpretation, die Menschen aneinander binde.

Es spricht also einiges dafür, die Kirche im Dorf zu lassen, wie Hans Magnus Enzensberger salopp empfiehlt. Gleichwohl ist die historische Perspektive nützlich, die Meinhard Miegel vermittelt. »Der Begriff der gesellschaftlichen Revolution«, glaubt er, »ist nicht zu hoch gegriffen.« Zu hoffen bleibe nur,

»dass nicht wieder ein Kain einen Abel erschlägt oder französische Bürger den Adel guillotinieren und britische Landlords ihre Pächter vom Acker vertreiben. Oder genauer: Vertrieben werden müssen sie, um den Paradigmenwechsel zu ermöglichen. Aber vielleicht findet die Menschheit ja diesmal humanere Formen.«

Das Internet verändert die Welt. Solche Formulierungen sind uns in diesem Buch womöglich auch unterlaufen. Der Kürze wegen oder aus Gedankenlosigkeit. Selbstverständlich sind es immer Menschen, die verändern und gestalten.

Literaturverzeichnis

Abele, Rüdiger: Papierjonglage übers Internet, in: *Frankfurter Allgemeine Zeitung* vom 7. November 2000

Adar, Eytan/Hubermann, Bernado A.: Free Riding on Gnutella, in: *First Monday*, Oktober 2000, http://www.firstmonday.dk/issues/issue5_10/adar/index.html

Aichinger, Andreas: Cash bei Click. Interview mit Rich Jaroslovski, in: *Medium Magazin* 9/2000

Albers, Sönke/Clement, Michael/Peters, Kay/Skiera, Bernd (Hg.): eCommerce. Einstieg, Strategie und Umsetzung im Unternehmen, Frankfurt am Main 1999

Arthur, W. Brian: Increasing Returns and the Two Worlds of Business, in: *Harvard Business Review*, Juli/August 1996

Backhaus, Klaus: Von Kunden und Kosten, in: *manager magazin* 6/1998

Baer, Oliver: Der Geist ist aus der Flasche, in: *brand eins* 5/2000

Bakos,Yannis: The Emerging Role of Electronic Marketplaces on the Internet, http://www.stern.nyu.edu/~bakos

Baltes, Paul: Der unfertige Mensch, in: *Der Spiegel* 46/2000

Bank, Barbara/Eckstein, Daniela: Erste Hilfe im Internet, in: *Capital* 18/2000

Baoill, Andrew: Slashdot and the Public Sphere, in: *First Monday*, September 2000, http://www.firstmonday.dk/issues/issue5_9/index.html

Beck, Hanno/Prinz, Aloys: Ökonomie des Internet. Eine Einführung, Frankfurt am Main/New York 1999

Beck, Hanno: Zwischen Traumrendite und drohendem Totalverlust, in: *Frankfurter Allgemeine Zeitung* vom 23. September 2000

Benning, Maria: Medizinisches Interesse vorgeschoben, in: *C't Magazin für Computertechnik* 3/2000

Berg, Klaus/Kiefer, Marie-Luise (Hg.): Massenkommunikation

V. Eine Langzeitstudie zur Mediennutzung und Medienbewertung 1964-1995, Baden-Baden 1996

Biedenkopf, Kurt: Wir Hochstapler, in: *Financial Times Deutschland* vom 20. Oktober 2000

Bleich, Holger/Stieler, Wolfgang: »Rechtsradikale Propaganda ist nützlich«. Ein Streitgespräch zwischen Thomas Heilmann und Andy Müller-Maguhn, in: *C´t Magazin für Computertechnik* 20/2000

Böhle, Knud/Riehm, Ulrich/Wingert, Bernd: Benutzungsaspekte von Bezahlsoftware im Internet. Forschungszentrum Karlsruhe, Institut für Technikfolgenabschätzung und Systemanalyse, März 2000, http://www.itas.fzk.de/deu/projekt/pez.htm

Bolz, Norbert: Die Wirtschaft des Unsichtbaren. Spiritualität, Kommunikation, Design, Wissen. Die Produktivkräfte des 21. Jahrhunderts, München 1999

Borchardt, Alexandra: Payback-Unternehmen. Loyalty peilt Börsengang in spätestens 15 Monaten an, in: *Financial Times Deutschland* vom 23. Oktober 2000

Brown, John Seely/Duguid, Paul: Dem Unternehmen das Wissen seiner Mitarbeiter erschließen, in: *Harvard Business Manager* 3/1999

Brown, John Seely/ Duguid, Paul: The Social Life of Information, Boston 2000

Bundesministerium für Wirtschaft und Technologie: Wirtschaftsbericht 2000

Bundesverband deutscher Banken: Banken 2000. Fakten, Meinungen, Perspektiven, Berlin 2000

Bundesverband deutscher Banken: E-Commerce als Bankdienstleistung, Berlin 2000

Burgmaier, Stefanie: Karl Matthäus Schmidt. Adretter Revolutionär aus der Provinz, in: *Financial Times Deutschland* vom 28. Dezember 2000

Capurro, Rafael: Einführung in den Informationsbegriff, Vorlesungsskript, http://www.cyberchart.de/frameset.html

Coase, Ronald: The Nature of the Firm, in: *Economica* 1937

Cohen, Stephen S./DeLong, Bradford J./Zysman, John: Tools for Thought: What is New and Important About the New-economy, BRIE Working Paper 138, 27. Februar 2000

Cole, Tim/Gromball, Paul: Das Kunden-Kartell. Die neue Macht des Kunden im Internet, München/Wien 2000

Collins, Jim: Built to Flip, in: *Fast Company* 3/2000

Davenport, Thomas H./Prusak, Laurence: Working Knowledge: How Organizations Manage what they Know, Boston 1998

DeLong, Bradford J./Froomkin, Michael: Speculative Microeconomics for Tomorrow´s Economy, in: *Draft* vom 14. November 1999, Version C5, http://econ161.berkeley.edu/OpEd/virtual/technet/spmicro.html

DeLong, Bradford J.: The Impact of E-Business, http://www.j-bradford-delong.net/TotW/commerce2000.html

Deutsche Bank Research: Finanzportale: Chancen für Kunden und Banken, September 2000, http://www.dbresearch.com

Deutsche Bundesbank: Die gesamtwirtschaftlichen Finanzierungsströme im Jahr 1999, Monatsbericht Juni 2000

Deutsche Bundesbank: Electronic Banking aus bankenaufsichtlicher Perspektive, Monatsbericht Dezember 2000

Deutsche Bundesbank: Geldpolitik und Zahlungsverkehr, Monatsbericht März 1997

Dörner, Dietrich: Die Logik des Misslingens. Strategisches Denken in komplexen Situationen, Reinbek bei Hamburg 1994

Dostal, Werner: Arbeit und Lernen in der Informationsgesellschaft, November 1998, http://www.bildung2001.de

Draeger, Florian: Digitale Geldwirtschaft, Village Talks, Mai 2000

Drucker, Peter F: Beyond the Information Revolution, in: *The Atlantic Monthly*, Oktober 1999, http://www.theatlantic.com/cgi-bin/o/issues/99oct/9910drucker.htm

Drucker, Peter F.: Neue Realitäten. Wertewandel in Politik, Wirtschaft und Gesellschaft, Düsseldorf/Wien/New York 1990

Dunsch, Jürgen: Auf der Suche nach dem Shareholder Value, in: *Frankfurter Allgemeine Zeitung* vom 21. Oktober 2000

Enzensberger, Hans Magnus: Das digitale Evangelium, in: *Der Spiegel* 2/2000

Evans, Philip/Wurster, Thomas S.: Web Att@ck. Strategien für die Internet-Revolution, München/Wien 2000

Eysenbach, Gunther, http://yi.com/home/EysenbachGunther/faq.htm#Kann
Eysenbach, Gunther: Das Internet, in: Schaefer OP/Lamers W./Eysenbach G.: Praxis und Computer, 21. Folgelieferung, Berlin-Heidelberg 1998
Fischermann, Thomas: Adam Smith für Cyberpunks, in: *Die Zeit* vom 28. September 2000
Freyermuth, Gundolf S.: Digitales Tempo. Computer und Internet revolutionieren das Zeitempfinden, in: *C't Magazin für Computertechnik* 14/2000
Freyermuth, Gundolf S.: Rente mit neunzig, in: *Financial Times Deutschland* vom 31. März 2000
Fricke, Thomas: Das Internet – bestenfalls eine Mini-Revolution, in: *Financial Times Deutschland* vom 18. August 2000
Friedewald, Michael: Der Computer als Werkzeug und Medium. Die geistigen und technischen Wurzeln des Personal Computers, Berlin/Diepholz 1999
Friedman, Thomas L.: Globalisierung verstehen. Zwischen Marktplatz und Weltmarkt, München 2000
Fuchs, Jürgen (Hg): Wege zum vitalen Unternehmen, Wiesbaden 1999
Gates, Bill: Digitales Business. Wettbewerb im Informationszeitalter, München 1999
Gershenfeld, Neil: Wenn die Dinge denken lernen, München/Düsseldorf 1999
Gieske, Roland: Die Kunst, den Kunden nicht zu Tode zu lieben, International Data Corporation, IDC IT Focus, Juli 1999
Glaser, Peter: 24 Stunden im 21. Jahrhundert. Onlinesein. Zu Besuch in der Neuesten Welt, Frankfurt am Main 1995
Glotz, Peter: Der digitale Kapitalismus und seine Beschleunigungskräfte. Vortragsmanuskript, Johannisberger Gespräche, Frankfurter Forum für Wissenschaft und Wirtschaft, 6. Oktober 2000
Glotz, Peter: Die beschleunigte Gesellschaft. Kulturkämpfe im digitalen Kapitalismus, München 1999
Glotz, Peter: Wir Daxianer, in: *Die Woche* vom 14. April 2000
Goertzel, Ben/Pritchard, John: Für eine Handvoll tausendstel Cent, in: *Frankfurter Allgemeine Zeitung* vom 17. März 2000

Goldhaber, Michael H.: The Attention Economy and the Net, in: *First Monday*, April 1997, HYPERLINK http://www.first-monday.dk/issues/issue2_4/goldhaber/, http://www.firstmonday.dk/issues/issue2_4/goldhaber/

Grassmuck, Volker: Die Wissens-Allmende, http://mikro.org/events/OS/interfaces/wissens-allmende.html

Grollmann, Dominik: Bankraub leicht gemacht – offline lässt sich jedes Konto plündern, in: *Internet World* 3/1999

Grundy, John: http://www.knowab.co.uk/kma.html

Guggenberger, Bernd: Das digitale Nirwana, Hamburg 1997

Gunn, Moira A.: The Societal Consequences of Digitalization. Working Paper of the Research Group on the Global Future, Juni 2000, http://www.hoechst-forum.uni-muenchen.de/reports/index.html

Haite, Steve/Bossart, Felix: Internet für Unternehmer, Kilchberg 1999

Handy, Charles: Die Fortschrittsfalle. Der Zukunft neuen Sinn geben, Wiesbaden 1995

Harms, Jörg Menno: Auf dem Weg zur digitalen Netzwirtschaft. Wie das Internet Prozesse und Unternehmenskulturen verändert. Vortrag Johannisberger Gespräche, Frankfurter Forum für Wissenschaft und Wirtschaft, 6. Oktober 2000

Henkel, Joachim: Auch im Internet bleibt der Kunde ungekrönt, in: *Frankfurter Allgemeine Zeitung* vom 9. Oktober 2000

Hermanns, Arnold/Sauter, Michael (Hg.): Management-Handbuch Electronic Commerce, München 1999

Herzog, Roman: Kommunikationsgesellschaft der Zukunft, Ansprache auf dem Berliner Medientreff im Schloss Bellevue am 29. Mai 1996, Dokumentation des IW-Medienspiegel vom 14. Oktober 1996

Heuser, Uwe Jean: Das Unbehagen am Kapitalismus. Die neue Wirtschaft und ihre Folgen, Berlin 2000

Heuser, Uwe-Jean: Tausend Welten. Die Auflösung der Gesellschaft im digitalen Zeitalter, Berlin 1996

Heydebrand, Wolf: The Network Methapor as Key to the Analysis of Complex Production and Service Relations in a Global Economy, Oktober 1999, http://www.ta-akademie.de

Hondrich, Karl Otto: Der Neue Mensch und seine Herkunft. Die

Gesellschaft der Individuen verstärkt kollektive Zwänge und Bindungen, in: *Frankfurter Allgemeine Zeitung* vom 31.5.1997
Hörisch, Jochen (Hg.): Mediengenerationen, Frankfurt am Main 1997
Horx, Matthias: Das Zukunfts-Manifest. Aufbruch aus der Jammerkultur, Düsseldorf und München 1997
Horx, Matthias: Die acht Sphären der Zukunft. Ein Wegweiser in die Kultur des 21. Jahrhunderts, Wien 2000
Institut für Demoskopie Allensbach: Allensbacher Computer- und Telekommunikations-Analyse (ACTA 2000), Allensbach am Bodensee 2000
Kaden, Wolfgang: Treiber und Getriebene, in: *manager magazin* 3/2000
Kaku, Michio: Zukunftsvisionen. Wie Wissenschaft und Technik des 21. Jahrhunderts unser Leben revolutionieren, München 2000
Kelly, Kevin: Der zweite Akt der Schöpfung. Natur und Technik im neuen Jahrtausend, Frankfurt am Main 1999
Kelly, Kevin: Net-Economy. Zehn radikale Strategien für die Wirtschaft der Zukunft, München/Düsseldorf 1998
Kelly, Kevin: New Rules for the Network Economy, in: *Wired*, September 1997, http://www.wirednews.com/wired/archive/5.09/newrules.html
Kirbach, Roland: Gesundheit vom Fließband, in: *Die Zeit* vom 7. September 2000
Kirchgässner, Gebhard: Homo Oeconomicus, Tübingen 1991
Klotz, Ulrich: Neue Arbeitsplätze entstehen nicht durch mehr Verteilung, in: *Frankfurter Allgemeine Zeitung* vom 26. Juli 1999
Knop, Carsten: Tücken bei der Jagd nach der schnellen Nachricht, in: *Frankfurter Allgemeine Zeitung* vom 9. September 2000
Konradt, Udo: Partner im virtuellen Unternehmen, in: *Harvard Business Manager* 3/1999
Kostolany, André: Kostolanys Wunderland von Geld und Börse, Frankfurt am Main 1985
Krempl, Stefan: Startup-Szene wählt »Bremsklotz des Jahres«, http://www.heise.de/newsticker/data/jk-15.12.00-007/

Krugman, Paul: Der Mythos vom globalen Wirtschaftskrieg. Eine Abrechnung mit den Pop-ökonomen, Frankfurt/New York 1999
Kubicek, Herbert: Dienstleistungen kundenorientiert bündeln, Interview in: *Village Talks,* Juli 2000
Kühl, Stefan: Zwischen Corporates und Cowboys – Die Grenzen personenzentrierter Veränderungsprozesse, in: *GDI_Impuls* vom 2. Juli 2000
Kurzweil, Ray: Homo S@piens. Leben im 21. Jahrhundert – was bleibt vom Menschen?, Köln 1999
Langkabel, Thomas, zitiert in »Ämter im Web«, in: *Village Talks* Juli 2000
LaPorte, Ronald E.: http://www.pitt.edu/HOME/GHNet/task/laporte.html
Lave, Jean/Wenger, Etienne: Situated Learning: Legitimate Peripheral Participation, New York 1993
Lübbe, Hermann: Die Metropolen werden museal. Trends zivilisatorischer Evolution in der so genannten Informationsgesellschaft, in: *Frankfurter Allgemeine Zeitung* vom 6. Juni 1997
Lotter, Wolf/Spielkamp, Matthias: Teilen oder untergehen, in: *brand eins* 4/2000
Lucke, Jörn von/Reinermann, Heinrich: Speyerer Definition von Electronic Government, Speyer 2000
Ludwig, Malte Matthias: Der informierte Patient – Traum oder Alptraum des Arztes?, in: *Med-Online* 3/2000
Lyman, Peter/Varian Hal A.: How Much Information?, http://www.sims.berkeley.edu/how-much-info/
Markl, Hubert: Fit fürs Informationszeitalter, Impulsreferat, in: *BerliNews* vom 3. Mai 1999
Maurer, Ueli, zitiert in: »Demokratie per Fingertip«, in: *Village Talks* Juli 2000
Medosch, Armin: Wie mache ich mich zum E-Trottel?, in: *Telepolis* vom 11. Juli 2000, http://www.heise.de/tp/
Miegel, Meinhard: Von der Arbeitskraft zum Wissen – Merkmale einer gesellschaftlichen Revolution, Vortrag Johannisberger Gespräche, Frankfurter Forum für Wissenschaft und Wirtschaft, 6. Oktober 2000

Mill, John Stuart: Über Freiheit, in: Busch, Günther/Rütters, Axel (Hg.): Kleine Bibliothek des Wissens und des Fortschritts, Bd. 1, Frankfurt am Main 1980

Morris, Dick: Bush, Clinton, Bush, Clinton, Interview in: *Der Spiegel* 49/2000

Müller-Scholz, Wolfgang K.: Inside Silicon Valley. Ideen zu Geld machen, Wiesbaden 2000

Mutius, Bernhard von: Was wissen wir über die Wissensgesellschaft? Vortrag Johannisberger Gespräche, Frankfurter Forum für Wissenschaft und Wirtschaft, 6. Oktober 2000

Neckel, Sighard: Leistung versus Erfolg. Der Zerfall von Reichtum und Ruhm – zur symbolischen Ordnung der Marktgesellschaft, in: *Frankfurter Rundschau* vom 7. Oktober 2000

Negroponte, Nicholas: Total digital. Die Welt zwischen 0 und 1 oder: Die Zukunft der Kommunikation, München 1995

Neuberger, Christoph: Journalismus im Internet: Auf dem Weg zur Eigenständigkeit? In: *Media Perspektiven* 7/2000

Neukirchen, Kajo: Bewegung ist da, die Richtung stimmt, Johannisberger Gespräche, Frankfurter Forum für Wissenschaft und Wirtschaft, Interview in: Sonderveröffentlichung *Die Woche*, Oktober 2000

Nölting, Andreas: Die neue Supermacht Börse. Wie die Fondsmanager unsere Welt verändern, Reinbek bei Hamburg 2000

Nölting, Andreas: Werttreiber Mensch, in: *manager magazin* 4/2000

Nonaka, Ikujiro/Takeuchi, Hirotaka: Die Organisation des Wissens. Wie japanische Unternehmen eine brachliegende Ressource nutzbar machen, Frankfurt 1997

Nürnberger, Christian: Die Machtwirtschaft. Ist die Demokratie noch zu retten?, München 1999

Otten, Dieter: Wahlen im Internet, http://www.internetwahlen.de

Papmehl, André/Siewers, Rainer (Hg.): Wissen im Wandel. Die lernende Organisation im 21. Jahrhundert, Wien 1999

Peters, Tom: Top 50 Projektmanagement. Machen Sie aus jeder Aufgabe ein Erlebnis, München 2001

Pfarr, Heide: Soziale Sicherheit und Flexibilität: Brauchen wir

ein »Neues Normalarbeitsverhältnis«?, in: *WSI Mitteilungen* 5/2000
Piller, Frank, Die deutsche Website zu kundenindividueller Massenproduktion und CRM/Personalization, http://www.mass-customization.de/index.html
Postman, Neil: Müssen Toaster sprechen?, in: Die Gegenwart der Zukunft. Die Serie der Süddeutschen Zeitung über unsere Welt im neuen Jahrhundert, Berlin 2000
Reich, Robert: Warum ich meinen wunderbaren Job aufgebe, in: *Die Zeit* vom 15. November 1996
Renner, Andreas: Web-Scoring – der gläserne Kunde, in: *Online Today* 5/2000
Reuter, Wolfgang: Angriff auf die Dinos, in: *Der Spiegel* 21/1999
Ridderstråle, Jonas/Nordström, Kjell: Funky Business. Wie kluge Köpfe das Kapital zum Tanzen bringen, München 2000
Rifkin, Jeremy: Access. Das Verschwinden des Eigentums, Frankfurt am Main/New York 2000
Rimpler, Inka: zitiert in »Non Territoriale Schreibtische«, in: *Village Talks* Oktober 2000
Roth, Gerhard: Das Gehirn und seine Wirklichkeit, Frankfurt am Main 1997
Rötzer, Florian: Megamaschine Wissen. Vision: Überleben im Netz, Frankfurt am Main/New York 1999
Scheidgen, Helmut/Strittmatter, Peter/Tack, Werner H. (Hg.): Information ist noch kein Wissen, Weinheim/Basel 1990
Schiessl, Michaela: Wohin die Reise geht, in: *Der Spiegel* 34/2000
Schmid, Beat: Bank der Zukunft, http://netacademy.org
Schnepf, Jürgen: zitiert in »Moderatoren im Wissensmarkt«, in: *Village Talks* April 2000
Schrape, Klaus/Trappel, Josef: Evolution statt Revolution, in: *Message* 1/2000
Schröder, Jens: Politische Kommunikation im Internet, http://politik-digital.de/e-demokratie/forschung/internet.html
Schröder, Lothar: Erwerbsformen jenseits des Normalarbeitsverhältnisses – Perspektiven für soziale Standards, Mai 2000, http://www.ta-akademie.de/WandelErwerb/schroeder.html

Schulte-Hillen, Gerd: Gute Unternehmer brauchen mehr als Erfolg, in: *impulse* 10/2000
Searls, Doc/Weinberger, David: Markets are Conversations, in: *The Industry Standard* vom 17. Januar 2000, http://www.thestandard.com
Sennett, Richard: Der flexible Mensch. Die Kultur des neuen Kapitalismus, Berlin 1998
Shapiro, Carl/Varian, Hal A.: Online zum Erfolg. Strategie für das Internet-Business, München 1999
Shiller, Robert J.: Irrationaler Überschwang. Warum eine lange Baisse an der Börse unvermeidlich ist, Frankfurt/New York 2000
Siemons, Mark: Im Labyrinth der Erwartungen, in: *Frankfurter Allgemeine Zeitung* vom 5. August 2000
Smith, Michael D./Bailey, Joseph/ Brynjolfsson, Erik: Understanding Digital Markets, http://ecommerce.mit.edu/papers/ude
Soojung-Kim Pang, Alex: The Work of the Encyclopedia in the Age of Electronic Reproduction, in: *First Monday* September 1998, http://www.firstmonday.dk/issues/issue3_9/index.html
Sprenger, Reinhard K.: Aufstand des Individuums. Warum wir Führung komplett neu denken müssen, Frankfurt/New York 2000
Stahl, Markus/Mezger, Markus: Der Schatten des Jahres 1929, in: *Die Bank* 5/2000
Stehr, Nico: Wissensgesellschaften oder die Zerbrechlichkeit moderner Gesellschaften. Vortrag Forschungszentrum Karlsruhe, 12. September 1996, http://www.itas.fzk.de/deu/archivd/stehr.htm
Stolorz, Christian/Göhner, Reinhard (Hg.): Globalisierung und Informationsgesellschaft. Herausforderungen unserer Zeit, Münster 2000
Strong, William S.: Copyright in a Time of Change, in: *Journal of Electronic Publishing,* März 1999, http://www.press.umich.edu/jep/04-03/strong.html
Taylor, Frederick W.: The Principles of Scientific Management, New York 1991

Thomssen, Gerhard: Rückkehr zur Realität, in: *Village Talks* Dezember 2000
Thomssen, Gerhard: Zocken ohne Umweg, in: *Die Woche* vom 28. Januar 2000
Thurow, Lester C.: Building Wealth. The New Rules for Individuals, Companies and Nations in a Knowledge-Based Economy, New York 1999
Tichy, Roland: Ab in die Neue Mitte! Die Chancen der Globalisierung für die deutsche Zukunftsgesellschaft, Hamburg 1998
Toffler, Alwin: Machtbeben. Wissen, Wohlstand und Macht im 21. Jahrhundert, Düsseldorf/Wien/New York 1990
U.S. Department of Commerce: Digital Economy 2000, http://www.esa.doc.gov/de2k.htm
Varian, Hal R.: 5 Habits of Highly Effective Revolution, in: *Forbes* vom 21. Februar 2000
Varian, Hal R.: Market Structure in the Network Age. Paper prepared for »Understanding the Digital Economy« conference, Department of Commerce, Washington DC, 25./26. Mai 1999
Wiesing, Urban: Die genetische Unterklasse, in: *Financial Times Deutschland* vom 26. September 2000
Wilde, Klaus: Den Kunden individuell betreuen, in: *Village Talks* September 2000
Wippermann, Peter: Die neue Macht der Ich-AG-Mitarbeiter, in: *impulse* Juli 2000
Wippermann, Peter: Zehn Thesen zur Zukunft der Medien, in: *Horizont* vom 12. Oktober 2000
Wyatt, Sally: They Came, They Surfed, They Went Back to the Beach, http://virtualsociety.sbs.ox.ac.uk/text/reports/surf.htm
Young, Patrick/They, Thomas: Revolution im Kapitalmarkt. Die Zukunft der Börse im Online-Zeitalter, München 2000
Zerdick, Axel/Picot, Arnold/Schrape, Klaus: Die Internet-Ökonomie. Strategien für die digitale Wirtschaft, München 1999
Zimmer, Dieter E.: Die Bibliothek der Zukunft. Text und Schrift in den Zeiten des Internet, Hamburg 2000
Zimmer, Dieter E.: Die Elektrifizierung der Sprache, München 1997

Stichwortverzeichnis